A ARTE DE AMAR

CHRISTIAN DUNKER

A ARTE DE AMAR

UMA ANATOMIA DE AFETOS, EMOÇÕES E SENTIMENTOS

7ª edição

EDITORA RECORD

RIO DE JANEIRO • SÃO PAULO

2025

| CIP-BRASIL. CATALOGAÇÃO NA PUBLICAÇÃO |
| SINDICATO NACIONAL DOS EDITORES DE LIVROS, RJ |

D938a
7. ed.

Dunker, Christian
 A arte de amar : uma anatomia de afetos, emoções e sentimentos / Christian Dunker. - 7. ed. - Rio de Janeiro : Record, 2025.

 ISBN 978-85-01-92170-3

 1. Psicanálise. 2. Relações humanas. 3. Relações interpessoais. I. Título.

24-89215

CDD: 152.41
CDU: 159.942.52:392.61

Gabriela Faray Ferreira Lopes - Bibliotecária - CRB-7/6643

@ Christian Ingo Lenz Dunker, 2024
@ Apoio Casa do Saber Eventos Culturais S.A.

Todos os direitos reservados. Proibida a reprodução, armazenamento ou transmissão de partes deste livro, através de quaisquer meios, sem prévia autorização por escrito.

Texto revisado segundo o Acordo Ortográfico da Língua Portuguesa de 1990.

Direitos exclusivos desta edição reservados pela
EDITORA RECORD LTDA.
Rua Argentina, 171 – Rio de Janeiro, RJ – 20921-380 – Tel.: (21) 2585-2000.

Impresso no Brasil

ISBN 978-85-01-92170-3

Seja um leitor preferencial Record.
Cadastre-se no site www.record.com.br
e receba informações sobre nossos
lançamentos e nossas promoções.

Atendimento e venda direta ao leitor:
sac@record.com.br

Sumário

Introdução	9
1. Empatia e escuta dos afetos	21
2. Amor, desejo e gozo	53
3. Mitologia da vida amorosa	73
4. O romance	103
5. A psicanálise da vida amorosa	133
6. Os discursos do amor	149
7. Apoio para sair da solidão	167
8. Por que continuar amando?	181
9. Afetos, emoções e sentimentos	191
Notas	217
Bibliografia sugerida	223

Para Cris, porque... *encore* Cris

Introdução

Este livro foi inspirado por um curso que ministrei na Casa do Saber, em 2021, e que alcançou uma surpreendente popularidade. A ideia era promover uma conversa livre e muito referida às perguntas que as pessoas iam colocando ao longo de nossos seis encontros. Com isso, confirmou-se de certa forma a tese central de que o amor é algo que acontece entre palavras.

No começo do curso, discutimos uma condição elementar para que o amor seja possível: que as pessoas se escutem. Aproveitamos a ocasião para debater sobre o que é escuta e como ela é um tipo de arte que se aprende, cultiva e desenvolve, até mesmo como arte preparatória para a arte de amar.

Adentramos, assim, o tema da escuta e de suas variantes – escuta lúdica, empática e do sofrimento – para introduzir uma pequena teoria sobre a relação entre afetos, emoções e sentimentos. Uma nos dá a gramática; a outra, o léxico; e a terceira, a pragmática do que chamamos de amor. Afinal, amor é muita coisa. Passamos boa parte do curso discernindo, comparando e separando as inúmeras combinações entre a maneira como nos deixamos afetar ou não, produzindo estados de inibição, neutralização ou contenção de afetos. Isso dialoga com a maneira que nos comportamos dependendo de como somos afetados, ou seja, o que fazemos com o que os outros nos fazem, ao nos fazerem sentir o que sentimos. Também introduzimos a ideia de que a tradução social dos afetos pode ser chamada de *sentimentos*. Com isso, infiltrou-se uma espécie de "hipótese ecológica", dando forma a uma opinião corrente de que os sentimentos criam uma espécie de atmosfera. Nela jogam-se gases tóxicos e líquidos poluentes, ou até mesmo devastam-se seus elementos de autorrecomposição, para depois surgir reclamações alegando que tudo está ficando tóxico demais quando se trata de emoções humanas.

Depois de avaliar como os afetos se relacionam com a linguagem por meio desses sistemas de tradução, ressignificação e transcrição, examinamos as bordas do amor, ou seja, daquilo que pode parecer amor, que vem junto com amor, mas não é amor. Nos dias atuais, essa confusão nos parece aguda, o que nos faz tratar o amor como se fosse um equivalente do desejo, do gozo e da redução da angústia.

Mitos sobre amores "naturais" – o materno e o romântico concluído e acabado – e sobre o amor como antídoto contra todos os males do sofrimento serão abordados criticamente pela ideia de que, na verdade, construímos certas necessidades, tanto na expressão como na interpretação de afetos, para tornar universais certas políticas de afeto em detrimento de outras. Política de afeto não significa, em hipótese alguma, que existam afetos melhores que outros ou que devamos acreditar que haja um tipo de hierarquia universal entre eles. Esta é a posição defendida aqui: todos os afetos devem ter direito à cidadania plena. Afetos ruins são afetos mal elaborados, mal digeridos, mal partilhados.

A proposta deste livro situa-se no cruzamento entre quatro textos clássicos de mesmo nome. *A arte de amar*, escrito por Ovídio por volta do ano I d.C., é um convite a conhecer e diversificar as maneiras de amar, destacando o sentimento como um dos principais a serem cultivados por quem aspira a uma vida feliz. Em sua anatomia o poeta latino separa, como era usual no mundo grego, o amor sensual (*eros*), o amor na amizade (*filia*), o amor familiar (*storge*) e o amor divino (*ágape*). Ovídio, assim como Freud dezoito séculos depois, abordou o problema do amor subordinando-o ao uso dos prazeres e contrastando-o com o domínio da morte (*thánatos*). Eros surge aqui como soberano senhor do desejo e do gozo, entre os quais o amor aparece como uma espécie de intermediário

INTRODUÇÃO

ou como um suplemento. O amor é afrodisíaco. Com ele, o sexo se torna melhor, mais intenso e de melhor qualidade.

Já na obra *A arte de amar*, o psicanalista Erich Fromm, em 1956, pretendia contribuir ativamente para o desenvolvimento da personalidade das pessoas, aumentando o peso proporcional dos sentimentos que lhes são conexos, como humildade, coragem, fé e disciplina. Para ele, "O amor é a única resposta sadia e satisfatória para o problema da existência humana",[1] e a experiência de sua variedade de incidências é crucial para enfrentarmos estados de separação e solidão. Opondo amor e consumo, amor e prazer, o psicanalista se demonstra consciente das profundas modificações políticas e históricas a que esse afeto está sujeito. Assim como Ovídio, ele se preocupará com formas mais pobres e mais ricas de amar, criticando sua captura por interesses utilitários, tentando distinguir amor e paixão. E também a partir da visão freudiana, ele se interessará em saber por que tão frequentemente o amor fracassa e que rastros isso deixa nos que sofrem uma decepção causada pelo amor.

A investigação das razões pelas quais o amor se degrada e como ele adquire inúmeras funções psíquicas e sociais ligadas à manipulação, à alienação e à dependência levam Fromm a fazer o elogio do amor como melhor resposta possível para os abismos e impasses da existência. Nesse ponto ele contraria Lacan e toda a tradição que argumenta que não é o amor, mas, sim, o desejo que causa uma extrema razão do viver. Infelizmente se torna cada mais possível imaginar uma civilização sem amor, onde ele se tornará um utensílio museológico desnecessário. No amor há mais do que simbiose, onipotência ou independência, emancipação e autonomia. Não há amores produtivos e improdutivos, os que aceitam a renúncia e o sacrifício e os que esperam tudo para hoje. Mas uma coisa importante permanece das observações de Fromm, ou seja, que a capacidade de encontrar prazer na doação é um dos critérios mais simples para a generosidade, e uma das maneiras mais fluentes de vinculação com uma comunidade por vir. Dificilmente uma análise consegue produzir essa disposição quando ela se encontra ausente. A anatomia do amor, nesse caso, envolve cuidado, responsabilidade e liberdade. Da sua combinação e mistura se extrairá os seus diferentes tipos: o amor de mãe (incondicional), o amor paterno (por merecimento), o amor fraterno (colaborativo), o amor erótico (sensual), o amor-próprio (narcísico) e o amor de Deus (assimétrico). Mas, ao contrário de Ovídio – que situava *eros* no topo da pirâmide dos amores –, para Fromm, o amor como experiência transcendente, herdeiro do que os antigos chamavam de *ágape*, é o que parece funcionar melhor. É dele que emana a ideia de que, em vez de hierarquia, o amor demanda unidade e integração. Fromm critica que nos tempos modernos o amor de Deus transformou-se em um negócio, um meio para aumentar capacidades e sucessos.

Tudo sobre o amor,[2] publicado por bell hooks (Gloria Jean Watkins), em 2000, demonstra uma terceira forma de fazer a anatomia do amor. Para ela, o amor está profundamente ligado à experiência da perda e do luto. O amor não é uma potência dada ou um juízo da vontade, mas uma busca: "a busca pelo amor continua mesmo diante das improbabilidades". Ela observa que nossa cultura não nos ensina a amar e que nela os homens são os grandes teorizadores desse sentimento e que deles emerge uma cultura patriarcal que dissemina a falta de amor nas famílias. Enquanto a sexualidade se integra aos inúmeros dispositivos e discursos que nos ensinam como fruir melhor dela, o amor continua a estar carente de uma escola na qual poderíamos aprender como amar. Segundo hooks, o amor está em declínio, substituído pelo cinismo, pela arte da mentira e da manipulação. Retomando a poeta grega Safo, a autora entende que a metafísica do amor é ainda essencial para a criação e sustentação de laços de comunidade, de justiça que possam restaurar os danos que sofremos em função da crueldade, negligência e tantas outras formas de desamor. Por isso, o amor é, nesse contexto, poder de transformação e poder que depende de quem o define e em qual termos, por meio de quais palavras. Amor é assim uma espécie de paradigma para nossas relações de reconhecimento, aprendidas quaisquer que forem as práticas nas quais aprendemos a amar, sejam elas baseadas na tolerância e no carinho, sejam elas derivadas de abusos e violências. Nós aprendemos a amar na infância, independentemente

INTRODUÇÃO 13

de como essa infância aconteça, por isso seria melhor começarmos a falar em infâncias e amores para escaparmos tanto da anatomia hierárquica, quanto da anatomia unificante do amor. Pois, nesse caso, o amor é conflito e busca, cujo horizonte ético passa pela autoaceitação, autorresponsabilidade e autoafirmação. Assim como para Fromm, o amor em bell hooks envolve um certo despertar da espiritualidade, contudo ela não é uma espiritualidade transcendente, mas está ligada à construção de uma comunidade. Uma comunidade baseada na reciprocidade e na superação das relações de dominação, fonte e origem da dor, da angústia, da solidão e do abismo do desamor. Para ela, a grande habilidade necessária para amar não emana do prazer, nem da generosidade, mas da capacidade de escutar. Ouvir nosso coração é procurar a verdade do amor e o amor verdadeiro. O que ela chama de revolução pessoal do amor parece ser aqui um caso de amor sincero, coerente e congruente com sua própria história. O que inscreve bell hooks na tradição grega do amor como *filia*.

A quarta e última forma histórica de fazer a anatomia do amor está baseada na sua derivação do amor familiar, conhecido pelos antigos como *storge*. Ela aparecerá nas inúmeras teorias psicológicas e psicanalíticas, que afirmam, por exemplo, a permanência de nossas formas de apego primário (seguro, inseguro, ambivalente, evitativo ou desorganizado) proposta por John Bowlby. Ela se vê repetida nas formas cinematográfica e literária, nos quais grandes conflitos, epopeias majestosas e jornadas épicas – por exemplo, a jornada do herói –, como pressentiu e descreveu Jung, se resolvem com o retorno para casa e com a recomposição da família ameaçada. A ideia de fixação, de regressão e de fantasias infantis, traumáticas ou não, acabou reforçando que a lei geral do amor deriva de nossas experiências primárias e formativas. É nelas que aprendemos o sentimento de não sermos substituíveis, de sermos amados pelo que somos, não pelo que temos ou pelo que fazemos. É nesse ambiente familiar que se poderá despertar a criatividade e prescindir do falso-self, como argumentou Winnicott. É nela que se formará nosso sentimento de grupo, com seus supostos básicos de ataque e fuga, acasalamento ou perseguição, segundo Bion. Ou seja, temos aqui um modelo de pirâmide invertida na qual os amores familiares nunca são suficientemente superados, constrangendo e submetendo *eros*, *filia* e *ágape* às forças de determinação dos amores primários.

Além dos quatro tipos primários apresentados anteriormente, a maior parte das concepções sobre o amor se concentra nas combinações, misturas ou conflitos entre eles. Nesse caso pode-se localizar as teorias do amor como transferência, como identificação, como demanda e como idealização, segundo enuncia Lacan, e também as formas de apresentar o amor por meio de uma anatomia infinita. Reencontramos, assim, a quádrupla razão do amor na psicanálise, na literatura, na mitologia e na antropologia. Talvez o caráter deficitário da definição de amor não seja uma insuficiência teórica, mas uma necessidade ontológica, ou seja, o amor é um dos nomes que damos à presença do infinito dentro do finito.

O amor é o signo de que mudamos de discurso, ele é sinal de uma passagem e índice de uma transformação. Nesse caso o amor é uma questão de encontros, passagens ou percursos. Um exemplo clássico dessa abordagem pode ser encontrado em Platão e seu famoso discurso inconclusivo sobre o amor, presente em *O banquete*. Outro exemplo mais moderno dessa estratégia pode ser localizado na *Ética*, de Espinosa, segundo o qual devemos ser governados por paixões alegres, e não por paixões tristes. Se para a tradição discursiva da *filia* o amor é um tema político, para *eros* é um assunto econômico, para *storge* é um assunto psicológico, para *ágape* é uma reflexão teológica e, para Platão, Espinosa e Lacan, o amor é uma problemática ética. Por isso, o objetivo deste livro é traçar uma anatomia do amor inserindo-o em uma teoria geral dos afetos. Para tanto teremos de entender a gênese das formas amorosas em uma concepção mais abrangente sobre como afetos se traduzem em emoções, e como estas se socializam em sentimentos. Dessa forma, poderemos comparar sua economia com a da dor e a da angústia, inserindo-as nas reflexões sobre *páthos* e sobre a psicopatologia da vida amorosa. Levaremos também em conta como o amor, em sua relação conflitiva com o desejo e o gozo, são de fato a matriz fundamental de nossas gramáticas de reconhecimento.

INTRODUÇÃO

O objetivo é mostrar que o amor é ao mesmo tempo descoberto e inventado, produzido e reproduzido, natural e criado, como os artistas e os deuses nos fizeram parecer.

Espinosa diz que as paixões tristes têm que ter vez também, explicitando a importância em distinguir afetos, emoções e sentimentos. Para que todos os afetos possam existir, inclusive aqueles que ainda não foram inventados, é preciso postular que eles podem ser reconhecidos e sancionados em um sistema de circulação social, regulado também pelo desejo e pelo gozo. Aos que duvidam da invenção de afetos, basta recorrermos à lista dos afetos que só existem em uma língua, por exemplo, *meraki* para amor pela profissão, ou *choros*, para amor por um determinado lugar. Se você acha que amor é amor em todo lugar considere o sentido da palavra *xodó*, que exprime um tipo de amor muito específico. Entre os monges medievais existia o grande temor de que a acídia se abatesse sobre a fé dos religiosos, pois a acídia era uma espécie de doença da alma, que afetava a fé, a esperança e a fidelidade das pessoas no que elas mesmas acreditam. É claro que existem diversas expressões, paráfrases e até mesmo uma saga inteira para designar um afeto; por exemplo, *Waldeinsamkeit*, em alemão, é o sentimento de solidão e conexão com a natureza quando se está sozinho na floresta. *Wabi-Sabi*, em japonês, é a beleza própria das imperfeições. *Ya'aburnee*, em árabe, é a declaração de desejo de que a morte venha antes para si do que para a pessoa amada, porque seria insuportável viver sem a pessoa que se ama. *Yuánfen*, em mandarim, se refere ao sentimento de realização do destino entre duas pessoas. Sem falar na imbatível *mamihlapinatapai*, em yagan, que significa o sentimento vivido pelo olhar significativo e silencioso, compartilhado por duas pessoas, que desejam iniciar uma relação, mas estão hesitantes em fazê-lo.

Ainda que de modo assistemático, debateremos a ideia de que o amor é uma espécie de forma invertida da angústia, quando se considera a teoria psicanalítica dos afetos. Se a angústia é uma espécie de moeda de base, o afeto mais simples – para o qual todos os outros podem ser convertidos, adquirindo assim a incidência menos qualificada, entre prazer, desprazer e indiferença –, o amor é a moeda mais complexa – usada para determinar o valor de todos os outros afetos, sendo o próprio amor uma espécie de afeto tampão, ao qual recorremos quando afetos e sentimentos ultrapassam certo nível de qualificação disponível simbolicamente. Isso significa que o amor é esse "grau zero" dos afetos, que mede todos os outros, mas não pode ser medido por nenhum deles. Por isso também ele se infiltra em todas as metáforas, todos os discursos e todas as narrativas, nas quais pressentimos certa insuficiência da linguagem. Podemos chamar esse ponto de *indizível*, de *impronunciável* ou de *além do que conseguimos dizer*. Mas é claro que não é isso; toda língua tem tudo o que precisa para dizer o que precisa. O que ocorre é que existem outras línguas.

Vamos passar em revista as duas tradições formativas de nossos discursos sobre o amor: a vertente greco-romana, representada pela mitologia e pelo Banquete de Platão e a vertente judaico-cristã, representada por Rousseau e pelo romance moderno. Tentaremos, assim, ainda que na forma de pequenos esboços, mostrar como a sociedade passou por mudanças nas maneiras de amar, bem como o lugar simbólico do amor, ao longo do tempo. Isso sugere que outra forma de amor, ou seja, um *novo amor* – plataforma moderna por excelência –, proposta pelo poeta Arthur Rimbaud, ainda está por ser formulado. Isso parece corroborar a ideia de que os afetos são profundamente dependentes da forma como nós os nomeamos e como construímos narrativas e metáforas para designá-los.

Um bom exemplo comparativo para essa questão é a percepção de cores no Ocidente. Até o século XIII não havia registro, na maior parte das línguas conhecidas, de uma palavra específica para a cor azul. Isso pode ser referido à dificuldade de produzir tecidos e corantes dessa cor, e ao fato de que a cor do céu e do mar estavam ligadas a uma mistura de verde e azul, chamada *ocean*. Com a descoberta e a facilidade para trazer o índigo da Índia e o desenvolvimento da indústria de tecelagem, o azul passa a estar disponível, sendo então adotado em larga escala para representar a Virgem Maria, e depois a casa real dos Bourbon na França.

INTRODUÇÃO

Não é o caso de pressupor que os gregos tinham uma deficiência ótica que os impedia de enxergar o pigmento azul, e sim de constatar que a ausência da palavra determina o reconhecimento de um afeto, na forma social dos seus sentimentos correspondentes.

Os povos originários das regiões árticas conseguem discriminar tipos de brancos, algo indiscernível para quem não faz parte da cultura, assim como aborígenes africanos veem e, consequentemente, sentem tipos diferentes de verde, que para muitos parecem idênticos. Em suma, a ideia de que nossos afetos, emoções e sentimentos são os mesmos e universais é baseada em uma definição muito limitada e ignora o fato de que essa relação é completamente alterada conforme a cultura e a maneira como somos incitados a expressá-los, contê-los ou modalizá-los. Portanto, mais importante do que o conteúdo do afeto – o que parece mais regular e constante – é a sua curva temporal, ou seja, seu circuito ou processo no tempo, desde sua aparição até sua dissolução em outras formas conexas.

Passamos, em seguida, para os dois problemas nos quais a psicanálise mais se concentrou em sua psicologia da vida amorosa: como o amor começa e por que tende a se degradar ao longo do tempo – ainda que seja uma questão entender como isso acontece. Um tema recorrente de clínica cotidiana, e que demanda cada vez mais a atenção dos psicanalistas, é entender quais são as condições para que haja amor e, consequentemente, por que ele se torna uma experiência mais difícil conforme escolhemos cada vez mais neuroticamente nossos amantes e amasiados. Isso acontece também porque a solidão, esse sentimento pervasivo, emerge como um problema transversal na produção do sofrimento contemporâneo. Possivelmente isso tem relação com o avanço de nossas formas de individualização de afetos, especialmente culpa, ciúme e vergonha, no contexto da moralidade neoliberal. Mais adiante, enfrentaremos o segundo problema mais comum com o amor, sua degradação regressiva em outros afetos, como o ódio e o desamparo, que terminam por desqualificar seu impacto subjetivo como agente de transformação psíquica.

Se o amor com palavras se faz com palavras, e se na modernidade ele assume uma figura literária que é a do amor romântico, faremos aqui uma defesa de sua importância, ou pelo menos tentaremos mostrar por que ainda não inventamos outra forma prevalente para narrativizar o amor. Analisando as produções românticas e o movimento romântico, talvez surja um retrato que constate um diagnóstico levemente precipitado. Isto é, talvez não seja por excesso de leitura de livros de Balzac, Flaubert, José de Alencar ou Machado de Assis que estejamos interpretando nosso atual pântano amoroso com uma praga infinita de sofrimento. Também há quem diga que Dom Quixote ficou louco porque leu livros demais sobre cavalaria, até o ponto em que passou a viver num mundo e numa época que não eram mais seus. Ainda que Sancho Pança, ou seja, seu analista da época, tentasse fazê-lo escutar o anacronismo de seus sentimentos, ele tinha a convicção de que era mesmo um cavaleiro andante. Mas vamos deixar as canções de gesta, os amores trovadorescos, a mítica das Cruzadas e as místicas renanas fora disso, certo? Foi Dom Quixote que não soube ler sua própria época e por isso, como pode estar acontecendo com a nossa, fugiu para um passado mais simples, mais seguro e mais claro. Nesse passado, o amor não tinha mais nada de indiscernível – estava claro e pronto para ser vivido.

Posto que o amor é indissociável do discurso no interior do qual ele acontece, vamos usar uma antiga classificação de suas formas para exemplificar e criticar as montagens naturalistas, realistas e românticas que vemos atualmente em uso. As qualificações do amor, a começar pelo prazer e desprazer, alcançaram certa divisão social quando se trata do amor erótico (*eros*), do amor entre amigos (*filia*), do amor entre deuses e humanos (*ágape*) e do amor familiar (*storge*). Por mais que de tempos em tempos o amor forme uma unidade estável, não podemos esquecer que essa unidade é apenas uma montagem funcional produzida para a ocasião. Ela geralmente está carregada de determinações invisíveis ou inconscientes, em sentido um pouco diferente do inconsciente psicanalítico, com relação a gênero, classe, sexualidade e raça, mas também etnia, religiosidade e etariedade. Amores definem e superdefinem, no

INTRODUÇÃO

sentido de superdeterminar o que é ser pai ou mãe, filho ou amigo, cisgênero ou transgênero, pobre ou rico, nativo ou estrangeiro. Cada qual tem sua forma específica de amar e de ser amado.

Considero que todo livro é uma obra de autoajuda, ainda que alguns exagerem no estilo. Este não poderia ser diferente: até que ponto exagero nos conselhos e indicações, você, meu leitor, é quem me dirá. É certo que flerto com o gênero; contudo, se eu passar do limite, você me avisa, combinado? Por isso esteja atento às idealizações, identificações, alienações e normas que professores e psicanalistas adoram criar.

1
Empatia e escuta dos afetos

A escuta é uma experiência diferente de se meramente ouvir. Não é uma recepção passiva do que o outro diz, muito menos a aceitação incondicional do que o outro quer dizer. Escutar é a arte de suspender nosso exercício de poder sobre o outro e sobre nós mesmos. Como abordei no livro que escrevi com o palhaço Cláudio Thebas,[1] escutar implica passar por quatro estações:

1. Abrir-se em hospitalidade para a língua e da estrangeiridade de outrem.

2. Mergulhar em um exercício investigativo e curioso sobre as causas do sofrimento do outro.

3. Colocar-se no lugar do outro até o ponto em que o Outro que o habita convoca nossa loucura mais íntima.

4. Formular, a partir dessa loucura, um novo fragmento compartilhado de saber, por meio do qual a conversa continua e retorna à primeira de nossas quatro estações, mas agora em uma língua, uma cultura e uma relação diferente da primeira.

Consideremos que o amor é o afeto que nos tira de nós mesmos. O sinal de que não nos bastamos, não somos autossuficientes e de que, em algum nível, somos os responsáveis por nos realizarmos, por meio da expansão do si mesmo em nosso interesse, fascinação, inclinação, gosto ou desejo pelo outro. É a partir desse outro que nos entendemos amados, uma das experiências mais fundantes e constitutivas de quem nós somos e para quem nós existimos. Por isso o amor é ao mesmo tempo uma experiência narcísica e contranarcísica. Nós nos amamos por meio do outro e amamos o outro por meio da transformação de nós mesmos.

No entanto, existem inúmeras maneiras de conceber o outro e também existem diferentes propriedades no que chamamos de "eu". O eu como *mesmidade* se opõe ao outro como duplo de mim mesmo, ou seja, eu sou igual a mim mesmo, assim como o outro permanece semelhante a ele mesmo.

Mas há também o eu como *idem*, no sentido de que eu sou como os outros, semelhante a ele em minha humanidade ou em outra qualquer teoria pela qual o meu outro pertence à minha categoria: *Homo sapiens*, bípede sem penas, animal político ou qualquer outra generalização que se queira fazer.

Existe uma terceira acepção de "eu" que se refere ao fato de que sou insubstituível, ou seja, que não existe nenhuma outra pessoa que seja exata e perfeitamente como eu. Nesse sentido em que sou insubstituível, único e diferente de todos os outros "eu", diz-se que eu sou *ipsos*.

Em quarto e último lugar o eu pode ser pensado como algo que possui propriedades específicas, ou seja, que o eu implica um sentimento de *propriedade* ou de apropriação de certos traços que fazem de mim este eu e nenhum outro mais. Nesse caso estamos diante do eu como uma instância de propriedade enquanto o outro é tudo aquilo que me é impróprio.

Dito isso, emergem imediatamente as principais patologias da vida amorosa. O desejo de possuir o outro, como se possui objetos e coisas (*proper*). O sentimento de que quando somos amados, somos insubstituíveis e incomparáveis (*ipsos*). Quando somos amados e estamos amando, agimos de modo repetitivo, ou seja, no fundo, todos os outros que amamos e por quem fomos amados se parecem de alguma maneira (*idem*). Quando amamos, reencontramos, revivemos ou atualizamos

EMPATIA E ESCUTA DOS AFETOS

antigos amores de tal modo que amamos e somos amados sempre da mesma maneira (*mesmidade*).

Portanto, a escuta é um percurso, uma pequena viagem, um circuito no interior do qual o afeto, as emoções e os sentimentos vão sendo tramitados, trocados e produzidos. A escuta é um poderoso agente sobre o sofrimento humano e um meio fundamental pelo qual nos transformamos. As psicoterapias em geral e a psicanálise em particular, a partir das chamadas *abordagens psicodinâmicas*, baseiam-se em dois princípios fundamentais: a relação ali criada e desenvolvida e a criação de novos sentidos pela escuta e pela interpretação. Em uma conversação convencional, espera-se uma troca de iniciativas, assim como uma troca do que os linguistas chamam de *turno*, ou seja, de quem está com a palavra, de quem é a vez de falar. Disso decorre o cruzamento de expectativas sobre o que o outro quer, pode ou precisa escutar, e o que você é movido a dizer a partir dessa troca. É assim que alteramos temas e assuntos, mudamos de humor, aumentamos ou diminuímos a intimidade da conversa, contrariamos ou concordamos com nosso interlocutor.

Se uma conversa é um sistema de troca de lugares, como num jogo, no teatro ou numa guerra, a forma mais simples de avaliar seu desenvolvimento é o próprio desejo de continuar. A boa conversa é aquela que continua, que não dá vontade de parar. Mas, por outro lado, a boa conversa é aquela que temos vontade de congelar por um instante, como uma pausa no vídeo, para podermos elaborar e realizar, subjetiva e objetivamente, as consequências do que foi dito. Os estudiosos de como a psicoterapia funciona dizem que esse momento de parada ou de *freezing* é como um *now-moment*, ou seja, um momento em que sentimos o "agora" acontecendo. Já o *insight*, em que o indivíduo conclui um pensamento ou se dá conta de algo já sabido, se realiza de uma nova maneira.

No entanto, o equívoco fundamental nesse caso é imaginar que o amor é um signo de satisfação, pacificação ou harmonia. Pelo contrário, o amor nos faz querer mais, nos faz querer mais qualidade, mais quantidade, mais intensidade; o amor, como diz Lacan, é *encore*, ou seja, no coração (*le cœur*), no corpo (*en corps*) e mais ainda (*en core*). Por isso o amor é uma experiência no tempo. Tempo que nos parece infinito, acelerado ou urgente. Tempo no qual parece que estamos nos transformando no outro e o outro está se transformando em uma versão de nós mesmos. Tempo no qual tudo parece acontecer no infinito agora.

O momento-agora se caracteriza justamente por um impulso de afastamento ou de separação do outro, como se tivéssemos que nos afastar da cena para poder entendê-la melhor, rearticulando assim o passado ao presente. Muitas vezes quando conhecemos alguém por quem podemos potencialmente nos apaixonar, ou nos encontramos seduzidos, precisamos ir para casa, contar o que aconteceu para alguém, nos escutarmos falando, para que a experiência, ela própria, ganhe realidade e assuma a proporção própria e devida.

O que chamamos de relações são basicamente conversas que temos, que tivemos ou que gostaríamos de ter tido com alguém. Imaginemos que a estrutura dessa conversa é tão importante que, com frequência, ela continua sendo a mesma, apenas trocando o cenário, os personagens e os atores. É um grande erro imaginar que, quando há palavras retidas, precisamos nos preparar para dizermos tudo de uma vez. Na verdade, essa descarga geralmente traz efeitos problemáticos, tanto porque ela decorre de uma conversa anteriormente interrompida, quanto pela nossa ficção de que podemos dizer tudo. Fantasiar com a possibilidade de dizer tudo de uma vez nos prepara e evita que nossas palavras mudem de sentido, de peso ou de intensidade quando são escutadas pelo outro. Uma fala que está concluída sem a participação do outro não é uma fala para ser escutada, mas um monólogo a ser obedecido.

Isso leva ao cruzamento entre conversas diferentes, mas também a inúmeras confusões. É extremamente difícil começar novas conversas, sendo o mais comum embarcar novos viajantes em canoas antigas, muitas delas sabidamente furadas. Conversas novas demandam uma espécie de recomeço, uma nova conversa do nosso lado, ao passo que o mais simples e preguiçoso é achar que a nova conversa, assim como o novo amor, não vem porque o outro insiste em ser monotonamente prisioneiro de sua própria conversa, não da nossa. Um bom ouvinte suspende seu desejo de dizer, por meio da ocupação do espaço das pala-

EMPATIA E ESCUTA DOS AFETOS

vras, fazendo seu dizer acontecer por meio do silêncio ativo, da mímica, dos ecos calculados do discurso do outro, participando como canto ou jogral do que está sendo dito.

Pense como se comporta a torcida em uma partida de futebol. Ela pode vir junto, pontuando momentos épicos, alternado com vaias, pedidos de substituição, lamentos e comemorações, todos movimentos que refletem a estrutura de uma conversa. Há torcidas que empurram o time, que são o décimo segundo jogador, e outras que podem tornar o ambiente mais tenso e nervoso, reclamando de qualquer coisa – ou pior, invadindo o campo, jogando objetos e paralisando a partida. Há quem se dê mal na escuta e na conversa porque adora se sentir o juiz da partida e até mesmo o comentarista, sempre com uma solução incrível ou com uma crítica mais feroz, mas depois do fim do jogo.

Conversas em geral fluem para três assuntos universais que, via de regra, andam combinados: amor, sofrimento e saber. Lembremos que a palavra "assunto" vem do latim *assumptus*, particípio passado de *assumo*, "assumir", "tomar", "tomar para si", "adaptar", "atribuir", "aplicar", mas também "inquirir", "assuntar", "convocar". "Tema", por sua vez, vem do grego *thema*, que quer dizer "propor", "colocar", "sugerir". Como se o assunto correspondesse à questão, ao que ainda não se sabe, ao que está indeterminado, ao passo que o tema reflete a maneira como será abordado o nível de ordem, profundidade e complexidade aplicado no *tratamento* da questão. Infiltrou-se aqui uma palavra que tem uma grande afinidade com a noção de relação, ou seja, tratamento, que nos leva a trato, pacto ou combinado, mas também a tratamento da alma, dos males do espírito, e tratamento médico ou psicológico.

Durante alguns anos, ministrei a aula de metodologia da pesquisa científica. O objetivo era ensinar como se faz um projeto de pesquisa, como se escolhe um método e, afinal, como se trata uma questão, de preferência acrescentando algo além do que já é sabido. Alguns autores defendem que, nesse contexto, é conveniente separar o método – o conjunto de práticas e procedimentos mais ou menos repetíveis da metodologia – da discussão sobre a pertinência da escolha daquele método, da sua adequação àquele objeto e da sua factibilidade ou confiabilidade para aquela série de problemas tratados. Em suma, é o conjunto organizado de problemas que define uma questão ou assunto, aquilo que nos interroga. A maneira de responder começa pela fixação, dentro do assunto, de uma perspectiva, de uma abordagem ou uma metodologia, por exemplo, uma determinada teoria de referência. Quando estamos diante de um roteiro de perguntas e de problemas já definidos podemos falar em método. Mais ainda, quando temos as perguntas e temos de transformá-las em rotinas de repetição, programas ou instrumentos integrados ao métodos estamos no domínio da técnica.

A escuta é uma técnica, um método e frequentemente se subordina a uma abordagem ou atitude. Jornalistas, cientistas, artistas, médicos, antropólogos e psicoterapeutas usam a escuta de forma profissional, mas ela está disponível para qualquer um que se disponha e se interesse por relações. Vendedores são escutadores profissionais natos, assim como os palhaços. As atitudes e disposições nas quais o desenvolvimento da escuta ocorre de modo orgânico envolvem um certo interesse e curiosidade pelo outro, a fascinação por história, literatura ou teatro. Frequentemente encontramos entre escutadores uma inclinação para tirar o outro de si mesmo, desorganizar situações ou papéis sociais, por isso às vezes eles podem ser percebidos como provocadores, irreverentes ou bagunceiros. Ou seja, escutadores não se contentam com o funcionamento ordenado do mundo com seus papéis e sua funcionalidade, eles querem saber o que há por trás de tudo. Querem conhecer as coxias, saber como é feito o cenário, quem compôs a música, quem são os atores por trás dos personagens e, afinal, quem está na direção da peça, seja ela cômica ou trágica, dramática ou epopeica, a qual chamamos vida. Escutadores, como detetives policiais, querem descobrir o que há por trás das máscaras, das intenções declaradas, dos afetos explícitos e das moralidades constituídas.

Se examinarmos essas condições mais de perto, encontraremos vários, se não todos os pré-requisitos do que se pode chamar de potência amorosa, ou seja, nossa máquina de amar. Quando amamos nos sentimos vulneráveis, somos tomados por uma curiosidade sobre tudo o que diz respeito ao outro, nos interessamos por viver uma história com o

EMPATIA E ESCUTA DOS AFETOS

outro e nos beneficiar de algo que criamos juntos ao longo da jornada do amor. Aqueles que se preocupam apenas em saber se o amor é recíproco estão vivendo um sentimento, mas devem também se atentar para o fato de que sentimentos se transformam numa relação dependendo de como agimos a partir deles, e a principal maneira de expressar nossos afetos, emoções e sentimentos é utilizando palavras.

Se o amor é uma transferência de amores passados a amores presentes; se o amor é uma identificação do outro a si; se o amor é uma demanda intransitiva de presença e de amparo ao Outro; se o amor é uma idealização de ser amado por alguém que nos tornaria infinitamente melhores do que somos, então ele é a chave para entendermos por que em nome do amor nos oferecemos tão facilmente a uma servidão voluntária. Deixamo-nos dominar por juízos em que nós mesmos nos tratamos como uma pessoa-tipo, ou seja, um sujeito como outro qualquer do grupo dos mal-educados, deselegantes e indesejáveis, portanto, inapto para a dignidade exigida pela tal cobiçada. Quando esses dois fatores se cruzam com muita facilidade, caminhamos justamente para o abismo que queríamos evitar.

O sofrimento que não é reconhecido acaba sendo tratado pela própria pessoa, tendendo a evoluir e a transformar-se em sintomas.

Na conversação cotidiana, o que gera angústia tende a se transformar em inibições. Não falamos desse assunto. Uma aluna muito querida, Cristiane Nakagawa,[2] fez uma pesquisa com os sobreviventes da bomba atômica jogada sobre Hiroshima. Para nossa surpresa, esses anciões contavam com vividez o que eles jamais tinham revelado a ninguém. Isso acontecia porque, no Japão, tocar em assuntos que levam a afetos penosos para os outros pode ser deselegante. Evitar o assunto torna-se, assim, um ato de respeito, não de fuga ou abstenção. Mas até que ponto essa regra tácita da conversação nessa língua não favorece o incremento de afetos penosos e aprisionados no próprio indivíduo? O exemplo cabe aqui para introduzirmos a ideia de que, em uma conversação, nunca deveria ser simples a decisão de entrar em assuntos "delicados". Assuntos desse tipo presumem intimidade, mas justamente a falta de intimidade e o distanciamento cultural gerado por uma aluna vinda do Brasil, um país muito distante, permitiram a possibilidade de dizer o que até então permanecia envolto em vergonha, culpa e humilhação. Uma conversa é sempre uma viagem de risco. Podemos atravessar limites e magoar o outro ao devassar sua intimidade; mas também podemos não atravessar nem magoar por não ter criado a intimidade que só a travessia de limites pode estabelecer.

Toda conversa acontece em um espaço simbólico, representado por uma geografia e uma topologia de discurso. Dentro desse espaço existem lugares, definidos por horizontes de expectativas, por regras que "definem" quem pode dizer o que, para quem e como; quem deve falar e quem deve se calar; quem faz as perguntas e quem tem as respostas; quem pode dizer livremente o que quer e quem precisa de permissão para falar. Muitas mulheres se queixam de que não são escutadas, inclusive pesquisas mostram que elas são mais interrompidas durante suas falas do que os homens (o que atualmente costuma-se chamar de *manterrupting*). Os lugares de fala são complementares, mas também antagônicos com os lugares de escuta. Eles determinam relações de poder e de reconhecimento, e também podem subverter e transformar tais relações desigualmente distribuídas quando pensamos em raça, classe, gênero e sexualidade, assim como religiosidade, etnia e ancestralidade. Mudanças desse tipo, dentro de um sistema de lugares, ocorrem quando há *tomadas de posição* inesperadas ou imprevistas.

Há tomadas de posição que reforçam a hierarquia e a circulação de poder entre esses lugares simbólicos; há aquelas que evitam ou que assumem o conflito. Se o conflito é deixado de lado, meu Eu fica preservado, mas também não avanço em fazer reconhecer meu desejo. Posso incorporar aquele conflito interiorizando-o, posso tratar o conflito me afastando da relação ou posso qualificar conflitos a ponto de eles se tornarem alavancas de transformação, sejam minhas, do outro, da relação e do mundo. Isso significa que qualquer conversação, uma vez posta a questão e introduzido algum grau de liberdade que permita aos envolvidos tomar posições e não apenas repetir lugares, coloca em jogo a possibilidade de tratamento de sofrimento, mas também de ludicidade ou realização intrínseca de prazer, ou ainda de aliança para avançar em colaboração e conflito rumo à realização de interesses. Nos três casos, está em funcionamento o que chamamos de *gramáticas de reconhecimento*. Mas é importante não confundir qualquer tipo de reconhecimento com reconhecimento positivo, admiração e afeto respeitoso. O discurso de ódio também envolve uma gramática de reconhecimento, ainda que seja muito simples e baseada na suposição de que o direito a existir se aplica apenas a alguns, e não a todos. Reconhecer negativamente, desumanizando o outro, tratando-o como monstro, estrangeiro ou animal, assim como reconhecer falsamente, exprimindo sentimentos benévolos de fundo malévolo, mentir e enganar, são todas opções existentes entre as gramáticas de reconhecimento. Nessas gramáticas, é comum encontrarmos hierarquias de afetos, por exemplo, a bravura e a coragem. Demonstradas em forma de poder, violência e crueldade são mais importantes do que compaixão, solidariedade e comunalidade. Cada grupo e cada indivíduo formam para si gramáticas de reconhecimento desse tipo.

Existem atos de reconhecimento que são individuais, de uma pessoa para outra, mas também que podem vir do Estado para o cidadão, que vai dizer: "Olha, essa conformação de sofrimento nós não aceitamos, nós vamos fazer uma política para que isso mude, vamos instituir esse procedimento para que isso não ocorra mais." Ou seja, há uma linha divisória em que a gente define – mais ou menos de forma arbitrária – e, consequentemente, negocia qual sofrimento é aceitável, ou seja, que responderemos com "assim é natural, faz parte da vida, vem junto com a existência", e qual sofrimento é adicional, extra, solúvel, qual deve ser tratável e qual é inaceitável. Essa linha divisória pode introduzir, de forma móvel, ao longo da história, novas condições de sofrimento; condições de sofrimento que, na medida em que são reconhecidas como tal, geram políticas e esforços, coletivos e individuais de transformação.

Ou seja, no interior de cada conversa definimos quais são os sofrimentos que queremos transformar e quais podem ficar para depois. Uma das propriedades mais interessantes de uma conversação é que ela define pragmaticamente quais são suas regras de funcionamento. Além dos espaços e dos lugares, uma conversação de fato envolve reformulação e reconhecimento da sua regra de formação e de funcionamento. Isso significa que, quando estamos em uma "viagem da palavra", somos também pequenos legisladores, ou seja, estamos decidindo tanto a pequena lei do que vale nessa conversa e o que seria, por assim dizer, uma infração e até mesmo motivo para suspender a conversa.

Muitas conversas assumem uma forma circular, repetitiva e improdutiva porque surge uma espécie de disputa da razão sobre determinado assunto ou tema. Esse caráter controverso ou polêmico da conversa, em contraste com uma orientação colaborativa, contribuitiva e virtualmente não violenta, é uma das encruzilhadas importantes de qualquer relação. Todos conhecemos aquele casal de adolescentes que vive brigando por detalhes ínfimos, totalmente irrelevantes para quem observa a contenda "de fora". Compreendemos que pequenos mal-entendidos, diminutas vitórias e disputas pela "posse" da razão podem assumir dimensões épicas. No entanto, os tornados devastadores de juízos, rebaixamentos e desvalorizações mútuas não levam à dissolução do casal, pelo contrário, fazem prever uma relação longa e duradoura, ainda que infernalmente provocativa. São aquelas conversas, no interior de relações verticais, para as quais reservamos a palavra "amor" e que se repetem indefinidamente. Como se cada qual insistisse em recolocar argumentos, provas e convicções, esperando que a mera repetição acabe por dar vitória a um dos lados. O resultado disso promove e rememora, muitas vezes sem que os participantes se deem conta, o momento formativo do laço de amor.

Repetir a piada original, voltar à cena do crime, refazer esse momento mítico e originário no qual o amor acontece, parece ser uma das formas mais simples para manter a geografia dos lugares. É o contrário trágico do que diz aquela balada do Lulu Santos dos anos 1980: "Nada do que foi será/ De novo do jeito que já foi um dia/ Tudo passa, tudo sempre passará/ A vida vem em ondas, como um mar/ Num indo e vindo infinito." Sua atualização deveria ser: "Tudo o que foi será de novo do jeito que já foi um dia (mas nós esqueceremos e nos lembraremos disso repetindo sem saber esse momento que já foi um dia). Nada passa, nada nunca passará (por isso sentimos que não andamos e vivemos monotonamente de novo aquela velha conversa e aquela velha infância). A vida não vem

EMPATIA E ESCUTA DOS AFETOS

em ondas, como um mar (mas é finita e feita de tsunamis, tempestades e praias repletas de afogados)."

Mesmo o sofrimento que é causado ou sentido pelo corpo, que pode ser tratado com medicações e substâncias que repaginam nossa perspectiva mental, passam decisivamente por palavras e relações humanas. Precisamos confiar em médicos e psiquiatras para acreditar em seus diagnósticos e aderir aos seus tratamentos. Necessitamos de discursos para interiorizar formas morais, exercícios pedagógicos e demandas econômicas. Desenvolvemos narrativas para apostar que certa mudança de alimentação, profissão, país ou conjugalidade pode nos levar a algo mais interessante do que a mera luta infinita pela razão.

Ao contrário do sofrimento que se apresenta sempre em estrutura narrativa, conexa com uma gramática de reconhecimento, o sintoma ocorre como uma palavra no meio do caminho, como uma dor enigmática de natureza histérica, uma ideia fixa e circular, como o medo insólito e irracional de um pequeno animal ou de uma situação trivial. O sofrimento demanda uma história: "Começou quando minha mãe adoeceu, depois veio meu irmão que deu muito trabalho, e então eu perdi o emprego, isso tudo enquanto pensávamos em ter filhos." A narrativa de sofrimento, seja no gênero do teatro, da guerra ou da viagem, nos coloca dentro do filme, convoca nossa condição literária, recupera nossa história expressiva e impressiva sobre afetos, emoções e sentimentos. Mas há também formas de sofrimento que vão ser assim, destituídas de narrativa, ou então como se não possuíssem dignidade intrínseca para serem contadas. Parece que a história dos vitoriosos é a única que merece ser contada, a que explica e justifica como chegamos até aqui, como se a nossa própria história tivesse de ser parasitada por um outro investido de autoridade para ser transformada em verdade.

Surgem assim algumas narrativas mestres para individualizar o sofrimento e entre elas o amor ocupa um lugar privilegiado. O que há de tão especial nesse sentimento para que, a partir do século XVI, e possivelmente precedido por um grande ensaio geral no século XII, com alguma experiência de liberdade das mulheres, ele tenha se tornado o organizador usual de nossas gramáticas de reconhecimento. O que teria feito desse afeto perigoso e potencialmente dependente o protagonista de nossa experiência mais íntima de liberdade? Por que afinal o amor tornou-se soberano, na modernidade, destronando outros afetos igualmente importantes, como a coragem, a temperança ou a misericórdia?

Para alguns historiadores do amor, isso teria acontecido justamente pelo contato com outras formas de amar. A chamada *heresia da paixão* veio do outro, dos muçulmanos de Al-Andaluz, do platonismo helenista (Plotino), do "dualismo" maniqueu (oriental) e cátaro, e depois das formas africanas e ameríndias de amar.[3] O amor cortês, do qual Lacan[4] reclama pertinência para a ética da psicanálise, nasce, portanto, do cruzamento entre o choque interno à cristandade com a reformulação do papel da mulher, o culto da Virgem, as beguinas em confronto com um choque externo com as civilizações "pagãs".

Para além do fato político que fez dele uma experiência extremamente singular, o amor parece ter se tornado a mais qualificada e genérica forma de transitivização dos afetos. Ou seja, se está sofrendo e pertence ao meu campo amoroso, com ou sem dimensão erótica tangível, se não me é indiferente, você participa da minha vida a ponto de eu não conseguir contar minha história sem tocar no seu nome. Isso significa que o amor tornou-se minha razão de ser no sentido de que é o ponto de proporcionalidade possível entre todos os afetos. Se a angústia é a moeda mais básica dos afetos, pela qual todos os outros afetos podem ser trocados e comparados, o amor é aquela moeda não conversível em outra e que se tornou, historicamente, a forma mais qualificada de afeto, a ponto de abarcar e incorporar todos os outros. É por isso que Freud[5] afirma que o amor tem três opostos: *amar e ser amado* (oposição entre atividade e passividade), *amar e odiar* (oposição de conteúdo) e *amor e indiferença* (oposição real). Dessa forma, a indiferença é justamente um não afeto, a incapacidade ou a inaptidão de afetar-se. O amor tornou-se assim a única forma justificável de sofrimento moral. Mais do que isso, graças ao romance como forma e ao amor trovadoresco, ele tornou-se indissociável da dialética entre sofrimento e sintoma.

Ao contrário dos sintomas que, em geral, não são contagiosos, o sofrimento, como o amor, é narrativamente transmissível. O sofrimento

EMPATIA E ESCUTA DOS AFETOS

genuíno cria certo temor e distanciamento, mas também curiosidade e aproximação. Está a meio caminho entre o medo e a raiva, no cruzamento equidistante entre a aversão e a surpresa, *in medio virtus*, entre a alegria e a tristeza.

Quem ama demanda, e até aqui nossas demandas são aceitas apenas se puderem ser reconhecidas como bem formuladas. Por exemplo, alguém que maltrata, humilha e violenta aquele que ama não está amando de forma errada ou falsa, mas traduzindo sua demanda amorosa de forma inadequada, ou pelo menos, em tese, de modo contrário ao que gostaríamos de sancionar como gramática de reconhecimento para esse afeto. Retornamos, assim, à ideia de que o amor é uma experiência que depende de palavras e que pode ser produzido ou criado pela arte da escuta. É o que Freud[6] descobriu e nomeou como *transferência*, ou seja, se deixarmos alguém falar livremente, se não ajuizamos seus valores e acompanhamos suas narrativas de forma empática – o que em absoluto quer dizer concordância, obediência ou leniência, mas como vimos, controvérsia, polêmica e luta por reconhecimento –, acontece uma reaparição gradual das formas pelas quais aquela pessoa foi amada, se fez amar ou gostaria de ser amada.

É possível que a força motriz da psicanálise – e acho que posso dizer de todos os tratamentos pela palavra – seja conversível nessa moeda incomum chamada amor. Quando digo "moeda incomum", aludo ao fato de que, pelo menos em suas formas mais simples, que vivemos quando somos pequenos, o amor não pode ser propriamente trocado. Não trocamos o amor de um filho pelo outro, nem de um namorado, nem de um cônjuge por outro, ainda que isso seja uma fantasia frequente. Falamos de amor, e não de suas formas sociais mais qualificadas como respeito, admiração e carinho, porque nos envia ao momento em que nos sentimos não substituíveis. Isso tem uma relação nascente com os sentimentos aparentados de *amor-próprio*, *amor de si* e de *amor* ipso.

O amor, assim como o sofrimento, acontece em rede. Essa rede é ao mesmo tempo fonte potencial de transmissão do mal-estar, mas também de tratamento, acolhimento e segurança contra a forma mais insidiosa e real de nossa existência, ou seja, o desamparo. Freud[7] o chamava de

Hilflosigkeit, do verbo *helfen* ("ajudar", "amparar") e da ideia de perda (*los*). O desamparo, assim como o sofrimento, é fonte potencial de generalização do mal-estar, um recurso coletivo, comunitário, para que nos tratemos a partir de práticas de cuidado, de nomeação, a partir de práticas que são, em alguma medida, correlativas ou redutivas à escuta.

A principal forma de tratar o sofrimento – e, consequentemente, operar passagem de afetos, emoções e sentimentos – é a maneira como se escuta. A escuta não é apenas uma tela de recepção sobre a qual o outro vai escrevendo suas palavras, ainda que bons ouvintes se dediquem a aumentar o seu campo de sensibilidade, ou seja, a prestar atenção naquele outro que não te disse nada, mas está com o cenho franzido, com rugas a mais; que, naquele dia, não te recebeu com a mesma entonação na voz, que tem uma atitude, digamos, menos expansiva. Escutar é muito mais do que adivinhar estados de ânimo dos outros. É um ato de amor.

O bom ouvinte não vai pegar apenas aquela demanda, aquele sofrimento que está visível em primeiro plano. Vai se ocupar também do que está na periferia, do que muitas vezes não é possível reconhecer muito bem a razão e a causa do sofrimento. Certamente, a escuta envolve a capacidade de se deixar impressionar e de se colocar no lugar do outro. Mas ela prossegue, além disso, como uma investigação sobre como e por que foram escolhidos precisamente aqueles e não outros meios de expressão. Por isso, o problema da escuta, da empatia, não foi inicialmente estudado por psicólogos nem psicanalistas, mas por teóricos da estética. Quando vamos a um museu e nos deparamos com imagens que nos interpelam ou que nos assuntam, é como se fôssemos projetados para o lugar de uma questão. Ou seja, para apreciar uma obra de arte é preciso colocar-se no lugar em que somos a questão que ela nos faz, e ao mesmo tempo na posição em que ela responde às nossas questões. Apreciar uma obra de arte é conversar com ela, incluí-la em nossa conversa e nas conversas que nos antecederam.

Os estudiosos da estética no século XIX, antes da invenção do cinema, no momento em que a fotografia estava surgindo, quando tínhamos a pintura romântica e realista, se perguntavam a respeito das propriedades que uma imagem deveria ter para causar um "movimento da alma". Dois grandes teóricos da empatia, Friedrich Theodor Vischer (1807-1887) e Robert Vischer (1847-1933), pai e filho, pesquisaram como certas imagens e pinturas nos tiram de nós mesmos. Pinturas sobre a natureza, sobre o campo, sobre as ruínas idílicas e os lugares recônditos dentro da floresta ou no alto de uma montanha. Os Vischer, assim como mais tarde Aby Warburg,[8] conhecido por ser uma espécie de precursor da enciclopédia visual, tal como temos hoje no Google, perceberam que certas imagens têm a propriedade de refletir nossas questões, de tal maneira que, quando as observamos, também somos observados.[9]

Toda imagem, quando inserida na dialética do amor, torna-se um significante do desejo (falo) e um signo de gozo (lembrança de uma satisfação anterior). Essas imagens têm essa propriedade de gerar um movimento em nós, de nos tirar de onde está a posição do nosso olhar e fazer com que o nosso olhar vá indo, vá se movendo, vá se transladando para a posição do outro. As formas exteriores são indissociáveis da associação interior entre ideias. Um exemplo desta captura pela qual uma imagem nos leva a sair de nós mesmos e nos incluir na cena que ela representa é a famosa fascinação do pintor surrealista Salvador Dalí por uma tela de Jean-François Millet, chamada *Angelus*, realizada entre 1857 e 1859. O quadro retrata um casal ao entardecer, em meio a um campo, com o homem segurando um chapéu sobre o peito junto a sua mulher, ambos olhando para baixo.

Apesar de Angelus ser uma oração cristã, tipicamente feita três vezes ao dia – durante a aurora, ao meio-dia e ao entardecer (na hora da Ave Maria) –, Salvador Dalí foi invadido por uma outra leitura. Ele desenvolveu a tese de que o casal olhava para baixo pois se tratava na verdade de um enterro, e que *Angelus* seria uma referência à criança morta. O quadro era capaz de despertar sentimentos sombrios e de luto, justamente porque não representava perfeitamente esses aspectos. Desta maneira, Dalí moveu-se em direção à imagem, se sentiu atraído por ela, em meio a tantas outras que habitam o Museu d'Orsay, em Paris. Ele não apenas ficou curioso sobre o que estava sendo "dito" por meio dessa imagem, como "escutou" uma versão alternativa do que estava sendo mostrado. E Dalí não se contentou apenas em admirar a obra, como produziu uma obra homônima, acentuando os aspectos fúnebres da cena, parafraseando o que Millet havia feito. Assim, ele iniciou uma espécie de conversa com Millet, e mesmo que este jamais pudesse respondê-lo, pode-se dizer que houve uma "escuta" da tela de Millet, seu enigma foi desvendado, seu próprio inconsciente, o que produziu algo novo, do qual nós, hoje, somos seus destinatários.

Desde a invenção da palavra "empatia" como tradução do termo alemão *Einfühlung*, trata-se mais do que se colocar no ponto de vista do outro ou se identificar com o outro. Contudo, o outro não é um ponto de vista. Ele não é uma posição geométrica simétrica à do Eu. O outro não é um ponto. A expressão Eu, em maiúscula, designa a instância psíquica chamada de eu (*Ich*) em psicanálise, segundo Freud. O Eu é o lugar dos afetos, da defesa contra a angústia e o lugar no qual se formam os juízos de negação e resultam em recalcamento do desejo. O Eu não é o indivíduo, nem a pessoa, nem o sujeito, muito menos nossa subjetividade, mas o lugar onde realizamos o sentimento de continuidade de si (*idem*), a representação de nossa mesmidade (*self*), o lugar da qualidade gerada pela consciência (*ipso*), ou pela memória pré-consciente (*proper*).

O outro não é apenas um duplo especular, ao modo de um espelho do Eu. Para começar, o outro tem dois olhos, não apenas um. Então em qual ponto de vista devemos nos colocar? Se os olhos piscam ao mesmo tempo, a imagem permanece ainda que não esteja em presença. Mas, se alternamos o piscar entre um olho e outro, o objeto começa a se movimentar, em função de um efeito de ilusão chamado *paralaxe*. Ou seja, o fato de nós termos uma visão binocular e supormos no outro um único ponto de vista corresponde a uma diferença estrutural entre o eu e o outro. Isso ocorre também porque há um ponto de ausência na visão, bem no centro do cone ótico, chamado *mácula*. Além disso, a visão, tomada nesse sentido geométrico, equivale à audição, não à escuta. Para escutar e não só ouvir, assim como olhar e não só ver, é preciso subtrair a representação antecipada que fazemos do outro, da imagem, e que não é uma ilusão ótica, mas uma ilusão cognitiva. Quando alguém começa a aprender a arte do desenho, uma das primeiras lições, e talvez a mais importante, no sentido inaugural, é que você deve se ater ao que

EMPATIA E ESCUTA DOS AFETOS

objetivamente está vendo, não ao que se "sabe" sobre o formato de uma maçã ou das arestas de um cubo.

Isso significa que, para que os dois olhos colaborem na apreensão de uma única imagem, é preciso pensar a partir do quadro, colocar-se no lugar do outro, mas também supor o que o quadro "ignora" sobre sua própria composição. Por exemplo, o tamanho, a disposição e a distribuição dos volumes impõem involuntariamente ao observador que se coloque no ponto exato em que o quadro forma uma boa imagem. Se nos colocamos a menos de um palmo ou a mais de cem metros da *Mona Lisa*, sua experiência estética simplesmente será outra. Ocorre que, nesse ponto, ao qual nos ajustamos automaticamente – como ajustamos a distância exata à qual um bebê é capaz de formar seu foco visual, sem que ninguém tenha nos ensinado isso –, emerge outro fenômeno: nos vemos sendo vistos. Nossa percepção é a de que fazemos parte da tela e estamos imersos no espaço do museu. Ou seja, recebemos nossa própria imagem, que nos enxerga ali onde não nos vemos. É assim também com a escuta. Reconhecemos o que o outro não escuta, o que ele mesmo diz, e não adianta simplesmente dizer isso, gritar ou se exasperar, porque ele não escuta. E isso acontece porque, no fundo, "não pode escutar", pois aquilo foi feito para ficar nessa zona cinzenta do não escutado.

Não obstante, há restos – penumbras, zonas de transição, rastros daquilo que não se escuta perfeitamente –, mas que se denunciam como ruídos, particularmente em distorções, exageros, inibições e excepcionalidades da sua expressividade. O senso comum tenta eliminar tais ruídos entendendo que atrapalham a funcionalidade das relações. A psicanálise dá atenção a essas bobagens e imperfeições comunicativas, pois presume que nelas falta o que não pode ser realmente escutado e que de fato está determinando impasses relacionais.

Muitas pessoas percebem isso de forma paranoica na escuta, como se o outro não fosse confiável, como se escondesse alguma coisa ou não fosse suficientemente transparente na comunicação. Ou pior, se autorizam a inferir, conclusivamente, a partir dessas incongruências, qual é o sentido do afeto distorcido. Essa é uma das mais sutis violências da comunicação, que tende a emergir quando aceleramos o processo de significação. Um sorriso malposto, uma exclamação exagerada, uma maçaneta que se abre mais ruidosamente – e concluímos a significação vindoura, geralmente oferecendo um afeto complementar ou antecipatório. É o que chamamos de "desescutador visionário", aquele que se impede de escutar porque está "vendo coisas, caras e bocas".

Não se trata de excluir a comunicação não verbal das práticas de produção de sentido. É preciso prestar máxima atenção à corporeidade composta da relação entre afetos, emoções e sentimentos. Ou seja, é preciso inverter nossa atitude intuitiva de que o corpo expressa uma substância afetiva interior ou pelo menos combiná-la com a ideia de que são os afetos, quando reunidos de certa forma, que produzem essa experiência de corpo como experiência de unidade. Era assim que Freud[10] falava do amor, como uma *Verliebtheit*, uma expressão de *eros*, ou seja, tendência à união.

Colocar-se do lado do outro, assumir uma relação de semelhança e espelhamento em relação a gostos, escolhas e valores, não é empatia. Isso é *simpatia*. Partilhar crenças, opiniões, visões de mundo, orientações políticas, estéticas e religiosas é muito mais simples quando nos reunimos com o outro para produzir uma negação mútua ou um consentimento alienado.

Porém, a unidade gerada na tradução dos afetos, indiscerníveis, inomináveis, difusos depois que são traduzidos em pares de emoções – que, segundo o estudo seminal de Darwin,[11] seriam próprias da espécie humana, como alegria e tristeza, medo e raiva, surpresa e nojo, depois que se misturam em uma atmosfera combinada e partilhada de sentimentos como culpa e vergonha –, formam uma unidade entre corpos. Além disso, formam uma atmosfera, um sentimento de mundo, que os gregos chamavam de *páthos*. Assim como a atmosfera, da qual tomamos e tiramos gases para sustentar a vida, afetos, emoções e sentimentos circulam operando trocas e fazendo emergir novas propriedades que estavam ausentes quando consideramos apenas as expressões individuais de nossos humores e disposições. Para além de nossas unidades egológicas, o Eu consegue olhar e escutar as coisas do ponto de vista do

EMPATIA E ESCUTA DOS AFETOS

Outro porque, no fundo, o seu ponto de vista é, desde sempre, formado por essa inferência especular. O Eu, por estrutura, não é um indivíduo nem um indiviso, ele é um duplo. Isto é, estou negando a ideia de que o outro é um outro.

O outro é *outro*, e é possível ficar perto dele quando o outro é *um*. Ele devolve para mim a imagem que eu mais ou menos tinha de mim, ao passo que devolvo a ele a imagem que ele tinha mais ou menos de si. Isso fecha um ciclo. Podemos dizer que ali nasce certo tipo de amor, que Freud[12] chamava de *unidade*, ao que Lacan[13] acrescentou tratar-se de *Aha-Erlebnis*, ou seja, "instante ou experiência de satisfação".

"Nós pensamos o mesmo" – muitas pessoas imaginam que isso é condição suficiente para a escolha e para o caminho amoroso. "Pensamos igual, torcemos para o mesmo time, vamos ser felizes, é claro." Não se trata disso! Essa é a via da simpatia, que traz esse conjunto de problemas que, no fundo, fazem com que a viagem seja mais curta. "Vou para o outro e o outro volta para mim." Eu estou evitando o fato de que o outro contém dentro dele um outro. O outro não sabe tudo sobre si. O outro me diz coisas nas quais não pensa, que "escapam", coisas que, se pensasse duas ou três vezes, não diria. Mas há também aqueles que pensam três ou quatro vezes e passam a vida sem nada dizer. O outro, quando se deixa afetar por mim, me devolve afetos que nem sempre são congruentes. E ele mesmo não se dá conta dessa incongruência. Mas isso fala de mim ou fala do outro? Popularizou-se na internet o dito freudiano "quando Pedro fala de Paulo, Pedro fala de Pedro mais do que de Paulo". Verdade, mas não toda. Essa indeterminação se aplica à estrutura da fala, mas não de qualquer fala. Há falas que falam, sim, de Paulo, desde que Pedro não esteja tão presente. Se a estrutura do eu é projetiva, paranoica e antropocêntrica (nem sempre, como vimos), podemos reduzir a linguagem à expressão do Eu. E amor, apesar de ser um fenômeno de estrutura narcísica, adquire outra qualidade quando se organiza pelas bordas do dito. É por isso que historicamente o discurso do amor convoca formas desviantes de sentido, como a poesia, o romance, a ficção e tantos outros usos não essencialmente comunicativos da linguagem.

O fato mais notável e mais consensual sobre os seres humanos é que eles são contraditórios, incoerentes e paradoxais. Não há nada mais disparatado do que a realidade que habitamos. Pensam uma coisa, fazem outra; sonham com algo, mas se comportam de maneira oposta; amam, mas não dizem que amam. (Muitos odeiam mais ainda, em vez de dizer que amam e para não dizer que amam.)

Esse tipo de representação de nossa atmosfera é como um teatro do mundo. E nossas relações, como uma comédia humana, de que a vida é sonho, de que tudo nela é incerto, decorrem da intuição de que nosso conhecimento sobre a realidade é profundamente suspeito porque nós mesmos somos fundamentalmente suspeitos. Suspeitos de criar ilusões, autoenganos, e ser "visionários" e não "escutonários".

Autores do século XVI, como Montaigne, Maquiavel, Shakespeare e Cervantes, são um marco importante nessa questão. Eles intuíram o problema da diversidade antropológica humana. A descoberta ou invasão da América, assim como a redescoberta do Oriente e a colonização da África, suscitaram radicalmente este problema: quem são esses outros? Tanto no sentido antropológico quanto no psicanalítico, existe no outro algo além do seu ponto de vista, além do seu Eu, além do ponto. Isso precisa ser escutado para que o nosso manejo de afetos não se torne apenas uma questão de redução das coisas a uma boa comunicação. Entendimento mútuo. Ora, mas quanto mais outro no Outro, menos entendimento como lei e língua comum e mais loucura, que é, aliás, um grande tema para o século XVI.

No fundo, a transitivização dos afetos é encontrar um ponto de proximidade em que vamos dividir nossa incerteza e nossa angústia. Poderíamos chamar isso, mais tipicamente, de loucura. No Ocidente, você é louco quando sai de si, perde a capacidade de discriminar, não conhece mais os limites; ou seja, quando não tem mais ideia do que está falando. De fato, é preciso ir para esse lugar que não sabemos, esse lugar da ignorância, do negativo, para poder concluir essa viagem que é entabular uma resposta.

Assim como há uma história luminosa da conquista da natureza e da desrazão pelo processo civilizatório, existe uma segunda história da modernidade, feita justamente desses ruídos, loucuras, restos e imperfeições do nosso desentendimento. "Escutar" implica:

1. Ouvir, no sentido sensorial de se atentar rigorosamente para as palavras, a prosódia, a enunciação, a mímica e o gestual e facial do dizer.

2. Compreender, no sentido perceptivo de aceitar, o que foi dito a partir dos termos e da perspectiva do outro.

3. Entender, no sentido de encadear cognitivamente causas, motivos e razões, ao modo de um discurso ou narrativa.

4. Intervir, se intrometer, criar pedidos de esclarecimento, intensificações, sanções, adversidades ou dubitações sobre os signos e expressões realmente proferidos, levantar questões de compreensão, quando o sentido partilhado é incongruente ou contraintuitivo, investigar nexos de causalidade alternativos, razões coadjuvantes ou motivos não percebidos, mas sobretudo criar algo novo: seja uma pergunta ainda não feita, uma perspectiva nova ou até mesmo um objeto, atividade ou obra.

A resposta que conclui uma volta da escuta seja ao mesmo tempo uma resposta ao que foi dito e uma nova questão que se abre sobre o que resta por dizer. Amar é tanto fazer girar o circuito da escuta quanto escutar o silêncio, a distância e o intervalo que existe entre as voltas da demanda amorosa, escutando tanto nossa pretensão de ser como Apolo quanto de nos apresentar como Dionísio. Ou seja, é entender nossos conflitos, divisões, fragmentações, nossos fracassos identitários. O limite da escuta está, portanto, no quanto aguentamos de loucura, de nós mesmos e do outro. Até que Dionísio recupere a dianteira, o que para alguns parece bem improvável, nossa loucura será experimentada como sofrimento, inadequação e impotência. Talvez essa nossa autoimagem tenha contribuído decisivamente para que o amor assumisse o papel de afeto protagonista. Afinal, o amor nasce do reconhecimento de nossa vulnerabilidade, e é por isso que muitos temem amar, porque tal experiência os coloca como potencialmente dependentes.

Na medida em que pretendemos escutar o outro, precisamos escutar suas incongruências de afeto, a incongruência da volumetria de suas emoções, a disparidade dos sentimentos. E qual emoção está sendo posta de lado, silenciada, quando o outro faz isso? Como se dá essa alternância entre amar e ser amado? Do que é feita essa gramática?

Quando conhecemos alguém que pode estar em nossa "zona de captação amorosa", sempre surgem condições que podem ser insabidas, mas que restringem ou ampliam esse campo de captação. Tendemos a mostrar nosso "melhor ângulo", com a melhor maquiagem, seja real, comportamental ou imaginário. Voltamos ao problema da composição da imagem, da justa distância, da posição invertida entre ver, ser visto e, pior, ver-se sendo visto. Por que me mostrar um retrato tão bem-acabado, nesse plano, deixando no contraplano outro conjunto de afetos que nunca transparecem? Por que olhar para a imagem dos afetos e o movimento que as imagens causam em vez de olhar a paisagem?

Em vez de se concentrar no porquê o verde transpareceu aqui, por que há um pingo vermelho fora de lugar, queremos um retrato "bem-acabado". Isso serve para a beleza, mas não para a simpatia e definitivamente é pouco eficaz quando se trata da empatia, como conversa entre ruídos e mal-entendidos.

A teoria do ponto de vista emerge como paradigma para entendimento do sujeito moderno no Renascimento. No século XVI, de Michelangelo, Rafael e Caravaggio, o método geométrico para construir imagens em perspectiva ganhou força. Mas quase que de imediato nos demos conta de que, junto ao domínio da perspectiva, surgia a possibilidade de construirmos metodicamente deformações e ilusões. É também possível criar perspectivas incongruentes, como na tela *Batalha de Lepanto*, de Paolo Veronese, de 1571, que retrata a forma milagrosa como uma tempestade engoliu os navios otomanos, consagrando a vitória dos católicos na parte de cima da pintura, que narra o acontecido do ponto de vista dos céus, dos anjos e da Virgem Maria, ao passo que na parte de baixo figuram as embarcações em uma perspectiva terrena. Ou seja, as perspectivas divergentes não são percebidas como uma fragmentação incoerente da realidade, mas como uma unidade.

EMPATIA E ESCUTA DOS AFETOS

O quadro *Os quatro apóstolos*, de Albrecht Dürer, traz imagens feitas em absoluta desproporção – a cabeça de quem está atrás é muito maior do que as que estão à frente. A obra de 1526 retrata os quatro apóstolos segundo os quatro humores ou tipos psicológicos da antiguidade, o melancólico (João), o sanguíneo (Pedro), o fleumático (Marcos) e o colérico (Paulo). Se olharmos o conjunto dos dois dípticos, formados por João e Pedro, à direita, e Paulo e Marcos, à esquerda, tudo parece no lugar, formando um todo harmônico. Mas, se observamos em detalhe, notamos que a cabeça de João (louro) é desproporcionalmente menor do que a cabeça de Pedro (moreno). Posicionando-se atrás de João, Pedro deveria ter uma cabeça igual ou menor do que de João, mas é justamente o contrário que acontece. Assim também, João, o profeta favorito de Lutero, segura uma bíblia na mão, ao passo que Pedro tem uma chave. Analisando o tamanho do livro, em primeiro plano, e o tamanho da chave, em segundo, percebemos que a chave está proporcionalmente muito maior do que o livro. A mensagem aqui poderia ser: o texto sagrado é mais importante do que a chave do poder eclesiástico, mesmo que esta se apresente aparentemente maior. A incompatibilidade de perspectivas desperta afetos, emoções e sentimentos, ajustando a realidade aos olhos de quem a vê, mas, ao mesmo tempo, enganando o olhar e nos fazendo ver o que não está lá e ignorar o que de fato está ali.

A fisiognomia é uma antiga ciência da leitura das emoções a partir da face. Le Brun, Gall, Lavater e até o criminologista Lombroso confiavam perfeitamente na ideia de que seria possível "ler" as pessoas a partir da observação de suas expressões faciais e, principalmente, pelo "olhar". Hegel e Adorno não deixaram esse elemento nascente da psicologia de lado quando foram estudar a maneira como nos tornamos indivíduos. Ao longo da modernidade, isso foi dependendo cada vez mais da capacidade de conter as paixões, de silenciar a conversa dos afetos e de adequar-se a sentimentos sociais dominantes.

À medida que isso foi acontecendo, gerou-se uma espécie de subordinação dos melhores nessa arte, como os homens, principalmente brancos e de classe alta, criando as figuras de emocionalidade deficitária: mulheres, crianças, loucos, estrangeiros, negros e assim por diante. A autora brasileira indígena guarani Geni Núñez mostrou muito bem como essa política de "emolduramento" dos afetos participou ativamente do projeto colonial, particularmente levado a cabo no Brasil.[14] Veremos como esse ideal traz consigo uma política de hierarquização das formas de amor e de fixação do lugar social a modos específicos de amar e ser amado quando falamos de *eros* (amor sensual), *filia* (amor entre amigos), *ágape* (amor envolvendo deuses) ou *storge* (amor familiar). Monogamia e não monogamia (como forma de vida), traição ou fidelidade (como contrato jurídico), lealdade (ao amor, ao desejo ou ao gozo) e devoção ou displicência (como reprodução da forma de família) são desdobramentos dessas questões em torno da liberdade ética e política mobilizada pelo amor.

A conjugação de perspectivas distintas, múltiplas, ou, por exemplo, uma estratégia chamada *perspectiva invertida*, muito estudada pelos russos, produz desencontro na formação da imagem. A correção, ou seja, o movimento que introduzimos na imagem é a resposta ao que nos afetou na imagem. Mas esse movimento não é consciente se não se deixar ultrapassar ou ir além do ponto de vista e para essas outras propriedades dos afetos, desses afetos que passam pelo corpo. Tal como quando concordamos com alguém, nos inclinamos na direção do outro, eventualmente nos interessamos pelo outro – até mesmo de forma amorosa tendem a ocorrer fenômenos de espelhamento.

A nossa amada cruza os braços, a gente cruza junto. Ela mexe no cabelo, mexemos também. Cruza as pernas, cruzamos em seguida. Eu mexo no ombro, ela mexe no ombro. Isso tudo sem que eu pare e pense a respeito. Eu só vou simplesmente "respondendo" aos movimentos dela. Mas, de repente, eu conto aquela piada, e a pessoa cruza os braços. Faz cara de paisagem, e a atmosfera de sedução muda. Perdi. Vemos, assim, como Narciso e seus espelhos continuam a participar de nosso balé amoroso, para quem sabe escutá-lo. Isso tudo acontece de forma inconsciente, mas esse não é o inconsciente freudiano ou psicanalítico; está mais próximo daquilo que alguns autores chamam de *inconsciente estético*, cujas regras envolvem e obedecem à partilha do sensível e à economia dos afetos.

EMPATIA E ESCUTA DOS AFETOS 45

Muitas pessoas não percebem esse balé de gestos em espelhamento ou percebem e reagem sem ter consciência de que estão reagindo. É muito importante nesse trajeto da escuta prestar atenção nas repetições – às vezes de palavras, às vezes de afetos; prestar atenção na linha transformativa do afeto, junto com a série de palavras e os movimentos de discurso. Para fazer isso, precisamos encontrar um lugar onde essa oposição seja tolerada, acolhida ou ao menos suportada por quem escuta. Uma cultura de aprofundamento narcísico como a nossa terá dificuldade em aceitar que somos amados e que amamos muito mais por nossa falta de recursos e pelo modo como nos posicionamos em relação às nossas incongruências do que por nossas belas e esculpidas imagens fulgurantes exemplares.

E ela está sempre no mesmo volume ou ele tende a subir uma oitava, e mais uma oitava, e mais outra, de forma a querer englobá-la. Perceba, escute, inclua isso na sua escuta. Tenha, assim, hospitalidade para com o outro, como um ponto de vista. Mas tenha também espírito de inquirição, um espírito hospitalar, um espírito de investigação sobre esses pontos não coerentes em torno do afeto.

Muitas vezes, nomear o que sentimos diante do que o outro está colocando o ajuda a perceber as deformações que está produzindo. Outras vezes, é importante dizer ao outro como ele pode estar se sentindo – mas nesse caso o movimento também comporta certo risco. Perguntar em vez de afirmar é algo muito importante na escuta dos afetos, pois a autonomeação faz parte do circuito de apropriação do afeto. Nomear afetos alheios é um risco, e pode e deve ser tomado quando o outro não encontra suas próprias palavras. O dizer que invade, que ajuíza, desautoriza a experiência e a partilha de afetos e sentimentos.

Primeiro tempo da escuta: sair de si e assumir o ponto de vista do outro.

Segundo tempo da escuta: reconhecer que isso é uma suposição que precisa ser sancionada pelo outro. Caso contrário, damos razão àquela definição do que é um casaco: "É aquilo que você tem que vestir quando sua mãe sente frio."

Terceiro tempo da escuta: como o afeto do outro te afeta? Não escutamos só com os ouvidos, mas também com o corpo, com os pés, com as mãos, com a nossa memória. Isso vale para os sentimentos copiosos, intensos, mas também para os sentimentos de aproximação, de alegria, para todo e qualquer afeto que você queira realmente escutar e produzir.

Quarto tempo da escuta: no qual o percurso da escuta é sintetizado, gerando uma resposta nova, que representa um corte em relação ao que foi dito antes. No caso dos afetos este é o momento da nomeação, o ato no qual alguém se declara, que se diz "eu te amo", ou "acabou", ou ainda "acabou por hoje". Fins que são novos inícios, inícios que são fins em potencial.

No filme sul-coreano *Vidas passadas* (2023), dirigido por Celine Song, podemos ver esses quatro tempos da escuta, dividida em quatro encontros, ao longo de trinta anos. Na primeira volta da conversa, Nora e Hae competem pelas melhores notas aos doze anos de idade. Ela imigra para o Canadá e só depois disso Hae se dá conta de que as conversas e discussões que eles tinham juntos têm um nome: amor. Na segunda volta da conversa, eles se reencontram on-line, já adultos. Eles verificam que os sentimentos eram recíprocos, mas que agora sua consequência é inviável, ou seja, descobre-se e se faz existir um grande amor, ao mesmo tempo que se realiza o fato de que ele foi perdido. A terceira volta da conversa acontece quando Hae vai visitar Nora e seu atual marido, que se mostra simpático e acolhedor, generoso e sagaz o suficiente para amar sua esposa de forma não avarenta, admitindo a existência de amores múltiplos. A quarta e última volta encontra-se no próprio filme como produção cultural, em que o amor deles se torna patrimônio de todos nós. Agora eles podem se escutar tendo se amado sem saber, depois saber que se amaram sem poder e agora que podem e sabem, ainda assim preferem e decidem que esse amor assim permanecerá. A forma mais simples e segura de preservá-lo é decidir, consciente e deliberadamente, que ele não se realizará sob forma de uma vida comum.

As quatro voltas da escuta cumprem assim a função de reconhecer a indeterminação dos afetos, determiná-lo em palavras, compartilhá-lo,

EMPATIA E ESCUTA DOS AFETOS

por meio de atos de reconhecimento concluindo seu percurso transitivista. O que chamamos então de *transitivação dos afetos* é o que acontece com os sofrimentos – se eu estou sofrendo, se a pessoa de quem eu gosto está sofrendo – e também na boa escuta. Tecnicamente, o transitivismo é um fenômeno que ocorre na infância, quando a criança está fixando regras de espaço, tempo e casualidade, ainda confusa com a experiência de "inter-ação", ou seja, de que somos afetados e afetantes. Essa experiência ocorre de modo mais crônico entre psicóticos, mas também será retomada em todas as situações nas quais o Eu entra em crise. Crises narcísicas, como as que acompanham transições etárias, ou crises profissionais, amorosas, existenciais e até mesmo brigas domésticas são momentos nos quais o transitivismo tende a reaparecer, apontando para a indeterminação do sujeito, ou do agente e do paciente. Por isso é tão difícil escutar qualquer pessoa nessas situações. Entretanto, os estados amorosos de paixão, idealização e fascínio também se caracterizam exatamente por um transitivismo agradável, no qual ainda não sabemos quem causa o quê no outro, mas nos sentimos ligados ao outro.

Quem fez o que com quem? Por exemplo, em brigas domésticas sucede frequentemente o seguinte diálogo:

— Eu estou dizendo isso porque você me falou aquilo — disse ela.

— Ah, mas você me falou aquilo só porque eu disse isso — respondeu ele.

— Então está me fazendo sentir aquilo para se vingar por eu ter feito você também sentir isso? — perguntou ela.

Os dois estão atracados num novelo do qual não conseguem sair porque se formou um curto-circuito baseado na indeterminação entre quem é o agente e quem é o paciente da situação. Como em um sistema de espelhos infinitos, cada qual vive a angustiante situação na qual *eu te faço sentir isso que você me fez sentir* ao passo que *você me faz sentir aquilo que eu te fiz sentir*. Contendas em torno de culpados e vítimas, entre quem tem razão e quem não tem, geralmente têm essa estrutura. Por isso costuma ser pacificador quando introduzimos na conversa uma diferença assimétrica, que não pode ser invertida por esse jogo de espelhos.

A verdadeira empatia está baseada na diferença e na comunalidade dentro da diferença, ou seja, quando partilhamos não o que sabemos, gostamos, achamos, pensamos, mas o que não sabemos. Contudo, mesmo esse esboço de empatia pode ruir quando, do outro lado, surge uma posição interessada em guiar, dominar ou tutelar a vulnerabilidade e o desamparo alheio. Ademais, há formas de amar na qual essa gramática é decisiva, caso contrário não há espaço para a disputa sobre quem precisa mais do outro e quem suporta mais e melhor a falta do outro.

Vulnerabilidade, incerteza, descaminho ou errância são apenas figuras do outro que me habita. Nesse campo de afetação, há uma distinção técnica importante entre inconsciente e inconsciência. Nós estamos falando aqui do registro da inconsciência, do registro do pré-consciente, ou seja, nos termos de Freud,[15] daquilo que está apto a se tornar consciente. O circuito dos afetos não é indiferente às formações do inconsciente, que, por sua vez, dependem de atos de negação, deformação e retorno do que foi negado. Os afetos, porém, também são determinados por formações da consciência, por modulações sobre as quais podemos agir.

O ponto de vista não tem corpo, é uma geometria. Fui afetado no meu corpo, mas também nos meus afetos e nas minhas inconsciências. No entanto, agora aparece a ideia de que eu sou afetado pela maneira como afeto os outros. O espelho que o outro me devolve frequentemente mostra uma face de mim mesmo que não desejo reconhecer.

A resposta transformativa, que enlaça o quarto tempo da escuta com o retorno ao primeiro tempo, está marcada por uma nova economia de afetos. Como se no primeiro tempo tivéssemos o afeto, mas não houvesse uma nomeação dele. No segundo tempo, os afetos indiscerníveis se vetorizam em torno de uma emoção dominante. No terceiro tempo, as emoções transitivadas, entre um e outro, formam um novo sentimento social. Então, no quarto tempo, temos um retorno aos afetos indiscerníveis, mas agora antecedido por um sentimento que nos inclina a acelerar, intensificar ou renovar determinados afetos, em determinadas emoções. Há, portanto, um fio condutor que mantém certa proporcionalidade entre a posição inicial e final da conversa. Seu objetivo não é formar um veredicto, mas estabelecer uma conclusão, no sentido de uma volta do

EMPATIA E ESCUTA DOS AFETOS

discurso sobre si mesmo. Um fim que é também um início. Uma resposta que tem potencial para gerar uma nova questão. Muitas vezes, essa resposta é propositadamente hipotética, aproximativa ou intencionalmente equivocada. Respostas em psicologia reversa são particularmente úteis no trabalho da escuta daqueles que são muito dóceis, subservientes e inclinados a aceitar demasiadamente os termos do outro.

Contudo, o essencial desse ponto de retorno do discurso sobre ele mesmo é que algo novo é acrescentado, seja na perspectiva, seja nos termos, seja na nomeação da qual a questão é composta. Diz-se que a escuta analítica divide-se em dois tempos: o do manejo da transferência, no qual nos preocupamos com a relação de fala; e o da interpretação, no qual o que é dito assume o protagonismo. Responder acrescenta algo ao que foi dito. Nesse ponto, a escuta deve surpreender, introduzindo uma nova forma para o problema ou indicando uma solução possível. A arte de fazer boas perguntas resulta na arte de se perder, que resulta na arte de contar boas piadas. Uma boa piada, um dito espirituoso, um provérbio ou uma citação deve prezar pela brevidade. Como na regra hipocrática, devemos dosar o mínimo de princípio ativo com o máximo efeito de cura.

Se você não sabe como amar ou como ser amado, o primeiro passo é aprender a escutar.

A não ser que queira tomar o lugar de fala e então convidar o outro a escutar você. Isso pode ser feito também. Mas, quando vamos para o lugar do escutador, aos poucos nos interessamos sobre como a tramitação partilhada dos nossos afetos inventa novas perspectivas, como as deformações do que foi dito guardam um grão de verdade. Para tanto, o valor da escansão, do intervalo ou dos parênteses na conversa é crucial. Muitas vezes, uma grande sessão é completamente destruída por uma explicação que empanturra os ouvidos. Como se a emergência de um novo sentido fosse tão fascinante que ele se torna imediatamente um ponto de captura e convergência dos enigmas até então coligidos. As legendas de uma obra de arte – o nome de seu autor, a data de sua criação, o sentido de sua intencionalidade – então obturam nossa capacidade de colocar a experiência como indeterminação. Contorna-se assim o interessante trabalho de completar as lacunas de sentido sobre o que foi dito depois que tudo foi dito. Não estamos mais diante de uma interpretação, mas de uma superinterpretação. Se as palavras que curam são chamadas em grego de *phármakon*, devemos aprender a contar com seu efeito residual.

Uma convicção exagerada frequente rui e se abre para outra perspectiva quando deixamos agir, algo que os ingleses chamam de *second thought*, ou seja, o segundo pensamento. Confiar nos efeitos retroativo e reparativo das palavras sobre seus autores é também um ato de amor. Quantas vezes fica claro que aquela pessoa disse o que disse apenas porque estava com raiva e contrariada naquele momento. Sentindo-se acuada ou derrotada, a pessoa reage, se emociona, se aterra, fica aturdida. Mas tantas emoções se retorcem curiosamente quando o tempo passa, e entram em jogo os sentimentos sobreviventes de culpa ou vergonha, bem como a renovação retrospectiva do acontecido sob a perspectiva da paixão do ódio, do amor ou da ignorância.

Muitos que se propõem a escutar os outros acham que precisam ter muita sabedoria, muito repertório, muitas soluções para dar ao outro. Na verdade, as melhores soluções são aquelas que já nascem no outro, em quem damos apenas um pequeno empurrão para permitir que ele se aproprie daquilo que já estava sentindo, formulando, sobre os afetos.

Contudo, isso nem sempre é suficiente. Renovada e disposta a continuar a conversa, aquela mesma pessoa insiste em repetir os mesmos insultos e impertinências três frases depois que sua boa vontade e seu perdão deixaram de agir na ausência do outro, obrigando-o a enfrentar aquelas mesmas provocações e aquelas mesmas conversas de antes, o grosso do desperdício existencial que chamamos de neurose.

Assim, também na escuta amorosa, não basta declarar sentimentos; é preciso descobrir do que eles são feitos. Qual a verdade do amor que nós criamos? Qual a força e a densidade desse nó que nos une? A que ele seria capaz de resistir e quando ele se quebraria e revelaria do que é realmente composto? A anatomia do afeto, da emoção e do sentimento a que chamamos de paixão está cheia de corpos de delito. Sua necropsia

EMPATIA E ESCUTA DOS AFETOS

é bem mais simples do que seu manejo em tempo e vida real. Por isso que, ao se quebrar, o amor adquire um inusitado acréscimo de ágio no seu valor, simplesmente porque é com a perda, ausência ou distância dele que somos capazes de compreendê-lo. Como se assim pudéssemos alterar seu curso e dominar sua gramática de repetições.

O corpo do amor, formado pelo circuito dos afetos, é profundamente político, ou melhor dizendo, é um corpo ético. Essa construção coletiva pode ser pensada também em grupos, em escala de massa, em escala digital, em escala de etnias, de culturas, como um grande processo em que os circuitos de afeto estão sendo mutuamente regulados. Aquela pessoa que não se escuta, que se isola, que se retira em relação ao mundo muito provavelmente apresentará certas dificuldades para lidar com aquilo que a afeta, como ela traduz tudo isso em emoções e como essas emoções e afetos criam determinados sentimentos de mundo.

Acredito que em muitos sentidos vivemos uma época semelhante ao século XVI, pois também nos perguntamos o que é o Outro, sua língua, sua alma, seu corpo. Mas desta vez temos que coexistir com aqueles que foram sendo apagados nesses processos pelos quais nos tornamos o que hoje somos. Essa releitura de traços é também uma reconstrução dos amores impedidos, suspensos e denegados. bell hooks[16] retornou ao programa de Cornel West sobre as políticas de conversão, em sentido análogo ao que aqui falamos em políticas de sofrimento. Por isso é tão importante nomear novamente o circuito dos afetos históricos que nos trouxe até aqui e imaginar uma nova "educação sentimental" refazendo o projeto romântico de Flaubert. O problema do amor será agora recolocado não-sem o da justiça e da propriedade. Não-sem, assim como não-todo, é um termo da lógica lacaniana da sexuação. Não-sem remete a uma espécie de exceção necessária para que algo aconteça. Por exemplo, há muitas pessoas que colocam em dúvidas seus sentimentos amistosos sobre os outros, rebaixando-os à qualidade de empatia, carinho ou solidariedade quando se dão conta da ausência de certos sinais que tipicamente marcam a história de suas relações amorosas. Como se sem "borboletas no estômago", "cabeça girando" ou "frio na barriga" aquele amor fosse menos verdadeiro ou menos bem-sucedido do que outros. Ou seja, como se não houvesse amor sem tais sinais de angústia.

Como aquilo que chamamos de amor, para muitas pessoas, é um instrumento de sobrevivência contra o poder, há um compreensível retorno às ideias de aceitação, orgulho e respeito como condições para o novo amor que desejamos. Uma ética do amor não pode deixar de enfrentar o problema da solidão e da natureza dos laços precários e líquidos sob as nossas atuais condições de produção econômica e de devastação ecológica. "Solteiro" quer dizer sozinho, e este parece ser um sentimento pervasivo e debilitante para nossa saúde mental.

2
Amor, desejo e gozo

Vamos enfrentar o tema do medo e do sofrimento na forma como a sociedade contemporânea tem circulado afetos e particularmente redefinido o campo da experiência amorosa. Vale lembrar que Freud[1] estipulava dois horizontes éticos para a conquista da felicidade. Primeiro, que ela é uma tarefa absolutamente singular, individual, ou seja, cada um tem que encontrar os seus termos e seus caminhos. Segundo, dentro do universo amoroso existe uma espécie de encruzilhada ou escolha ética básica, que consiste em decidir qual será sua política elementar em matéria de felicidade: fugir do desprazer, diminuir a dor, mitigar o sofrimento ou levar adiante as tentações, procurar o prazer e explorar ativamente suas variações. Essas duas questões, com o tempo, afetam nossos relacionamentos. Por um lado, quanto de prazer é preciso renunciar agora, considerando um tanto de prazer que será restituído, com juros e correção monetária, mais adiante? Por outro, se a escolha é por uma vida de austeridade e adiamento estrito de satisfações, imprevisibilidades podem ocorrer, como doenças e desencontros capazes de arruinar e impedir qualquer realização futura. Por isso o dilema do quanto vale o amanhã e suas variantes do tipo: o esquema "tudo de uma vez ou aos pouquinhos" não admite estratégias ótimas, apenas casos aberrantes de inadequação ou ousadia. O que devemos preferir: um grande amor, vertical e complexo, em estrutura de epopeia olímpica grega, ou pequenos encontros fortuitos, do tipo minicontos e haicais, provendo grande diversidade erótica, relacional e experiencial? Monobloco ou poliamor?

No capítulo 1, pensamos o amor dentro da série a que pertence, entre afetos, emoções e sentimentos. Agora vamos pensar o amor *em contraste* com o que ele não é, ainda que frequentemente seja confundido. Vimos que a qualificação de nossos afetos e emoções depende do filtro representado pela economia de prazer, desprazer e indiferença, mas também pela decisão que fixa a intencionalidade em jogo no processo de ganho de qualidade – por exemplo, confiança ou desconfiança, agressividade ou cooperatividade, autonomia ou vergonha, iniciativa ou culpa, para retomar alguns dos dualismos propostos por Erik Erikson. Tendo isso em mente, podemos dizer que o amor tem duas fronteiras: a do desejo e a do gozo. O amor é o mais forte motivo pelo qual o gozo pode consentir ao desejo, dirá Lacan.[2]

Se o amor funciona como uma espécie de mediador entre desejo e gozo é porque, assim como o desejo, ele age a partir da gramática do reconhecimento e da negatividade, mas, assim como o gozo, depende da repetição e do objeto. Mas a relação não é a mesma dos dois lados. Há uma dialética entre amor e desejo. Alguns dizem que não há sexo sem intimidade; outros afirmam que o sexo é a melhor forma de criar intimidade. Há quem defenda que podemos ir amando aos poucos; enquanto outros concluem que, se a paixão não der as caras logo de início, nada acontecerá depois. São todos exemplos de como a economia de gozo é pouco negociável entre os seres falantes.

A gramática do amor se divide entre demanda e desejo, então alguns dizem: "Te amo ali onde não te desejo e te desejo ali onde não te amo." E outros respondem: "Tem que me amar para me desejar honestamente." Nelson Rodrigues é um mestre na descrição do primeiro caso; Clarice Lispector, uma magistral testemunha do segundo caso. Os personagens de *A vida como ela é* traem e são traídos quase sempre. Mas a traição vai satisfazendo uma certa função na vida dos casais. Por exemplo, o marido rabugento, folgado e alheio à vida doméstica torna-se devotado e atencioso depois de iniciar um caso com uma amante. Sentindo-se culpado e em dívida moral com seu casamento, ele "paga sua dívida" de gratidão sendo um bom marido. Tudo está bem até que ele decide deixar a amante, o que faz a esposa entrar em cena e pedir que ele mantenha o caso, pois isso é benéfico para a vida do casal. Muitas mulheres, especialmente depois da maternidade, diminuem muito seu interesse por sexo. Temos então uma divisão social típica entre a mulher que se ama, circulando demandas da vida e criando filhos, e a amante devassa e de menor condição sexual, na qual o homem se autoriza prazeres que ele acha luxuriosos e indignos de serem vividos com uma mãe de família.

Com Clarice Lispector acontece o contrário. A intimidade leva ao sexo, assim como o sexo leva à intimidade. Isso acontece porque Lory não sabe muito bem o que sente por Ulisses, ela precisa passar por um processo de aprendizagem dos prazeres. Ela hesita entre tomar o desejo como seu ou como o desejo do desejo do outro. Parte dessa hesitação a leva ao desconhecimento da fronteira entre amor e desejo. O sexo aparece aqui como uma espécie de ponto de convergência, mas também de agudização do conflito vivido.

Para Freud, o princípio do prazer se relaciona dialeticamente com o princípio de realidade. Ambos objetivam o prazer, mas a diferença é que um demanda satisfação *agora* e o outro permite que isso seja adiado, o que gera uma curiosa definição de realidade: aquilo que pode ser adiado, aquilo que ainda não está em presença. Podemos, então, definir melhor o prazer como experiência no presente e a satisfação como prazer adiado. Nesse processo temporal, acontece também uma qualificação da satisfação, que se torna mais intensa ou mais bem aproveitada quando há um trabalho que especifica seu objeto e as circunstâncias de sua obtenção.

A qualificação do arco de prazer, sua extensão simbólica como satisfação, aproxima-se do que Foucault descreveu para os gregos da Antiguidade como arte erótica (*ars erotica*). O conceito se baseia em uma mistura complexa de discurso de legitimação do prazer e de busca de objetivos concernentes à procura por excelência ética na vida.

A moderna *scientia sexualis* está centrada nas finalidades éticas, reprodutivas, médicas e mágicas ou soteriológicas do sexo, envolvendo seu conhecimento e domínio objetivo, a transmissão teórica por meio de uma pedagogia restritiva e uma profilaxia ético-higienista contra doenças, que vai do bom uso reprodutivo do corpo até o controle higienista dos prazeres. Já a *ars erotica* implicava uma educação propositiva, para incrementar e qualificar o uso dos prazeres, onde o sexo não era apenas um fim a ser perseguido ou evitado, mas um meio de conhecer, como os outros sentidos. Há uma erótica ocidental encarnada por preceitos greco-romanos combinados com a filosofia patrística do cristianismo, mas devemos incluir na arte de amar sua incidência oriental, seja a partir da cultura chinesa, indiana, japonesa e islâmica, que foi sendo gradualmente incorporada ou tomada como contraste exemplar para a arte erótica ocidental.

A *ars erotica* é também uma forma de arte no sentido das artes plásticas e suas estratégias de deleite estético, suas disciplinas expressivas, sua incorporação temática do ritual da união sexual, além da preocupação em ampliar os limites do uso prazeroso do corpo. A *ars erotica* inclui música, decoração, perfumaria, joalheria, moda, culinária e sexologia. Nesse contexto, o desejo aparece como um fim em si mesmo e os atos da paixão apenas como meios para a realização do prazer. O encontro erótico é dividido em estágios formais, que se sucedem num crescendo de excitação tal como no teatro, na música clássica ou na ópera. Mas a experiência estética não termina com a cópula, prolongando-se por uma série de outras atividades artísticas que incluíam conversação, jogos, discussões literárias ou filosóficas, que beneficiam o convívio íntimo dos amantes.

A arte de amar era, portanto, um capítulo de uma arte mais extensa conhecida como cuidado de si (*epiméleia heautoû*, para os gregos, *cura sui*, para os latinos). Não se trata, dessa maneira, do domínio meramente mecânico, mas performático, pelo qual o praticante disciplinado da *ars erotica* almeja tornar-se um virtuose na execução de sua arte. As tradições específicas de *ars erotica* não apenas codificam uma determinada forma de execução dos atos eróticos que conhecemos como sexologia, mas também estabelecem a forma como a percepção subjetiva, os estados de êxtase, enlevo ou beatitude esperados podem ser experimentados. A transfiguração efetuada nos corpos dos amantes durante o encontro sexual surge assim como um modelo político de transformação do mundo, comparável com as teorias físicas. As atividades da paixão são investidas de significados simbólicos segundo a cosmovisão de cada tradição cultural. A *ars erotica* estabelece padrões de classificação dos amantes potenciais, segundo sua virtuosidade performática e refinamento estético.[3]

Neste livro ampliaremos a noção de *ars erotica* para a de *ars vivendi*, ou seja, a maneira como se pode decompor e recompor o amor segundo seu curso e sua gramática, seja ela erótica ou representada por outras formas de amor.

Há uma aprendizagem do uso dos prazeres. Clarice Lispector dirá sobre isso: "Amor será dar de presente um ao outro a própria solidão? Pois é a coisa mais última que se pode dar de si."[4] E, nessa definição, mobilizam-se três termos importantes, como veremos a seguir:

Primeiro, a afinidade entre amar e dar. Dar supõe generosidade, ou seja, o prazer na gratuidade, o prazer de experimentar a satisfação do outro. Dar não é retribuir nem trocar, mas aquilo que Lacan chamou de *dialética do dom*, ou seja, algo que emerge das trocas e da gramática do pedido, mas supera a dinâmica das trocas. Há algo, que se poderia definir como aquilo que amo no outro, que nos escapa, que desconhecemos e que justamente por isso nos inquieta ao ponto da hostilidade: "Eu te amo, mas porque inexplicavelmente amo em ti algo mais que tu, o objeto a minúsculo, eu te mutilo".[5] Isso representa um desafio ao que faz do amor signo maior de reflexividade, simetria e espelhamento entre amante e amado, por isso padre Júlio Lancellotti diz que o amor é uma prática de doação, de preferência livre e incondicional. Ou seja, ninguém deveria ser obrigado a amar, mas, quando o fizer, trata-se de uma entrega, cuja motivação e graça é a própria entrega. Uma expressão muito feliz para designar que todo amor é inicialmente narcísico, ou seja, é autoamor ou autoerótico, mas se desenvolve, do início até o que vem por último, em nós mesmos, aquilo que resta de cada um quando só há um, isto é, a solidão.

Mesmo a solidão pode ser cedida e, claro, quando isso acontece, dialeticamente não estamos mais sozinhos. A ideia concorda perfeitamente com um dos ditos lacanianos mais famosos: "Amar é dar o que não se tem para quem não o quer."[6] A formulação concentra várias ideias: "dar o que não se tem" é uma alusão ao fato de que o verdadeiro amor não é uma extensão de propriedade, nem variação de amor-próprio. Nosso gozo de ter é sempre fálico, ou seja, investido de poder, de força ou de domínio. O amor mostra que quem acha que possui o amor, pela redução aos seus signos representativos (presença, presentes, fidelidade, constância etc.), não entende que ele é um efeito de trocas e, principalmente, trocas de significantes. O amor, como a autoridade e o respeito, suas traduções em sentimentos sociais, não é causa, mas efeito. Por isso, se você quer que alguém deixe de te amar, comece a pedir amor. Comece a exigir ser amado. Tenha certeza de que você está deflacionando o amor até que aconteça uma troca de discurso (mandar, educar, sofrer) ou uma troca de gramática amorosa (*eros*, *filia*, *ágape* ou *storge* – aliás, não confundir aqui com "estorvo"). O amor advém, assim, da gratuidade, o que supõe um intervalo entre amor na presença e amor na ausência, intervalo no qual a carta de amor, a escrita de amor, é fundamental. Mas o amor é também um circuito de pedidos, desde que se entenda que a demanda é sempre baseada em quatro tempos: (1) te peço (2) que recuse (3) o que ofereço (4) porque não é isso.

Lembro-me de quando minha filha era pequena e acordava no meio da noite querendo mamadeira. Eu me levantava com sono e mal-humorado e ia até a cozinha buscá-la, mas, quando chegava ao quarto dela, segurando o tal objeto desejado com o que restou de mim, ela dizia: "Assim não, pai, tem que ser quentinho." Então eu retornava à cozinha para atender a princesa da Bessarábia, e achando que o serviço finalmente estava feito, ela respondia ainda mais brava: "Mas pai, tem que ser no copinho verde!" E assim a conversa podia atravessar a madrugada. Até que um dia cheguei fulo da vida na minha análise, cheio de queixas contra a princesa despótica que eu estava criando. Criticava minha covardia em começar uma briga franca noite adentro. Uma parte de mim atacava minhas limitações como pai, outra parte era masoquismo heroico à procura de adulação. Até que meu analista comenta: "Você é um psicanalista de araque mesmo. Não está vendo que ela quer ver até aonde vai o seu amor? Ela quer que a conversa continue, quer ver você trabalhar e, além de tudo, está dizendo que te ama também porque, afinal, o copinho verde é o do Palmeiras, não é mesmo?"

AMOR, DESEJO E GOZO

Essa experiência resultou em um lição inesquecível: o amor acaba quando acaba a conversa. Quando dizemos "pare de me encher" ou "chega", isso também significa "pare de me amar", ou melhor, "pare de me amar desse jeito". Não há nada de traumático ou problemático nisso. Este é o papel benéfico da solidão separadora, aquela de que fala Clarice. O que minha filha queria não era só amor, mas também saber sobre o meu desejo. Afinal, o que eu queria ao atravessar as noites nessa nossa conversa? Aparecer como super-herói e fiel cumpridor das funções paternas? Dar a ela minha solidão? Experimentar os prazeres masoquistas do sono? Levei uma saraivada do meu analista por causa disso. Muito importante que a questão do amor gire para a questão do desejo, e com isso se veja confrontado também com a questão do gozo. Um ótimo trabalho sobre isso é *A gente mira no amor e acerta na solidão*, de Ana Suy.[7] Afinal não é por outro motivo que a heroína de nossa época é Elsa, de *Frozen*, da Pixar (2013), a menina que sofre com o excesso de poder e com os efeitos tóxicos de seu amor. A generosidade do amor aparece no sentido de "dar de presente um ao outro", ou seja, como essa doação envolve mutualidade, simetria e reflexividade. Essa entrega permite que o corpo de um seja usado, mas não abusado pelo corpo do outro, e assim reciprocamente. Dessa maneira, o amor impõe um consentimento retrospectivo e não condicional ao gozo.

Em terceiro lugar, o objeto dessa doação é um auto-hétero objeto, aquilo que alguns psicanalistas chamam de *objeto A* e outros de *objeto intersubjetivo* – ele é íntimo, é *êxtimo*; familiar e profundamente estrangeiro; próximo, mas subitamente distante; secreto e ao mesmo tempo anunciado como experiência do universal. Ele nos torna vivos, mais do que vivos, mas também mortos e sedentos por mais vida. Isso indica que existem duas formas de suportar o amor; aquela que o associa com a presença, ou seja, como desejo de compartilhar a vida, o momento e o encontro. Isso é tão importante que muitas pessoas associam amar com estar presente. Como se nós estivéssemos presentes na morte e os infortúnios não fossem acontecer com quem gostamos. No entanto, há outro modo muito importante de amar, ou seja, amar na ausência, seja ela no devaneio no reencontro, na saudade, na falta que promove o valor do amor à potência de restauração.

Amantes e amadas podem incidir como ausente ou como presente. Entretanto, para nossa época, é muito mais difícil elaborar o amor em ausência do que em presença. A presença real tornou-se cada vez mais escassa. A presença ausente, a falsa presença, a presença distribuída, a presença digital são fortes parasitas que drenam a força amorosa que esperamos da presença implicada. Ao contrário, a ausência é imediatamente interpretada como indiferença, desinteresse e desprezo.

A solidão é um sentimento que pode ser vivido de acordo com a intencionalidade suposta ao outro. Muitas vezes presença e ausência formam jogos cujo objetivo é descobrir ou redescobrir "quanta falta o outro me faz" ou "quanta falta faço ao outro". Jogos envolvendo testes em torno de "quem precisa mais de quem" e reencontro, fracasso calculado ou involuntário, punição ou "silêncio geladeira", solidão ou solitude, separação e reconciliação, indiferença forçada e ciúme "tático", dependem basicamente dessa dialética entre ausência e presença, como gramática formativa do valor do amor.

Ou seja, há prazeres que são intensos, mas mecânicos, curtos, concentrados, pobres e repetitivos. Outros são marcantes, descontínuos, abruptos. Mas o discurso do amor prescreve que todos os modos podem ser usados, desde que a confiança no laço ou no tipo de vinculação não seja quebrada. Isso explica porque muitos casais vivem se provocando, outros em verdadeiras guerras retóricas, como se isso fosse parte do erotismo, ou seja, parte do ir e vir da dialética do dom.

Em nosso tempo, porém, o amor tornou-se um risco e um veneno em potencial. Dar sem receber, entregar sem possuir, usar e ser abusado, sentir e ter seus sentimentos reduzidos ao exercício de um poder. Ulrich Beck e Anthony Giddens[8] desenvolveram uma tese sobre a pós-modernidade (modernidade tardia). Eles argumentam que essa pós-modernidade é expressa por uma sociedade de risco. Nossos valores transcendentais, nossas grandes narrativas positivas de liberdade, de igualdade para todos, declinaram. Notadamente, a partir dos anos 1970, prospera o ideal ou o contraideal de que viver é sobreviver, autoconservar-se, resistir, defender-se. Christopher Lasch[9] descreveu esse processo no quadro da cultura do narcisismo, cujo corolário é o cultivo do *eu mínimo*, do *eu sitiado*. Isso implica, portanto, uma estratégia de redução do Eu àquela condição mais básica em que é preciso agir pensando na própria sobrevivência. Há na gestão desse afeto, dessa relação entre sofrimento e prazeres, uma escolha forçada, que vem fazendo com que nos ocupemos muito mais de fugir do desprazer do que de procurar a satisfação e o prazer.

Esse predomínio da política da fuga do desprazer vai aparecer numa emoção soberana: o medo. À medida que o nosso mundo se torna cada vez mais judicializado, o medo passa a governar nossas escolhas. Posso não saber direito quais são os meus valores, mas reconheço quando eles são violados. Valores ligados à saúde não são negociáveis, porque oferecem um risco de vida. Aí está o medo, sancionado como um afeto que racionaliza todas as nossas escolhas e todas as nossas decisões – a ponto de muitos se indignarem, por exemplo, com fumantes, porque põem em risco sua saúde futura, que será custeada por todos nós no futuro próximo. Esse cálculo neurótico do gozo é uma novidade histórica em termos de consciência social.

Não se pode desprezar como as formas econômicas do neoliberalismo, emergente justamente a partir dos anos 1970, explora e concorre para reproduzir a cultura do medo. O medo aparece como uma espécie de trunfo, diante do qual não há ponderação. Mas ainda assim a escolha é colocada como livre: você pode seguir os regulamentos e ficar a salvo ou estar por sua conta e risco – mas, neste caso, não espere proteção, amparo ou comiseração.

O medo vai aparecer também na forma como se erigiu uma nova maneira de cuidar das crianças, de educar os filhos e até mesmo de tê-los ou não. Diante da variedade de ofertas psicopedagógicas, de linhagens de escolas, de disciplinas de corpo, de valores que podemos passar ou não, pode-se escolher à vontade – mas não se deve contabilizar o trabalho das mulheres no cuidado com as crianças; afinal, elas e os professores, e no fim todos os que fazem o que fazem porque querem, estão movidos pelo soberano afeto compulsivo e coercitivo do amor. O aumento da variedade de escolhas, como tantas vezes aconteceu na história, precede a coerção e compulsividade por uma única escolha. Ou seja, liberdade sem risco, saúde sem prazeres, educação sem coerção. Tudo aquilo que não ofende, que não põe em risco, que descumpre a regra do amor como proteção, seguirá uma lógica mais ou menos fabril e neoliberal.

Além da óbvia instrumentalização do risco objetivo, para gerenciar afetos indutores de sofrimento, mas benéficos para o aumento da produtividade e do desempenho, há outro impacto dessa gramática que é o declínio das práticas que envolvem risco subjetivo. Começamos a desenvolver um medo de nos arriscar nas emoções, de dizer ao outro que o admiramos, de ter contato com estranhos, de fazer amizades depois dos 40 anos.

Sobre o medo de expressar algo com palavras, há um filme extremamente didático com Ricardo Darín, direção de Juan José Campanella, *O segredo dos seus olhos* (2009). Um homem passa a vida em estado de medo. Ele tem medo de seu próprio desejo de dizer para a mulher com quem trabalha há mais de trinta anos que a ama. Todo dia ele acorda e, ao lado de sua máquina de escrever, vê um pequeno bilhete onde está escrito *Temo*. Ela pode dizer não. Se isso acontecer, ele a perderá para sempre, bem como os mundos possíveis que, na sua imaginação, criou para ela. As vidas possíveis, retidas na forma de fantasias, são tudo o que lhe resta. E ele se apega a isso. A solidão é o que ele não entrega. No fim, descobrimos que esse pequeno bilhete era como um sonho, uma mensagem deformada e negada de seu próprio desejo. Como um sonâmbulo, reescrevia a cada noite *Temo*, mas, para que a verdade não o despedaçasse, ele podia contar com sua máquina de escrever, onde faltava a letra "a". Portanto, *temo*, do verbo temer, ter medo, conjugado na primeira pessoa do presente do indicativo, na verdade era a variante lacunar daquilo que ele não podia pronunciar: *Te amo*.

Estamos acossados pelo medo do exterior – o medo da poluição, o medo da violência, o medo da cidade, o medo do Outro, o medo do espaço público. Mas também estamos dependentes do medo do interior – o medo do espaço privado, o medo da intimidade, o medo de dividir o sofrimento, o medo de dividir incertezas, o medo de pôr em palavras afetos, emoções e sentimentos. Isso nos compromete com um risco incalculável no contexto de uma civilização contratualista.

AMOR, DESEJO E GOZO

Contudo, esse instante de decisão é o que nos sobrou do antigo e rebuscado legado pela forma literária do romance. O que vem depois do "Eu te amo"? "Você me ama?" Ver mamãe e papai aos sábados. Assistir a filmes e séries (só os que eu escolho). Correr, cansar, trabalhar, ganhar dinheiro, viajar, ter sucesso, e tudo que funciona como uma verdadeira degradação desse momento épico e maior da escolha. "Eu te amo" tornou-se repentinamente parte de um código feudal de suserania e vassalagem. "Fome de quê? Sede de quê", perguntavam os Titãs. "Medo de quê?", perguntamos hoje. Muitos estilos de educação são fortemente baseados nesse medo à progressividade do gozo. "Não dê um dedo porque a criança vai querer dois dedos, depois a mão, depois o braço." Como se objetos fossem dotados de propriedades encantadas e demoníacas que nos dominam "cerebralmente", retirando nossa capacidade de escolha e liberdade. "Fique longe do objeto perigoso." O relato é tão verdadeiro quanto falso. De fato, criamos objetos-fetiches que adquirem poderes humanos, enquanto tratamos humanos como coisas. De fato, renunciamos a nossa liberdade e autonomia em troca de proteção, por mais imaginária que ela seja. De fato, pensamos o amor como proteção e amparo, que pode criar ilusões e dependência subserviente.

Podemos dizer que a cultura do medo criou um amor em forma de condomínio. Só pode acontecer entre iguais, com muros de proteção e regras privadas para que essa pequena comunidade evite toda comunalidade e intimidade que o amor em praça pública tornava possível. Por isso se tornou tão mais difícil "deixar os outros saberem de nosso amor". A presença de um terceiro simbólico aumenta a realidade simbólica da experiência amorosa a tal ponto que muitos amantes sonham em "gritar" seu amor para o resto do mundo, ao passo que outros temem serem reconhecidos no trabalho, escondem seus casos dos amigos e jamais trazem seus amados e amantes para conhecer a família. Por outro lado, o amor entre quatro paredes parece ter a verdadeira força que nossa fantasia pode prescrever. Constrangido ao reconhecimento entre dois, a sensação de liberdade aumenta, e com ela o fato de que aquele ou aquela toma parte como verdade de meu desejo. Em suma, para entender a extensão de seu amor pergunte-se se ele precisa de mais realidade dada por testemunhas ou por mais intensidade agasalhada entre quatro paredes.

Quanto ao gozo, este poderá ser exibido e comercializado na forma de ostentação narcísica, na forma da demanda ou à maneira dos síndicos do prazer alheio. Um amor de gente como a gente é uma maneira de tratar o medo e reduzir o risco. Só andar com gente-espelho da sua alma. O medo tem a ver com nomeação e partilha; fazer o outro saber disso tem a ver com relações de dependência, de perda de autonomia, que pessoas associam com paixões tristes. Como se, diante do "você me ama, eu te amo", a sequência fosse "então ajoelha e obedece" ou, então, "entra na fila e espera". Ou, ainda, "e quanto você dá pelo seu amor?". Sem falar no obsceno: "Quem ama mais se sacrifica mais."

Espera-se que o outro também nos ame, e um pouquinho mais, de tal maneira que começamos a fazer uma espécie de balanço entre o desejo do amante, que é se tornar amado, e o desejo do amado que é, se tudo der certo, de ser amante. Essa metáfora do amor, essa inversão progressiva é extremamente interessante e muito importante para a economia das trocas de afeto. Cada afeto que "abrimos" é como uma porta, que permite ao afeto inverso que entre também. Isso vale para o ódio, para o descaso, para a displicência, enfim, vale tanto para os afetos positivos e interessantes como para aqueles que precisamos usar com certo cuidado. Mas o medo é um afeto que está ligado à gramática do ataque e da fuga, que presume, pelo menos na formulação freudiana, um objeto. Quem tem medo teme algo ou alguém. No entanto, o medo estaria ligado a uma objetificação, que é a causa do medo – é o que acontece quando não consigo dizer o que acontece quando tenho medo, mas não sei mais do que é que tenho medo porque preciso ter medo de tantas coisas. Quando chegamos a esse ponto, temos de renomear esse afeto. Já não se chama medo, mas, sim, angústia entre o medo e a angústia na transformação de um em outro. Temos os estados ansiosos; a palavra "ansiedade" vem de "anseio", um nome para o desejo. "Meu desejo é que o futuro seja presente deste ou daquele jeito" – não devemos confundir desejo num sentido figurado com um sonho que se apresenta a nós sempre com algum potencial de enigma, alguma margem de indeterminação, alguma imprecisão.

AMOR, DESEJO E GOZO

Quando se trata do desejo, nunca sabemos perfeitamente o que queremos com o que queremos. Por exemplo, no filme *Endiabrado* (2000), Elliot (Brendan Fraser) é um enfadonho programador de computadores que está perdidamente apaixonado por sua colega de trabalho Allison (Frances O'Connor). O problema é que ela não lhe dá a menor atenção. Para resolver isto, Elliot resolve vender sua alma ao diabo (Elizabeth Hurley), que lhe concede sete desejos para que possa enfim conquistar a garota dos seus sonhos. Ou seja, o tema clássico desde Fausto e os mitos medievais sobre o pacto com o diabo refraseado em uma comédia romântica, mas poderia ser apenas mais uma daquelas piadas nas quais aparece um gênio que concede três desejos, ao que as pessoas se atrapalham completamente. O primeiro pedido é feito apenas para testar a realidade da promessa, portanto ele pede para estar diante de um Big Mac e uma Coca-Cola e no instante seguinte ele está diante do objeto de seu desejo. Mas, como ele não havia especificado que queria comer sem pagar, o lanche precisa ser pago, e ele não tem dinheiro. Moral da história: "não existe lanche grátis" (*there is no free lunch*). Os pedidos sucessivos vão mostrando como nos embaraçamos para colocar em palavras o nosso desejo e como não sabemos direito o que estamos pedindo quando pedimos. Por exemplo, em um dado momento da narrativa Elliot pede que Alisson apareça apaixonada por ele em uma praia romântica. Dito e feito, na cena seguinte temos nosso herói tocando violão em uma praia com ela enlevada aos seus pés. Mas, nessa hora, passa um bonitão correndo na praia e ele percebe que há algo estranho, pois ele se encanta com o bonitão, enquanto ela continua a admirá-lo romanticamente. Ou seja, ele pediu para ser amado e não desejado, ao passo que deixou de especificar o fato de que seu desejo deveria permanecer heterossexual. Em outro pedido ele deseja se tornar rico e respeitado por Alisson, ao que na cena seguinte ele aparece como um traficante latino, com ela aos seus pés enquanto a equipe de narcóticos invade sua mansão, para prendê-lo. Percebendo que a diaba vai sempre inventar um truque com e contra o seu desejo, e descobrindo que o truque dentro do truque está no fato de que sua alma pertence a Deus, portanto ele não pode vendê-la, ele se recusa a fazer o último pedido. Nisso, a Endiabrada o transporta para o inferno, onde as labaredas ardentes começam a consumi-lo. Neste ponto ele declara seu desejo libertador: deseja que Alisson seja maximamente feliz, seja com ele, seja com qualquer outro. Reconhecendo que não pode atender ao desejo de um sem corromper o desejo de outro, a diaba desiste do contrato. Mas quando ele consegue renunciar ao objeto definitivo e idealizado de seu desejo, ele percebe outra mulher que causalmente poderá se tornar a senhora feliz de seu desejo.

Percebemos, assim, como o desejo é metonímico, desloca-se por contiguidade de uma coisa para outra, sem que saibamos precisamente do que é composto o fio que anela as contas desse colar. No caso do amor, a sua quebra, dissolução ou fim permite saber um pouco mais sobre a natureza do que ele era feito. Mas as declinações do desejo são de outra ordem.

O amor demanda afinação da relação com o desejo, tanto no sentido do "estar a fim" quanto no sentido das *afinidades eletivas* e, ainda, no sentido da *afinação musical*. Ele transforma o sentimento interiorizado em ação de exteriorização, faz da aliança projeto de mundo. Nisso percebemos como o amor tem essa dimensão performativa de truque e artifício para causar o desejo. Ele coloca dois ou mais juntos, mas não diz para onde ir depois disso. Dessa forma, reconhecemos como o amor é feito de idealização, ilusão e fantasia, a ponto de termos medo do amor, mas também de que nossa cultura descobriu um forte catalizador da conjunção entre medo e amor – ou seja, o ódio, que no fundo não deixa claro, com raras exceções, qual é seu objeto. Se o medo vai perdendo a sua objetivação, vai perdendo também o seu enraizamento no mundo quando, por exemplo, vivemos um momento complexo que envolve doença, desemprego ou crise econômica crônica, incerteza do que realmente se quer. Como se diante da trágica ausência de perspectivação do futuro o amor regredisse ao seu grau zero da escolha. Perdidos na floresta ou presos no condomínio fechado de nós dois, queremos começar de novo; afinal, "eu te amo, você me ama?". Casamentos longos são, na verdade, muitos casamentos encadeados, muitas vezes com rupturas e "re-escolhas" silenciosas.

AMOR, DESEJO E GOZO

De repente, não sabemos mais do que exatamente temos medo. Isso nos expõe à transformação desse medo, que nos oferece um objeto sobre o qual decidimos avançar ou recuar. Quando esse objeto começa a se deslocar muito rapidamente, renovando-se a cada semana, o medo se transforma em ansiedade. Nesse ponto é comum que a ansiedade evolua para a angústia e esta para o desamparo. A demanda de amparo assume uma forma infantil, pois se apresenta como uma forma regressiva e reeditada de nossos amores protetivos.

A gramática do medo e da raiva concorre com a oposição entre alegria e tristeza. Por exemplo, quando nosso amor nos deixa em espera indefinida é comum que a interpretação da causa da ausência seja confundida com indiferença, raiva e medo da perda, ou como um problema "real", ou seja, um adoecimento ou um impedimento objetivo, que nos leva à preocupação (tristeza) e ao alívio (alegria) pela constatação de que "nada de grave aconteceu".

Se a raiva não encontra caminho como agressividade dirigida ao outro, ou violência contra o contrato rompido, ainda que se trate do contrato imaginário, ela se volta contra o próprio Eu, produzindo efeitos de espectro depressivo. Contudo, se não conseguimos antecipar o sentido da ausência e deixamos a aparição do amante subverter nosso saber, estamos diante de um novo par de oposições: surpresa ou aversão (nojo).

Posso apresentar um bom exemplo desse terceiro caso em minha experiência pessoal. Quando estava cogitando me casar com minha atual esposa, me retirei em uma longa noite de meditação introspectiva. Isso foi sentido por ela como desligamento e desinteresse, uma vez que pouco antes havíamos tido um desentendimento corriqueiro. Depois de duas semanas meio "desaparecido", eu disse que queria conversar e a convidei para um jantar. Chegando lá, estava muito nervoso, com as alianças no bolso, nem prestei atenção ao cardápio, o que logo confirmou para ela meu desinteresse pela situação. Tive que suportar um prólogo tedioso e infinito dos comensais, mas estava ausente e distante, pois tinha algo muito importante a dizer. Mas isso, do ponto de vista dela, confirmava e prenunciava o pior. Quando enfim, meio trêmulo e sem jeito, coloco a ideia do casamento, ela quase cai da cadeira. Surpresa máxima, pois tudo em minha atitude indicava que eu iria anunciar o fim do namoro. É por coisas assim que Lacan intitulou seu seminário sobre o amor e o gozo de *encore*, como já disse, "no coração" (*en coeur*), no corpo (*en corps*) e "mais ainda" (*encore*).

Esses três polos de emoção, medo e raiva, alegria e surpresa e surpresa e aversão correspondem a uma espécie de qualificação primária do afeto fundamental, o que não mente: a angústia. Por isso a angústia pode ser percebida tanto como prazer – como o frio na barriga ou a tensão antes da resolução – quanto como desprazer – como no pânico, no medo de ter medo e na ansiedade pervasiva. Tanto *ansiar* quanto *angus* remetem à expectativa, ou seja, um dos nomes do desejo. Há certas formas abreviadas de medo, como o *tédio*, inquietude ou expectativa, que são figurações do desejo. Assim também, a *saudade* é um nome para o desejo triste. A *incredulidade* pode ser uma forma de desejo aversivo, assim como há muitos usos eróticos da cólera, conforme a expressão popular: "ficar puto da vida". Muitos hipertrofiam a noção de *felicidade* simplesmente porque ela é um nome para a alegria desejante.

Se o medo daquilo que vem de fora convoca a presença de um objeto, o seu par interior, ausente ou faltante, é o da angústia. O amor entra nesse sentido como um pacificador da angústia. Contudo, a angústia é um sinal da proximidade do desejo; às vezes, o objeto da angústia é também a causa do desejo, o impasse ou a contrariedade entre amar e desejar. Assim dá-se a mudança discursiva quando se entende que o objeto de amor é antes de tudo uma função simbólica. "Nunca se fala tanto nos termos mais crus do amor do que quando a pessoa é transformada numa função simbólica."[10] Por outro lado, o engajamento e a consequência performativa são elementos essenciais da nossa exigência de sermos amados. É preciso um engajamento livre para que se possa renunciar a si mesma para estar, a partir de então: "limitada a tudo que podem ter de caprichoso, de imperfeito, e mesmo de inferior, os caminhos para os quais a arrasta o estar cativado por esse objeto que somos nós mesmos."[11]

AMOR, DESEJO E GOZO

Alexandre Coimbra[12] escreveu um livro muito lúcido sobre o tratamento da ansiedade pelo abraço. Um gesto simples, mas que, como ele vai mostrando, nos faz lembrar que existe um presente, cria uma pequena sensação de prazer corporal, que pode alterar a rota circular da fuga do desprazer. É uma abertura, lembrança e reconhecimento de que é possível traduzir os piores sentimentos em amor. Um abraço é uma descontinuidade discursiva, muitas vezes suficiente para interromper rotinas de juízo e transcrever emoções em outros sentimentos. Uma forma de se lembrar, e de lembrar ao outro, que podemos começar de novo nos perguntando que afeto é esse que preside nossa atmosfera. Como ele diz, a ansiedade é uma emoção contagiosa, mas não perigosa. Muitas vezes se propaga pegando carona nesse movimento de retorno a si, próprio da gramática dos afetos, mas que, em vez de retornar ao afeto, retorna à imagem de si, ao estatuto do Eu, à dominância que exerce sobre o corpo e sobre o que os outros nos fazem sentir.

A estratégia da interiorização da ansiedade está ligada à nossa experiência contemporânea com outro cenário que vai delinear um quadrilátero formado pelo medo, pela ansiedade, pela depressão e pela angústia, o da depressão como afecção e transtorno do desinvestimento, que está associado ao desligamento da perda, da desconexão do desejo para o sujeito.

Nossa maneira neoliberal de produzir e consumir, nossa forma digital de usar a linguagem e a maneira individual de conceber nossos desejos e expectativas sociais traz consigo uma nova economia moral dos afetos. Segundo os estudos de Lasch,[13] nos anos 1970, a cultura do desejo cedeu ao narcisismo. Os trabalhos de Bauman[14] mostraram que o amor, além de narcísico, tornou-se líquido a partir dos anos 1980. Os anos 2000 viveram uma espécie de exaustão do amor. Nossas pesquisas junto ao Laboratório de Teoria Social, Filosofia e Psicanálise da USP,[15] sugerem que, a partir dos anos 2008, passamos a individualizar brutalmente nossas experiências de sofrimento, comprimindo e unificando a relação impossível entre desejo, angústia e gozo, na fórmula superpotente do amor. Em linhas gerais, esse processo está ligado a três estratégias discursivas sobre os afetos.

A ARTE DE AMAR

1. Inversão do amor em ódio, como afeto protagonista das mediações laborais e em espaço público.

2. Instrumentalização da angústia em modos regrados de indução e modulação do sofrimento psíquico, de forma a extrair mais desempenho e performance.

3. Aceleração dos modos de gozo, por meio da redução de estados de suspensão, transição e descontinuidade atencional ou pela intensificação da individualização das experiências de prazer e satisfação.

Para falar da inversão do amor em ódio, há a vasta alegoria do ressentimento. Por exemplo, alguém começa a seguir um perfil digital, transferindo para essa identificação uma série de expectativas e padrões de realização pessoal. A existência de formas de vida que podem ser seguidas e partilhadas, envolvendo comunicações ambiguamente públicas e privadas, dá suporte imaginário para uma duplicação de nossas próprias vidas. A tal ponto que nosso eu ideal e nosso Ideal de eu ficam emparelhados em uma conversa progressiva de mútua adaptação. Do lado do seguidor, ele pode engajar-se por meio de um perfil anônimo, de um avatar ou de interações ocultas. Do lado do seguido, à medida que o número de seguidores torna-se um fator de monetização, ele precisa ajustar-se ao que sua audiência espera. Gradualmente isso produz um sentimento mútuo de inautenticidade, pois os personagens parecem se autonomizar em relação aos personagens reais. Mas a identificação prossegue de forma circular e tendencialmente acelerativa, pois o perfil amado é sentido cada vez mais como propriedade e extensão narcísica do perfil amante. Logo, a decepção prevista por este sistema de enganos tem toda a chance de levar a uma catástrofe imaginária. Aquilo que seria uma pequena crise, no interior de uma relação real, torna-se difícil de ser corrigido em escala de massa digital. O teste amoroso inverte a relação em um inexplicável e desproporcional discurso de ódio, que é, no fim das contas, um pedido desesperado de reconhecimento.

Para falar da instrumentalização da angústia na economia dos afetos, podemos nos remeter à alegoria do *gatilho tóxico*. O gatilho

AMOR, DESEJO E GOZO

passou a condensar toda uma teoria sobre a psicopatologia e a etiologia do sofrimento psíquico. Ou seja, certas palavras, imagens ou situações nos afetam de modo a desencadear reações de afeto incontroláveis e imprevisíveis. Essa parece ser uma tradução popular e intuitiva das concepções neurocientíficas de que todos nós temos vulnerabilidades, seja de natureza genética, ambiental ou disposicional.

Um pequeno estímulo, causado pelo movimento de um dedo, pode ser capaz de ativar um detonador que dispara uma bala, capaz de ferir violentamente quem quer que seja. Isto é, estamos em meio ao discurso das armas, pelo qual os instrumentos nos reservam apenas e tão somente uma pequena janela de decisão. Junto a isso está a ideia de que, como consumidores protegidos, devemos ser advertidos sobre os temas, assuntos ou imagens com os quais poderemos nos deparar, ao modo das antigas recomendações de idade para filmes em cartaz no cinema. Mas o gatilho funciona como uma espécie de demissão subjetiva. Ele impõe uma reação que não posso controlar, mediar nem decidir qual o destino do sentimento que o outro despertou em mim. Ele se torna responsável pelo gatilho que ele ativou em mim.

Isso nos leva ao complemento discursivo dessa imagem que é a ideia de ambiente, relações ou estados de mundo tóxicos. Nela o discurso se reproduz sem contrariedade ou diversidade. Um ambiente tóxico, digital ou natural, define modos de relação subordinativos, assediadores, em que a comunicação é violenta, restrita e com pouco espaço para negociação ou resposta. É curioso como ninguém afirma, diante de um ambiente tóxico, precisar de um *reflorestamento* subjetivo, *irrigação* dos desertos interiores ou *desintoxicação* reabilitadora. Não há nenhuma resposta interna ou transformativa, pois o único tratamento para o tóxico, que domina como uma droga domina nosso cérebro, é a evasão, abstinência ou interrupção do consumo. *Tóxico* remete à droga, legal ou ilegal, mas também ao resíduo tóxico, que é despejado na atmosfera e ingerido novamente. Ficar longe dos ambientes tóxicos e evitar gatilhos são duas maneiras de controlar a transposição de afetos por meio de sentimentos sociais homogêneos, vigiados e harmônicos, ao modo de paisagens internas e externas de condomínios artificiais.

A ARTE DE AMAR

Ocorre que discursos protetivos como esses nos protegem também da angústia que cerca o desencadeamento ou o *gatilho* amoroso, que é igualmente imprevisível, surpreendente, perigoso e indutor de afetos incontroláveis. Por outro lado, seria difícil pensar em uma forma de vida amorosa sem momentos tóxicos, que envolvessem desavenças, infortúnios, repetições de equívocos e mal-entendidos.

Para abordar a aceleração de nossos modos de gozo, como característica de nossa economia contemporânea de afetos, podemos mobilizar as inúmeras estratégias, disciplinas, métodos e técnicas para otimizar o fluxo da atenção, a intensificação da vontade, a disposição ao sacrifício, bem como a satisfação decorrente do "ganho de tempo", "utilidade" e "autorrealização". Por exemplo, converter o cansaço em ódio para extrair maior engajamento em jornadas extensas de trabalho. Induzir inveja e comparação entre membros de departamentos contíguos de tal modo a premiar e excluir seletivamente os mais eficazes. Colonização do cotidiano por escalas e métricas, feedbacks e protocolos de comportamento, que interiorizam uma cultura da avaliação permanente, ou seja, de auto-observação, comparação e culpabilização processada pelo próprio indivíduo e usada com força de lei contra outros indivíduos.

Uma consequência do funcionamento articulado desses três circuitos de afeto é a eliminação ou o enfraquecimento das formas de modulação da autocontrariedade. O funcionamento por consenso imaginário, em que a lei de gozo não negocia com conflito real e a causalidade simbólica é automática, faz com que as vozes intermediárias, os afetos subalternos e os sentimentos misturados (*mixed feelings*) tornem-se um problema em si mesmo. Como se a existência de afetos informulados, incertezas ou indeterminações acusassem alguma falha no sistema.

3
Mitologia da vida amorosa

No Ocidente temos duas grandes narrativas, duas grandes matrizes para entender a experiência amorosa que são profundamente atuais e permanecerão nas grandes teorias contemporâneas sobre o amor. Nesta análise, vamos privilegiar a teoria psicanalítica de Freud e a teoria de Lacan. Essas duas matrizes são, respectivamente, a judaico-cristã e a greco-romana. Estamos acostumados a fundir as coisas, porque o mais comum é entender a experiência amorosa a partir de uma matriz muito posterior: a romântica.

Há certo consenso de que alguém ou algo nos fez amar e, portanto, ter expectativas amorosas, o que chamamos de amor romântico, às vezes também platônico, tornou-se, a partir de determinado ponto, uma espécie de sintoma. Tal sintoma faz com que as pessoas pensem que não atingiram o máximo potencial de felicidade em sua experiência amorosa porque foram inoculadas pelo excesso de romantismo. Elas acreditam que estão sobrecarregadas e, portanto, não conseguem viver o amor tal como é, como se apresenta. Porque o amor está sempre sendo comparado com um crivo muito elevado, que seria o amor romântico.

Vamos criticar essa ideia, mas, antes, apresentemos essas duas matrizes. A primeira vai ser descrita por um teórico da literatura chamado Erich Auerbach, em *Mimesis*,[1] a partir da análise da Bíblia como texto formador da nossa mentalidade ocidental. E, como teórico da literatura, Auerbach considera a história algo entrecortado, em que as partes mais importantes às vezes estão faltando, as imagens e alegorias valem pelas descrições. De certa maneira, a história tensionou a narrativa tal como a conhecemos, com descrição de fatos, como os gregos faziam. É outra maneira de fazer história, de olhar para a nossa experiência tendo uma "novidade" bíblica, um começo, um meio e um fim. Para aqueles que se perguntam qual é o meio, entre Gênesis e Apocalipse, basta pensar no ponto de mutação, o meio do texto, no qual a chegada de Jesus ressignifica o Velho Testamento, tornando-o um texto profético e anunciando a nova lei, também conhecida como lei do amor e do perdão.

Pode parecer óbvio para nós hoje, mas a experiência amorosa é algo que se repete, com certas características regulares, que fazem parte de como nos definimos perante os outros. Além disso, o amor também é uma história, com começo, meio e fim. Mas o centro de gravidade da história é a transformação associada com o amor.

Isto é, se os greco-romanos se especializaram no amor como círculo infernal ou divino de repetição, foi a partir dos judaico-cristãos que o amor passou a ter um começo, um meio e um fim. Isso deriva da ideia de que o amor pode ser escrito, como um texto sagrado: Gênesis, os profetas, a vinda de Jesus e o Apocalipse de São João. Essa teria sido a matriz discursiva sobre a qual pôde surgir, com Santo Agostinho, o gênero autobiográfico das confissões, ou seja, uma narrativa cujo meio é a palavra que transforma a pessoa, tornando a conversão o centro de uma vida. Isso é completamente novo para uma mentalidade pré-cristã, para a qual o tempo da natureza tem primavera, verão, inverno, outono, e depois primavera de novo, e aí por diante; isto é, nossos mitos e narrativas de referência são circulares. Tanto a ideia de um ato de início quanto a ideia de que há um fim ou finalidade são estranhas para nós. Mais estranho ainda é essa ideia de que tal história tenha um tema que concerne a todas as pessoas, não apenas a nações ou povos específicos. Ou seja, o amor depende de um ato descontínuo em nossa experiência de tempo, pois cria um antes e um depois e pode, portanto, acabar, terminar ou se encerrar – e mesmo assim ser um afeto, emoção ou sentimento universal.

Visto que o amor é algo que se aprende, que faz parte da família dos afetos, emoções e sentimentos, visto também que difere e se articula

MITOLOGIA DA VIDA AMOROSA

com o gozo e com o desejo, agora podemos falar do seu curso, de seu progresso ou arco narrativo. Quais são as condições pelas quais o amor acontece? Quais são as razões de suas contingências e as causas de suas impossibilidades?

O amor é indissociável das formas de falar sobre ele. Como dizia Barthes, o amor sempre acontece no interior de um discurso amoroso ou de seus fragmentos. O amor é algo que se produz pela forma que falamos dele. A literatura, as artes, o cinema, o teatro, as narrativas biográficas, tudo que já foi falado sobre o amor na história ao mesmo tempo o inventou. Cada um de nós escutou e foi atravessado por modos mais normativos, mais coercitivos, libertários, identitários e contraidentitários de amar. É muito importante, portanto, ter alguma consciência da nossa própria jornada de encontros que formaram experiências amorosas e de discursos que deram enquadramento para esses encontros.

Há uma discussão muito interessante sobre a universalidade das emoções e que geralmente passa pela descoberta de afetos culturalmente intraduzíveis, como o *fago* dos tunisianos, que é uma forma de amor ou compaixão, sentida em momentos muito específicos, como quando uma criança morre e demanda uma espécie de competição e aceleração para verificar quem sente mais *fago* e quem sente menos.[2] Ou seja, o que vem primeiro, a palavra ou o sentimento que ela nomeia? Nossa intuição, aparentemente equivocada, diz que o que sentimos é anterior, íntimo e essencial. Possui força de verdade porque está antes das palavras, dos gestos e das formas expressivas. Mas o contrário parece ser igualmente correto: são as palavras e a sua anterioridade cultural, ou os significantes, como propõe Lacan,[3] que determinam os afetos. Temos então dois falsos universais, o do corpo e o da linguagem. Talvez não precisemos pensar assim, mas, sim, reter a ideia de que toda determinação é uma "terminação", ou seja, a localização de um término, borda ou fim, a partir do qual passamos de uma coisa para outra ou de um conceito para outro. E se o amor fosse uma espécie de conceito guarda-chuva ou palavra tampão, uma espécie de termo residual para juntar afetos que ainda não receberam toda a sua nomeação ou para os quais esquecemos sua extensão ou uso? Se a angústia é o afeto pelo qual trocamos todos os outros afetos e se encontra ligada à certeza, o amor seria a palavra que reservamos para tudo o que fica de sobra depois do "terminado". Ou seja, é a moeda mais indeterminada de todas as moedas afetivas. Por isso, ela não vem com a certeza, mas com a segurança de que estamos dominando todo um infinito com uma palavra.

Na narrativa hindu, no começo havia um oceano de leite onde uma tartaruga nadava, dando origem a Brahma, Vishnu e Shiva. Quem fez o mar de leite? Aquele início não é bem a origem de tudo, mas um início histórico, o começo da história, a partir do qual passamos a contá-lo.

Há, porém, maneiras de sintetizar a experiência bíblica, diz Auerbach. A Bíblia é uma espécie de "livro integrativo", que reúne muitos livros que estão na Torá, o livro de referência para o judaísmo (os cinco primeiros tomos), e o Velho Testamento, interpretando-o como um livro profético, ou seja, um mesmo livro, uma mesma história, que anuncia a vinda de Jesus. Ele está unindo a Igreja católica com o seu povo. Essa é uma operação hermenêutica, uma operação de interpretação de texto que supõe várias camadas de sentido: histórico, moral e metafísico. A novidade do amor é a ideia de que há um início radical, e este princípio é a palavra, como se lê em João: "*In principio erat Verbum et Verbum erat apud Deum et Deus erat Verbum*" (No princípio era o Verbo, e o Verbo estava com Deus, e o Verbo era Deus). Mas isso é dito no livro que versa sobre o fim dos tempos, o *Apocalipse* (João 1:1-4);[4] além disso, tal declaração assevera que os meios pelos quais se diz o que está entre o início e o fim são, eles mesmos, os meios da palavra. Isso teria sido o ponto de partida para a crença de que o amor é um sentimento universal, pois ele seria o único afeto a depender inteiramente das palavras, assim como a angústia é o afeto da falta de palavras.

A experiência do amor para a matriz cristã é um sentimento forjado para reunir a experiência heterogênea entre crenças e culturas, pois tem quatro vertentes. Por exemplo, Mateus, que era judeu, afirma: "Reuniram-se em grupo e um deles, a fim de pô-lo à prova, perguntou-lhe: 'Mestre, qual é o maior mandamento da lei?' Ele respondeu: 'Amarás ao Senhor teu Deus de todo o teu coração, de toda a tua alma e de todo o teu espírito.'" Ou seja, é a lei trazida por Ele. Esse é o maior e o primeiro

MITOLOGIA DA VIDA AMOROSA

mandamento.[5] Mateus não está dizendo que há um novo amor, mas que a vinda de Jesus confirma o amor ao Senhor. Contudo, esse mesmo Mateus lembrará que Jesus afirmou: "Não pensem que vim trazer paz à terra. Não vim trazer paz, mas espada."[6] Espada tem um duplo sentido aqui, de "palavra" e de "libertação".

João, que era grego, intuiu que o amor tinha algum tipo de proximidade com a verdade. Para ele, "Deus é amor, e quem permanece no amor permanece em Deus, e Deus nele".[7] Mas amor é sacrifício e doação: "Porque Deus amou tanto o mundo que deu seu Filho único, para que todo o que nele crer não pereça, mas tenha a vida eterna."[8] E Ele transforma o amor: "Um novo mandamento dou a vocês: amem-se uns aos outros. Como eu os amei, vocês devem amar-se uns aos outros."[9]

Finalmente, Paulo, um romano convertido, fala do amor como princípio de suspensão de diferenças: "Não há judeu, nem grego, nem escravo, nem livre, nem homem, nem mulher, pois todos são um em Cristo Jesus."[10] Isso incorpora e universaliza a ideia de amar o próximo como a si mesmo.

Portanto, Jesus representava ao mesmo tempo um amor que funda uma nova lei e que confirma uma lei passada; um amor que luta contra a espada da dominação e confirma a promessa de libertação; e um amor que cria uma verdade que unifica ao suspender as divisões internas.

Lembremos que, entre os judeus, à época de Jesus, tínhamos vários partidos: o dos fariseus, ligado à interpretação das leis; o dos saduceus, formado por reis e juízes governantes na Judeia; o dos zelotes, ao qual Judas pertencia, e que lutava pela libertação da Judeia ocupada pelos romanos; além do "quase partido" representado pelos essênios, que viviam fora das grandes cidades, tidas como centros de pecado, buscando uma vida de purificação e verdade. Depreende-se disso que o amor cristão é no fundo uma mistura de linguagens: política, moral, histórica e antropológica.

Esse mandamento tem várias dimensões teológicas, históricas, culturais, mas também introduz algo muito novo na experiência humana, que é olhar para o outro. Podemos pensar esse outro como aquela pessoa que convive comigo, na minha casa, na minha comunidade, no meu bairro.

Mas podemos pensá-lo como o outro que fala uma língua diferente da nossa; que seria um adversário natural. Mesmo assim, está apto a ser amado. Ao ler o Antigo Testamento dessa maneira, o cristianismo criou uma associação inexistente no mundo greco-romano: a ligação entre um sentimento específico, o amor, e uma experiência concreta e real de um conceito, a universalidade. Desde então, o amor não é mais uma extensão de nós, mas um caso inusitado de "todos nós", acreditemos ou não.

Eis um problema para a psicologia enfrentado por Freud: o que significa amar o outro como a si mesmo? O "a si mesmo" presume uma concepção de sujeito, uma concepção de eu, capaz de amar a si – um mandamento criticado por Freud. Não porque seja ruim em si mesmo, mas porque amar ao próximo como a si mesmo como um mandamento é algo ao mesmo tempo absolutamente necessário e impossível.

Impossível, em primeiro lugar, porque a experiência amorosa reage muito mal a coerções. Experimente dizer ao seu filho mais velho que ele tem que amar a irmã; então escute o saber e o sabor dessa voz interna dizendo isso. Mesmo que seu irmão tenha cometido injustiças, você *precisa* amá-lo *porque ele é seu irmão*. Essa é uma receita comum para produzir ódio. E não porque exista alguma essência entre os irmãos que incite a isso, mas porque a ideia de ser obrigado a amar é profundamente incompatível com um dos fragmentos que procuramos na experiência amorosa, a liberdade. Quando se ama, ao mesmo tempo há um sentimento de liberdade; de livre escolha da pessoa amada. Na medida em que nos interessamos por alguém, praticamos nossa liberdade. Isso vai se chocar com uma ideia de que nesse momento estamos simplesmente obedecendo. Não, estamos na verdade transgredindo, criando uma nova lei, obedecendo à lei, que vai presidir aquela jornada amorosa. São os termos em que aquela jornada vai se dar. Nós aprendemos que, ao longo do tempo, verdadeiros amores cruzam a norma. Como é o caso de Romeu e Julieta que, por suas famílias serem inimigas, *combatem* a norma.

A narrativa do século XII *Tristão e Isolda* é uma demonstração de que o amor produz uma junção. Tristão, um excelente cavaleiro a serviço de seu tio Marcos, rei da Cornualha, viaja à Irlanda para buscar a bela princesa Isolda, prometida do rei. Durante a viagem de volta à Ingla-

MITOLOGIA DA VIDA AMOROSA

terra, eles acidentalmente bebem uma poção do amor, originalmente destinada a selar o amor de Isolda por Marcos. De volta à corte, Isolda casa-se com o rei, mas continua a amar Tristão, um romance que viola as leis temporais e religiosas, escandalizando a todos. Tristão é banido do reino e se casa com outra Isolda, princesa da Bretanha, mas seu amor pela "primeira" Isolda não acaba. Quando Tristão é mortalmente ferido, ele ordena que busquem Isolda para curá-lo de seus ferimentos. Mas sua esposa o faz acreditar que Isolda não viria e que o amor dela por ele havia se exaurido. Tristão morre e Isolda, ao encontrá-lo morto, também morre, de tristeza.

Temos aqui a contrariedade da lei da família, a violação dos bons costumes e a transgressão da relação usual entre nações beligerantes, mas poderia também se tratar de famílias em guerra como em *Romeu e Julieta*. Essa parece ser uma tônica das grandes narrativas sobre o amor, que cria um universo de possibilidades. Ricos podem se casar com pobres; a norma da relação heterossexual é apenas uma contingência, pois existe pleno amor homoafetivo. Contingente também é a relação entre amor e práticas eróticas específicas, incluindo a penetração para fins reprodutivos. Enfim, todas as formas de amor, historicamente, foram conquistadas por atos éticos em que nos vimos livres onde havia antes uma necessidade, uma obrigação injustificável.

Mas a segunda parte desse processo diz respeito àquilo que haveria, ao mesmo tempo, de necessário e impossível. Tem a ver com a forma de entendermos o que é o eu. Para os antigos, para os modernos, o eu podia ser entendido como uma unidade. Por isso falamos em *indivíduo*, porque ele vota, tem uma maioridade e uma minoridade, é capaz de fazer escolhas racionais – é o sujeito do contrato. Desde Kant o horizonte de conclusão de nossa moralidade, também conhecido por emancipação ou esclarecimento, só pode ser dado pelo uso livre da razão em espaço público. Sair da minoridade, pela qual somos amparados, tutelados e cuidados na infância, para a maioridade, ou seja, para a vida adulta, na qual nos tornamos responsáveis e implicados por nossas palavras é um trabalho de conversão. Conversão do amor que temos por nossas figuras primárias de apego, ou seja, de nosso amor pela lei pessoalizada e particular, representada e encarnada pelos personagens de nossa família, para esta outra forma de amor chamada "respeito", que se orienta para uma lei impessoal e comum a todos. Ao analisar a palavra "indivíduo", vemos que sua origem diz ser aquele que não se divide, que conta por um. Amar a si mesmo é amar a si como um. "Um" que nós somos. Mas quem é o amante e quem é o amado? Porque tem um que precisa amar. O outro é a posição de onde o eu é amado.

Como já mencionamos no começo deste livro, essa é uma descoberta que remonta ao segundo grande livro fundador sobre o amor, o já mencionado *A arte de amar*, escrito pelo poeta romano Ovídio, por volta do século II, e que deve ser compreendido à luz de seu outro grande trabalho, que no fundo tem o mesmo tema, *Metamorfoses*.[11] É aqui que são narradas as diferentes transformações pelas quais os deuses passam para coabitar e manter relações com os humanos. Transformado em cisne, Zeus copula com Leda; transformado em touro, conquista Ganimedes; adquirindo a forma de anfitrião consegue deitar-se com a sua esposa. Mas o mito central para pensar o amor é o de Narciso. Vejamos uma versão mais detalhada:

"O Cefiso contava, então, 16 anos, podendo ser tomado por menino ou jovem. Muitos moços e muitas moças desejavam-no; mas, tão dura soberba havia em ternas formas, nenhum rapaz, nenhuma moça lhe tocou."[12] Quando foi desprezado pela ninfa Liríope, a estuprou por se sentir contrariado. Desse encontro nasceu Narciso, "muito digno de ser amado", porém sobre seu destino o sábio e adivinho Tirésias declarou: "viveria até a senectude, se não se conhecer". Narciso cresceu e tornou-se belo como o pai. Por ele se apaixonou Eco, ninfa loquaz. "Eco tinha, então, corpo, não só voz; porém, igual agora, a boca repetia entre tantas, somente as últimas palavras." Ela havia sido punida por Hera, pois colocou-se a falar sem parar para encobrir que seu marido Zeus estava com suas irmãs. Por ter usado a palavra para enganar, Juno a condenou a apenas repetir a voz dos outros. Quando viu Narciso errando pelos campos, foi tomada de amor por ele. Ela segue seus passos, mas "sua natureza impede que ela fale primeiro". "Por que foges de mim", e ouve

MITOLOGIA DA VIDA AMOROSA

de volta a mesma frase. "Desdenhada, se esconde em selva e de vergonha e ramos cobre o rosto e vive em grutas ermas." Eco arde de amor, amor que cresce com a dor. "A insônia lhe consome o corpo miserável. A magreza lhe enruga a pele e o ar esvai seu suco corporal. Restam apenas voz e ossos. Eco então se esconde nas montanhas e nunca mais é vista, já Narciso, por sua vez, encontra outras Ninfas, eventualmente irmãs de Eco, das quais recebe uma segunda maldição: "Que ele ame e quiçá não possua o amado." É assim que ele encontra a fonte "argêntea de águas límpidas". Enquanto bebe fica preso pela bela imagem vista, "ama objeto incorpóreo, sombra em vez de corpo". Sem o saber, deseja a si mesmo e se louva. "Isto que vês reflexo é sombra, tua imagem; nada tem de si; vem contigo e se estás fica", mas ele vê o que o apraz: "tocar não posso, e em tanto engano sigo amando". "Esse sou eu! Sinto; não me ilude a imagem dúbia. Ardo de amor por mim, faço o fogo que sofro." Narciso deseja algo que está em si, a posse que o faz pobre. Ele tem que se conformar com o próprio corpo como obstáculo para esse amor: "Se eu pudesse separar-me de meu corpo!" "Desejo insólito: querer longe o que amamos! Já a dor me tira a força, resta-me de vida pouco tempo e na minha mocidade expiro." A morte não é um peso, mas um alívio para a dor e o tormento da insatisfação. "Este que amo queria que vivesse muito", mas "agora morreremos juntos". Uma vez mais se vê na água e, com voz extrema, diz: "Ai, rapaz amado em vão." Só então ele diz: "Adeus." "As suas irmãs Náiades choraram, ofertando-lhe os cachos cortados." "Eco ressoou [...] a pira e as tochas fúnebres, corpo nenhum havia. No lugar acharam uma flor, cróceo broto entre pétalas brancas."

Temos então vários tópicos entremeados pela versão atual que inspirou o conceito psicanalítico de narcisismo. Narciso é filho da violência e da assimetria entre a beleza de seu pai e a recusa de sua mãe. Ele não vive em solidão, mas é incapaz de perceber o outro que o ama, no caso a ninfa Eco, como algo. Não percebe que ela repete suas palavras. Torna-se então vítima de uma conjunção não só de fascínio pela imagem, mas de aprisionamento pela voz e pelo tema da ausência de corpo. A sombra, a imagem, a água cor de prata que reflete seu rosto. Conforme a predição de Tirésias, ele se encontrava protegido por sua ignorância. Foi condenado pelas irmãs de Eco, justamente a se reconhecer, a dizer "este sou eu". Dessa maneira, Narciso está confuso entre si e sua imagem. Eco, por sua vez, está presa entre si e o Outro. Nos dois casos o amor se mostra na desaparição. Reencontramos assim a dialética da presença e da ausência, da aparição e da desaparição, do desejo nesse texto seminal sobre o amor no Ocidente. Nada está mais equivocado, portanto, do que a ideia de que o narcisismo é mera fascinação com a própria imagem. A fascinação deve ser explicada ela mesma, pela conjunção entre raiva e medo, na ancestralidade de Narciso, mas também no estranhamento e inquietude do que escapa ao reconhecimento, bem como na surpresa e fascinação com o encontro da imagem, como uma alteridade entre corpo e imagem, que não reconhecida em si mesma.

O mito de Narciso é a história repetida de um amor não correspondido, mas não correspondido por excesso de correspondência, por excesso de identidade entre ele e suas versões. Há duas maldições em jogo: não se conhecer, ou seja, alienar-se; e não inverter o amor em ser amado. Se Édipo é a tragédia daquele que sabe demais, que quer saber demais, até descobrir que ele mesmo levou a peste para Tebas, Narciso é a tragédia daquele que sabe de menos, que está envolto na ignorância e no desconhecimento de si. Se ele pode amar excessivamente sua imagem, sua imagem não pode amá-lo de volta, porque no fundo ela não "sabe o que é o amor". A narrativa original deixa claro que o Eu é dividido, a imagem não. Ele é dividido na sua própria compreensão; é duplo. O grande poeta Rimbaud, santo padroeiro do surrealismo, dizia: "o Eu é um outro." Lembremos que o mesmo Rimbaud escreveu o poema "Um novo amor"[13] sugerindo que cada nova época, cada novo tempo demanda um novo amor.

Aprendemos a amar a partir das nossas experiências de amor com aqueles que cuidam de nós logo no começo da vida. É o que John Bowlby[14] mostrou com sua *teoria do apego*:

O *apego seguro* estabelece um padrão de enfrentamento do mundo no qual aparentemente o amor incide tanto na presença quanto na au-

MITOLOGIA DA VIDA AMOROSA

sência do outro. É como se existisse uma confiança de que as relações seguras compreendem idas e vindas daquele que nos ampara, assim como estimulação ativa para que nos separemos em jornadas cada vez mais distantes e longas nessas idas e vindas. Esse tipo de apego envolve também uma interpretação acurada dos momentos de perigo real, ou seja, uma habilidade para se aproximar ou se distanciar, para sentir medo, mas também raiva.

O *apego evitante* envolve um objeto ou situação de perigo que acaba sendo mantido a distância. Aqui a figura de apego é também punitiva e perigosa, de tal maneira que evitar um conflito se torna a estratégia defensiva mais eficaz, trazendo, com prejuízo, um certo recuo calculado e uma desconfiança de base quanto a vincular-se ao outro.

O *apego ambivalente* se trata dos sentimentos de amor e ódio sendo direcionados a uma mesma pessoa e infiltram-se nas relações de cuidado. Ter alguém cuidando de nós pode ser entendido como estar em uma condição perigosa. A vulnerabilidade provém da mesma fonte de onde esperamos proteção. O sentimento de culpa, quer por se aproximar, quer por se separar, torna o apego uma fonte de ansiedade que tende a evoluir para o medo do abandono e pela fixação em uma figura protetiva, porém sem ampliação e generalização com outros. Isso significa que o apego pode se deslocar para figuras substitutas ou equivalentes simbólicos, sem que o indivíduo possa se tornar complexo e distribuído ao modo de uma rede de apegos, em que cada nó pode suportar uma parte do peso demandado inicialmente de uma mesma figura.

O *apego desorganizado*, por fim, é identificado por meio de um padrão de imprevisibilidade nas figuras cuidadoras. Elas podem ser excessivamente presentes e repentinamente distantes, e gerar alta expectativa de ligação com inesperada indiferença.

No começo, a criança mama e depende absolutamente da mãe. Ela está em uma posição que Freud chamou de *Hilflosigkeit*, ou seja, de desamparo. A partir dessa experiência, deveríamos reconhecer que todos nós, quando bebês, somos muito menos funcionais que filhotes de outras espécies.

O bebê humano demora para começar a ser independente. Isso pode acontecer porque ele nasce de modo prematuro, comparado a outras espécies de primatas superiores. Há uma hipótese de que, por ser mais vulnerável, ele é passível de ser mais amado e por isso nosso sistema de vinculação social é tão extenso e complexo. Encontrar um outro que depende de nós é quase irresistível para nossa espécie. Uma criança chorando, sorrindo e brincando tem um apelo irresistível. Ela produz em nós reações de acomodação, transformação de humor, inclinação, experiência corporal – algo de que nem nos damos conta. Isso é prototípico para o amor. O amor também é formado por isso, mas vamos chamar isso de amor? Talvez não. Seria próprio dizer que, por exemplo, o bebê que mama no seio da mãe sente o cheiro dela, escuta sua batida do coração, mas ele não sabe que é uma pessoa inteira, que vai e volta. Seria justo dizer, então, que o bebê ama o seio? Acho que não. Ou seja, deveríamos reservar a palavra "amor" para outro momento, outro contexto, ainda que seja preliminar, uma condição para o que virá.

A matriz narcísica que nos leva a amar o outro como a nós mesmos desdobrou-se no século XVIII em duas formas de amor, tais como foram descritas por Rousseau. Há uma forma de amor que diz respeito ao si, à experiência de conservação de si, chamada *amor sui* (amor de si). O amor de si teria a ver com a pulsão de autoconservação freudiana. Seria uma fonte de satisfação, independente do outro. Porque experiências de intimidade, como a possibilidade de ficar em solitude consigo, a criança conquista da comunalidade, ou seja, o sentimento de ser um entre outros.

Eu posso estar sozinho e mesmo assim estou. Há um "si" aqui. Essa é outra condição preliminar para o que a gente vai chamar de amor. No entanto, existe outra coisa que se mistura com isso, que Rousseau[15] chama de *amour-propre* (amor-próprio). A chave aqui é pensar que esse amor envolve a noção de propriedade, logo, de posse, de uso e de abuso.

Rousseau está entre os moralistas franceses do século XVII, como Rochefoucauld (1613-1680), Jean de La Bruyère (1645-1696), o marquês de Vauvenargues (1715-1747) e Nicolas Chamfort (1740-1794). Lembremos

MITOLOGIA DA VIDA AMOROSA

que estes autores são contemporâneos da literatura moral francesa, como Charles Perrault (1628-1703) e La Fontaine (1621-1695), dois criadores de fábulas como instrumento de fixação da moralidade nas crianças.

Os contos de fada tinham uma função pedagógica de ensinar o valor do trabalho, por exemplo, entre outras coisas, como amar e ser amado. Rousseau está olhando para esses autores, e também para Racine (1639-1699), Molière (1622-1673) e Corneille (1606-1684), ou seja, para as comédias e tragédias dos séculos XVI e XVII, e observando que se formava uma cultura da moralidade crítica e de aceitação do ser humano como um ser ambicioso, arrogante, excessivamente preso a sua honra e a sua imagem. Justamente por isso, ele seria facilmente ludibriado, inclusive por si mesmo. A fonte e origem do autoengano seria justamente o amor, seja o amor do outro, seja o amor pelo outro, seja esta forma infinita e problemática do amor a si mesmo.

Narcisismo e individualismo são fenômenos paralelos e cruzados. Essa imagem, por um lado, é nossa propriedade, que também nos governa e nos induz a tratar a nós mesmos como um objeto. Por outro lado, é um instrumento pelo qual podemos nos fazer reconhecer aos outros, bem como nossos desejos e formas peculiares de obter satisfação consigo mesmo. Isso se dá pela comparação entre três versões da imagem que nos representa simbolicamente, ou seja:

1. A imagem estática, do que um dia fomos para quem nos amou pelo que fomos na infância.

2. A imagem, mais próxima ou distante, pela qual nos julgamos, comparamos e avaliamos em relação a um sistema de ideais.

3. A imagem em movimento, que produzimos continuamente pela suposição do que o outro está percebendo em nós.

A imagem que *somos*, a imagem que *temos* e a imagem que *fazemos*: três modos de amar que nem sempre andam juntos. *Fazer* amor (transferir ou gozar do amor), *ter* o objeto amado (demanda) e *ser* o objeto amado (identificação) são três processos diferentes que concorrem para se unificar em torno do eu (narcisismo). Eu tenho limites, fronteiras, um corpo, eu tenho alguém. Esse alguém pode ser cultivado, valorizado, estar sujeito à lógica da propriedade, ou seja, da mercadoria, ao que podemos então nos comparar. Podemos pensar que cada pessoa é absolutamente singular e diferente das outras. Então por que nos comparamos o tempo todo? Por que sentimos tanto medo? Porque, além da experiência de amor de si, temos amor-próprio. E, sendo assim, quando somos invadidos, humilhados, nos sentimos ofendidos – é uma ofensa ao nosso amor-próprio.

Sentir-se humilhado deriva do sentimento de indignidade existencial, como se não nos autorizássemos a existir. No primeiro caso, temos nosso valor diminuído; no segundo, nossa existência é ameaçada. Ter o sentimento de si diminuído depende da comparação entre o que somos e dos ideais que incorporamos sobre o que deveríamos ser. Ter a propriedade de si diminuída, ao contrário, remete à redução de nossa satisfação com nós mesmos. O sentimento de si não é reduzido pelas hierarquias sociais que se estabelecem entre pessoas-tipo, simplesmente porque o sentimento de si ou o amor de si não é afetado pelo grupo ao qual pertencemos, ao contrário do amor-próprio, que tende a traduzir lugares sociais, com propriedades ordenadas e hierarquizadas entre pessoas.

Alguém pode considerar que é menos amável ou menos digno de amor porque exerce uma atividade subalterna, mas isso não é verdade, pois o sentimento de si depende da comparação consigo mesmo, ao passo que o amor-próprio se regula pela comparação com os outros. São duas experiências distintas. Poder estar consigo, a satisfação de estar, a experiência protoamorosa de que sobrevivemos e que logo temos autonomia, tudo isso difere do circuito de dependências cruzadas a partir do qual o olhar do outro me define.

A distinção proposta por Rousseau estava a serviço de um conceito ainda mais importante, *perfectibilidade*. O horizonte de autoaperfeiçoamento, de excelência, sempre combina com o sentido de concorrência, disputa e luta por prestígio para ser reconhecido como alguém melhor.

MITOLOGIA DA VIDA AMOROSA

É uma problemática que podemos datar como herdeira tanto da tradição judaico-cristã e da ideia de amar o outro como a si mesmo, quanto da tradição greco-romana, segundo a qual o amor a si depende do que fazemos com o que os outros fizeram de nós. Existem duas possibilidades: no primeiro caso, o ser humano é o humano e suas circunstâncias; no segundo caso, o que define a humanidade é justamente a capacidade de criar suas circunstâncias e, consequentemente, sua humanidade. No primeiro caso fazemos o melhor com as cartas que o destino nos enviou; no segundo queremos escrever nossas próprias cartas.

Podemos buscar aqui as raízes da tipologia freudiana das formas de amar. O amor narcísico, que se refere a como fomos amados ou como gostaríamos de termos sido amados (amor-próprio); e o amor de objeto, que refere-se à maneira como o outro nos ama, nos seus próprios termos (amor de si). Também há uma diferença entre escolha narcísica de objeto, onde escolhemos pelo traço de identidade com o objeto, e a escolha anaclítica de objeto, que estaria amparada justamente nas funções de autoconservação, em conformidade com o momento cultural de Freud, o análogo do pai protetor e da mãe nutridora. Mas a introdução da perfectibilidade torna essas divisões ainda mais complexas, pois Freud de fato postulará a existência não apenas de ideais reguladores simbólicos, chamados de *ideal do Eu* e de formas objetais imaginárias de amor, chamadas de *Eu ideal*, mas também a consciência observadora, julgadora e punitiva que se chama *supereu*. O supereu é uma versão obscena e patológica da perfectibilidade de Rousseau. Exige do Eu o que o Eu não pode dar, mas porque essa exigência está a serviço não do amor de si, nem do amor-próprio, mas do que se poderia chamar de *gozo de si*.

O que dizer do mandamento de amar o próximo como a si mesmo quando o fazemos de forma sádica ou masoquista? Vale amar o outro e a si mesmo se eu for alguém que adora se autodestruir, se rebaixar? Vamos pensar em um cenário muito debatido no século XXI, a depressão, em que o sujeito olha para si e sente que está "se desamando", reduzindo-se a um dejeto, mas, ainda assim, amando-se dessa maneira (ou seja, também é uma forma de ele se amar). Uma das críticas à ideologia dos afetos menos lembradas da psicanálise é a que associa afetos e emoções específicas com hierarquias. Como se o amor fosse um sentimento superior unicamente porque pode ser usado para unir pessoas.

Há, portanto, formas de amor degradantes, sádicas, masoquistas, humilhantes, depressivas e fetichistas, que são, sim, maneiras de amar e ser amado. Assim como há apegos seguros e apegos confusos, em algum momento fixamos a série dos afetos, emoções e sentimentos em relação a modalidades específicas de prazer, satisfação e gozo. Por isso há pessoas que "adoram odiar", outras que não conseguem "amar sem sofrer" e outras tantas que "amam mais o amor do que a pessoa amada". Isso tem a ver com certa degradação que pode estar calcada no passado.

O que talvez faltasse aos antigos e para a concepção bíblica é que o si mesmo é também uma patologia, ou pelo menos a admissão de que existe assim uma relação patológica que vem junto com o si mesmo. O si mesmo não é um lugar puro, essencial, neutro, de onde observamos o mundo. Nós gostaríamos que assim fosse, em parte seduzidos pela perfectibilidade.

Um bom cientista analisa as coisas de um ponto de vista e consegue se distanciar do objeto que está sendo analisado. Mas não é essa a relação que a gente tem consigo mesmo. Uma forma de atualizar o conceito de perfectibilidade no âmbito da experiência amorosa contemporânea começa por opô-lo a qualquer tipo de busca da perfeição ou horizonte futuro de perfeccionismo.

A perfectibilidade se apresenta sempre como atualidade, ou seja, como um olhar para a vida como se olha uma obra de arte. Nela tudo forma e concorre para a unidade que temos diante de nós; tudo exprime o que de melhor o autor procurou realizar e se representa o melhor de nossos esforços para constituir uma comunidade e uma história comum. Ou seja, em uma obra de arte, assim como em cada forma de amor, não há nada faltando. Toda obra de arte, gostemos ou não dela, é uma totalidade e uma perfectibilidade realizada em si mesma. Contudo, como toda obra de arte, ela é um fragmento temporal, um recorte fotográfico de uma vida que continua e que se pretende satisfazer a excelência que

MITOLOGIA DA VIDA AMOROSA

a própria merece, em seus próprios termos. Por isso um pintor continua a pintar, mas não se pode dizer que o Picasso da fase azul é melhor do que o Picasso da fase rosa, ou que seu momento surrealista é pior do que sua época cubista. Em comparação com outras obras de arte, isso pode ser até ambicionado.

Podemos aumentar a escala para a história da arte e tentar dizer que os românticos são melhores do que os suprematistas, mas isso francamente desconhece o critério da perfectibilidade. O que atualiza esse critério, para nossa época, é a ideia de que um amor é perfectível na medida em que ele merece ser contado, e na medida em que ele é efetivamente bem contado. Voltamos às palavras. Quando a história desse amor está à altura dele mesmo, temos um momento de perfectibilidade e isso acontece porque a história de um amor é a história de como ele nos transformou, ou como ele nos transformou junto ao outro, ou como ele transformou o mundo ao nos transformar junto ao seu movimento.

Perfectibilidade, portanto, não envolve comparação com outras obras mais ou menos perfeitas, mas, sim, um processo de autocomparação da experiência em movimento. Por outro lado, a perfectibilidade pode ser negada quando olhamos para uma tela que foi danificada, malconservada ou inconcluída. Nesses casos, perfectibilidade remete a noções como reparação, reconstrução e reconstituição, não como retorno a um momento anterior (de perfeição), mas como uma reconstituição que se incorpora como acréscimo que aumenta a excelência da obra.

Há um problema nessa retórica da reparação. Para que ela funcione, cada um deve se reconhecer, em alguma medida, como alguém amável. A ideia, tão presente em conselheiros e *coaches* contemporâneos, de que devemos amar a nós mesmos para poder amar os outros, é no mínimo incompleta. Às vezes isso quer dizer que, para amarmos melhor, precisamos nos aceitar. Aceitação, nesse caso, é justamente o efeito da "desidealização" de como deveríamos ser. Contudo, amar a si mesmo não ajuda em nada na difícil tarefa que é suportar que os outros nos amem. Aquele que deseja desesperadamente ser amado, e que se imagina andando sozinho no deserto das paixões, tem todo o direito de ter sede, mas não deve esquecer que é possível se saciar rapidamente a ponto de, no momento seguinte, o amor que ele tanto desejou afogá-lo.

Há pessoas que amam a si mesmas, mas para isso é preciso fazer um exercício de estatuária narcísica, ou seja, de se imaginar parado no tempo fixado por um olhar em uma única perspectiva. Voltamos assim à imagem parada, à imagem em movimento e à imagem como metamorfose, como três figuras da gramática amorosa. Isto é, aquele que realmente ama a si mesmo sofre de um amor muito pobre, pouco ambicioso. Geralmente, o que temos aqui é uma demanda de exibição de si, ou seja, uma tentativa de capturar o olhar do outro por meio do desdém ou do desprezo calculado desse mesmo olhar.

O que me parece estar por trás da ideia de grande apreço popular de "amar a si mesmo", cujo correlato é "aumentar a autoestima", não é o autoamor nem mesmo o autocuidado, mas o cuidado de si.[16] "Cuidar de si", de onde vem a expressão latina *cura sui* e o termo grego *epiméleia heautoû*, é um conjunto de práticas, técnicas e até mesmo exercícios realizados com o Outro.

Prestamos atenção aos nossos sonhos, realizamos uma inspeção na história de nossas vidas, tentamos alterar o modo como vemos as coisas, mais de perto ou de longe, produzimos imagens que representem aquilo de que temos medo e o que nos domina. Essas práticas se desenvolveram em inúmeras escolas filosóficas no período helenístico, como a dos estoicos, cínicos, pitagóricos, platônicos e neoplatônicos, epicuristas, e assim por diante. Todas tinham como personagem original Sócrates, e quase todas entendiam que o cuidado de si ocorre no interior de uma relação de diálogo com alguém mais experiente.

Muitos se lembram de Sócrates, de como o pai da filosofia adotou como lema a insígnia do templo de Apolo, em Delfos: "Conhece-te a ti mesmo." Mas Sócrates, até certo ponto, é também o pai da psicanálise, ou pelo menos o tio da psicanálise, pois ele dizia também: "só sei das coisas de Eros." Nesse segundo caso, em vez de conhece a ti mesmo, Sócrates diz: cuida de tua própria alma. É isso que ele teria respondido ao antigo aluno, Alcibíades, quando este retorna ao velho mestre, agora

MITOLOGIA DA VIDA AMOROSA

já adulto e demanda: me ensine a governar, quero me tornar um político. Ou seja, a resposta de Sócrates inaugura uma espécie de propedêutica filosófica, ou seja, uma preparação para o conhecimento. Cuidar de si inclui prestar atenção aos sonhos, observar as próprias ideias, de longe e de perto, meditar, meditar sobre seus medos, tudo isso no quadro de uma relação dialogal com um filósofo ou pessoa mais experiente. A arte de amar é um capítulo do cuidado de si, assim como a *ars erotica*.

Estamos falando aqui da "arte de amar" justamente porque essas práticas se relacionam com o que hoje chamamos de amor, como a arte erótica, regimes alimentares, cuidados com o corpo e a saúde, maneiras de escolher amizades, inimizades e cônjuges, o bem-estar ético da alma em sua relação política com o corpo. É comum confundirmos o cuidado de si – que parece estar alinhado com o amor de si – com o conhecimento de si, que se aproxima melhor do amor-próprio. O narcisismo pode ser agora definido como um caminho que alinhava essas duas perspectivas diferentes em origem e finalidade.

A melhor forma de traduzir a ação de amar o outro como a si mesmo é pelo cultivo de certos sentimentos como humildade, solidariedade e generosidade, todos derivados de gramáticas de reconhecimento do outro, da diferença e da mais complexa problemática com a lei. Uma parte dos problemas da arte de amar no século XXI vem dessa conversa. A outra parte vem da conversa greco-romana. Aqui as referências serão outras.

Comparando a arte de amar judaico-cristã com a greco-romana, logo percebemos que, no primeiro caso, o divino não tem imagem nem forma. Isso se aprofunda ainda mais no islamismo e retorna posteriormente nas controvérsias protestantes. Jesus talvez tenha inventado algumas novas imagens para o amor: os lírios do campo, o vale das lágrimas, a ceia com os discípulos, o sofrimento amoroso na cruz. Mas Ele não se caracterizava por uma forma de pato, ganso, touro ou serpente, como no caso dos gregos. Zeus se disfarçava de animal para, em geral, ter intercurso com as mulheres humanas e gerar filhos. Sua revelação ou epifania na forma divina seria sempre mais ou menos mortal para os humanos.

A ARTE DE AMAR

Heróis mitológicos gregos como Dionísio, Perseu, Minos e Héracles são todos filhos de Zeus. Ele se transforma em touro para fecundar Europa, em chuva de ouro para estar com Dânae, de Anfitrião para fecundar Alcmena, em cisne para transar com Leda, surgiu como um manto de nuvens escuras para fecundar Io, de Sátiro para conhecer Antíope, de águia para Ganimedes e fulminou Sêmele como um raio de luz quando esta pediu para vê-lo sem disfarces. O deus assumia uma forma, um disfarce, uma imagem que engana para falar e procriar com os humanos. Como vimos, a palavra-chave aqui é *metamorfose*, ou seja, transformação da forma. Entretanto, os heróis mitológicos não são exatamente os mesmos que os heróis trágicos, ainda que existam reedições.

Os heróis trágicos como Édipo, Antígona, Medeia e Orestes são humanos que desafiam seu próprio *metron*, ou seja, sua própria medida humana. Ao ultrapassar certo limite, chamado *ate*, eles cometem uma espécie de transgressão, *hubris*. A partir disso, as coisas saem de controle, porque, ao invadir o terreno dos deuses, eles passam a interferir, mas não exatamente a decidir o destino dos humanos. É assim que Odisseu, na Guerra de Troia, está apoiado por Minerva, mas contra Afrodite. As tragédias nos importam até hoje porque a maneira como foram escritas inauguraram essa ideia de que nós mesmos podemos ser senhores de nosso destino. O preço a ser pago é que quanto mais fugimos desse destino, mais ele se impõe feroz e devastadoramente para nós e para aqueles a quem amamos. Por isso também a psicanálise recuperou as tragédias gregas – elas são a forma literária e social primeira na qual intuímos uma ética do desejo, o nome certo para o destino para o qual nos criamos. Há casos correlatos na Bíblia, como Jó, Davi e Jeremias, mas, como os deuses não podem brigar, no fundo o combate terminará com a vitória do todo-poderoso e a aceitação de suas regras.

Os heróis trágicos não são pessoas que vivem sua vida de modo mais corajoso, mas uma vida que serve de exemplo e paradigma para outras vidas. São indivíduos que cruzam a linha da lei, que transgridem aquilo que seria a mera moral da obediência. Eles *criam* leis. Antígona e Édipo

MITOLOGIA DA VIDA AMOROSA

criam paradigmas de individualização. Vimos isso em Rousseau, mas agora é outro paradigma de individualização que depende e decorre dos heróis.

Até hoje lê-se *A jornada do herói*, de Joseph Campbell, para se escrever roteiros para o cinema e para a TV, por exemplo. Campbell se inspirou em Jung, que se inspirou em Hesíodo, Homero e Ovídio. São narrativas de individualização e por isso ainda atuais. Muito se fala sobre o excesso da narrativa edipiana em psicanálise, mas não temos apenas uma narrativa fundamental para exemplificar e tematizar modos de subjetivação contemporâneos, e, sim, pelo menos quatro, cada uma delas ligadas a um modo diferente de sofrimento e restauração:

- Édipo e o mito moderno de *Totem e tabu*, para falar de como o amor cria pactos e alianças, o que envolve traições, ciúmes e disputas, mas também reconciliações, novas alianças e novas leis.

- Narciso, para falar de como nos alienamos de nossos desejos, de como esquecemos as violências que nos formaram, de como certas formas de amor nos fazem descuidar, desconhecer e nos fascinar pelo reflexo dos objetos amorosos em vez de sua realidade e alteridade de si mesma.

- Tânatos, além de todas as figuras da morte em vida e da vida em morte, como o Homem de Areia (*Der Sandmann*), os Fantasmas, os vampiros, os Zumbis, os monstros de Frankenstein, para falar de como as nossas aspirações de unidade convivem com forças de dissolução, destruição e repetição, ou seja, de pulsão de morte.

- Antígona, ou Clitemnestra, para falar da sexualidade como objeto intrusivo, que traumaticamente nos invade, modificando nossas leis, reforçando e destruindo laços de reconhecimento, ou seja, nem sempre o mal que vem de fora, na forma de sexualidade, do trauma e da intrusão, está desconectado do mal que habita em nós, aquilo que negamos em nós mesmos para existir e sermos amáveis como achamos que devemos ser.

O narcisismo é, ao mesmo tempo, uma estrutura formativa da mente; um tipo de defesa contra o conflito; uma forma de gozo; e uma modalidade de escolha de objetos. Ou seja, a narrativa de Narciso pode ser transformada em cada uma das três outras narrativas, formando assim um sistema de transformações entre mitos.

Quando dizemos que o amor narcísico é uma forma de escolher objetos para amar, não significa que escolhemos sempre alguém como nós para amar, mas, sim, que no narcisismo, bem como o Édipo, nossos encontros traumáticos e nossas fantasias concorrem na determinação da escolha amorosa. Por isso podemos escolher amar alguém que não desejamos ou submeter quem de fato desejamos e amamos a duras provas de destruição e resiliência. Trata-se de escolhas inconscientes. Isso justifica também por que uma vida de realizações e acabamentos narcísicos torna-se fonte de sofrimento. Nós não nos aguentamos, precisamos amar o outro; caso contrário, nossas duplicações narcísicas acabam se esgotando, como no mito, porque imagens são incapazes de amar.

Como diz Ovídio, Narciso seria filho de Cefiso (que, aliás, é um personagem que merecia ser recuperado pela contemporaneidade). Cefiso era um sujeito extremamente bonito, desejado e querido pelas mulheres, mas que não se deixava tocar. Caso permitisse isso, significaria que ele não era autossuficiente. Lembremos que Cefiso também era um rei, ou seja, a sobreposição entre poder, beleza e distância o tornava vulnerável a Líriope. Temos aqui o clássico tema do poder impotente diante do amor. O pai de Narciso é um estuprador que não consegue falar com o outro, precisar do outro nem se deixar transformar pelo outro sexual e eroticamente, numa relação de poder, dominação e subserviência. Segundo o mito, o narcisismo não advém do excesso de egoísmo, vaidade ou veneração, mas da violência – esquecida e sobreposta por silenciamento, eco, perda de corporeidade e fascinação. Isso ajuda a entender também por que tanto as patologias narcísicas quanto as personalidades narcísicas são habitualmente ligadas a uma sexualidade empobrecida ou rebaixada.

Para cada Narciso há um Cefiso, e existem tantos Cefisos, quantas Líriopes. Disso decorre que os amores que são narrados não envolvem

MITOLOGIA DA VIDA AMOROSA

transformação. Talvez por isso só existam transformações ontológicas realizadas pelos deuses. Narciso se transforma em uma flor, como sua mãe. Eco se transforma no som que reverbera nas cavernas. Observemos como essa narrativa exagera e sobrepesa o papel da escolha, da sedução e do encontro. Depois disso, parece estar tudo concluído e acabado. Após todos os obstáculos, vilões, bruxas e demônios, "viveram felizes para sempre". Uma vez conquistada a pessoa amada, é como se se conquistasse um servo, alguém que precisa ser obediente. Lembremos que a resposta de Tirésias sobre Narciso é a seguinte: "Ele viverá tanto tempo quanto se desconhecer."

Para os latinos da Idade Antiga, autoconhecimento não tem o mesmo sentido que para nós, modernos. Para eles, é descobrir a constelação que presidiu a chegada de alguém a este mundo, e isso depende basicamente da recuperação ancestral e genealógica dos crimes, erros e transgressões da dinastia a que se pertence. Por isso, o mito de Édipo, no fundo, pertence à história de uma família, a linhagem dos Labdácidas, assim como o mito de Agamenon depende da casa de Atreu, à qual ele pertence.

Narciso só vive enquanto não souber de si mesmo; quando isso acontece, acabou-se. Mas, ao se conhecer, em vez de significar inscrição em uma linhagem, ele passa a ter uma imagem, percebe-se que a sua história continua esquecida. Sua imagem o lembra o pai pela beleza, que aqui torna-se uma beleza encobridora, o que Freud chamava de lembrança encobridora.

Narciso em sua adolescência se encontra com uma mulher, Eco, que também era uma ninfa assim como sua mãe. Eco se apaixona por Narciso, mas ela está condenada a repetir as últimas palavras de seus interlocutores. É mais ou menos isso que se espera de um amor narcísico, mas o mito tem um detalhe a mais. Um aspecto pouco mencionado nos resumos sobre o mito de Narciso é que ele não sabe que é a ninfa Eco que repete o fim de suas palavras. Ele estranha e se inquieta, mas trata-se de um fenômeno ao qual falta um corpo. Hera então protege Eco, pois não fica feliz com o desprezo que Narciso revela por aquela que ama. É a reconciliação ou sororidade entre elas que causa a segunda maldição: "que ele ame mas não possua o amado". O verbo "possuir" aqui é decisivo porque remete ao problema da propriedade. A punição redobra a causa que a gerou. Assim como Narciso não podia possuir Eco, porque ela não contava com um corpo e se expressava pelo vento e pela voz, ele não conseguiria possuir a si mesmo, pois não consegue possuir sua imagem e seu reflexo.

Ao se debruçar na margem do lago para beber água, Narciso vê uma imagem e se pergunta do que se trata. É uma sombra em vez de um corpo. Levanta-se aqui uma questão de absoluta relevância para a teoria do amor. O que amamos naquele ou naquela pessoa amada? Isso é textual na narrativa do mito. Narciso se embevece de si mesmo; em êxtase, fica pasmado como um signo marmóreo, uma estátua de Paros. Davi ou Moisés, de Michelangelo, são estátuas feitas de mármore.

Tais questões serão decisivas tanto para a reflexão sobre a realidade de nossa corporeidade mortal quanto para a subjetivação operada pela simbolização proposta pelos processos de luto.[17] No trabalho de luto comparecem dois processos que reconfiguram o estatuto do amor que sentimos por alguém. O primeiro é a comparação sistemática entre o Eu e o objeto, como se em cada situação tivéssemos que nos experimentar, com e sem o objeto. O segundo trabalho é um trabalho de contagem, a partir do qual enumeramos os traços que merecem lembrança daquele que se foi.[18] Qual traço é comparável e contabilizado para reconstruir simbolicamente o todo amoroso de alguém? Voltamos à questão que vimos com Freud, quando o bebê se liga ao seio da mãe que o alimenta. Ele está amando esse seio? Ele está amando essa mão que o afaga? Como dizia Charles de Brosses,[19] autor de quem Marx tomou emprestada sua teoria do fetiche, só os chamados grandes fetichistas amam um traço do objeto elevando à condição de representação da sua totalidade. Eles assim o fazem porque se comportam como animistas. E, de fato, Freud dizia que o narcisismo é um animismo.

É apropriado usar a palavra "amar" para se referir a um traço de objeto? Como se, ao amar o outro amássemos seus cabelos, sua boca, seu torço, suas pernas, mas também sua bondade ou avareza, sua inteligência ou sua irreverência. Pelo contrário, toda vez que o traço que representa a quem amamos se objetiva, colocamos em dúvida a verdade do amor em questão. Apliquemos essa condição ao caso de Narciso, que está amando *alguém que não é alguém*, por isso não pode ser possuído. É uma imagem, uma sombra sem corpo. O narcisismo às vezes é defensivo. Não podemos apenas declarar "eu te amo" porque isso seria letal para o amor-próprio. Entre o risco do desejo e o amor de si, ficamos com este último. Como se o corpo, a imagem, o traço moral ou estético do objeto que amamos destruísse a essência do amor, o que levará Lacan a afirmar que o que amamos no amado é o seu vazio, sua ausência ou sua falta, como o espaço interior de uma estátua, no qual os gregos colocavam uma espécie de estojo ou câmara oca, chamada *agalma*. Então, no fundo, o que temos é o amor como a experiência real do encontro com a imagem e o corpo do outro. Nesse sentido, nunca poderemos possuir propriamente o oco do outro, mas apenas o seu envoltório, seu manto, sua sombra ou sua máscara.

Como vimos, os afetos formam uma unidade, que agora podemos desdobrar em diferentes versões. Temos o corpo duplicado do narcisismo, o organismo como unidade funcional dentro de uma atmosfera e a carne como experiência dos afetos no mundo de nossa corporeidade. A imagem, a voz e a palavra são os personagens centrais do mito de Narciso. Dele podemos voltar para a partição que Lacan propõe sobre as três paixões do ser – amor, ódio e ignorância:

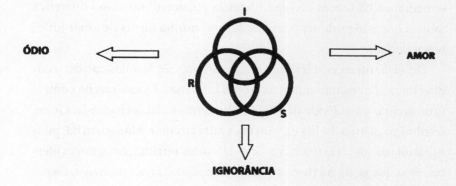

O amor está na junção do imaginário com o simbólico. O ódio, na fronteira entre imaginário e real; a ignorância, na intersecção do real com o simbólico, a mesma onde se encontra também o sintoma. Lembremos, ainda, que o amor é segundo, pois na experiência da criança o ódio vem primeiro – por isso o ódio é a emergência da separação, sobre o qual opera a restauração feita pelo amor. A ignorância aparece, assim, como o produto dialético entre amor e ódio. Quando odeio o outro é porque ele não me amou como eu o amei, portanto entre amor e ódio não há uma oposição real. Porém, quando odeio o outro, sinto que ele também me odiará. Isso segue duas regras básicas, que são também as três regras elementares de nossas gramáticas de reconhecimento, a saber:

1. A regra da inversão: *se amo o outro, desejo ser amado por ele. Se sou amado pelo outro, desejo amar o outro.*

2. A regra da simetria: *se você não me ama como eu te amo, eu te odeio. Se eu te odeio porque você não me ama, então eu te odeio.*

3. A regra da negação: *se eu não te amo, nem te odeio, você me é indiferente.*

Contudo, minha indiferença pode ser uma forma de ódio mitigada pelo fato de você se parecer demais comigo (narcisismo das pequenas diferenças), pode ser uma forma de diferença que corresponde a uma semelhança não reconhecida (diferença pulsional) ou como diferença radical que não pode ser comparada com minha forma de amar (diferença sexual).

Ou seja, oferecer, retribuir e dar seriam três leis básicas de reconhecimento que comandam as trocas humanas. Quem recebe contrai uma dívida, uma dívida de amor, se pudermos assim chamá-la. Quem retribui paga uma dívida e assim faz a falta circular. Mas quem dá, pura e gratuitamente, cria um novo ciclo de trocas, retribuições e novas ofertas. Se o que se dá na troca amorosa não são objetos empíricos, com a

MITOLOGIA DA VIDA AMOROSA

condição de que eles se tornem signos de amor, o que amamos no outro não é apenas o que o outro tem, mas o que lhe falta.

Assim como esperamos ser amados com nossas dívidas e imperfeições. Amar não é só sobre trocas, na gramática do receber e retribuir, mas também do dar e do receber o que o outro doa, como atos não retributivos. É esse saber que nos escapa, que se apresenta nas formações do inconsciente. Portanto, o amor passa sempre por palavras, por trocas e por suposições sobre o saber. Freud chamou essa suposição de *transferência*, ou seja, uma forma de amor tão verdadeira quanto todas as outras. Uma forma de amor com baixos teores de erotismo, com rotações previstas para o ódio. Chamemos esse amor de respeito, autoridade, empatia, de identificação ou de demanda; ele é motor do tratamento psicanalítico. Curiosidade, cuidado, ternura, companheirismo, respeito, cumplicidade – tudo que costumamos associar com o amor se resume ao que se pode chamar, em psicanálise, de um saber.

Todos os afetos envolvem uma espécie de recapitulação de suas incidências pregressas. Como se houvesse um tipo de memória ou uma forma de saber que seria própria a cada tipo de corporeidade. Esse clichê ou moldura de sentimentos se coordena com discursos, narrativas e séries simbólicas que definem o que é o amor para cada qual. É por isso que as pessoas "descobrem" que estão apaixonadas quando decifram que aquela irritação, aquela antipatia, aquela prevenção contra tal pessoa não passa de ciúme. E, quando somos apanhados em ciúmes nos damos conta de que há uma paixão, que ademais já estava em curso.

Mas temos o caso inverso, ou seja, há quem já saiba demasiadamente o que significa amar. Com o filme na cabeça, a coreografia do espetáculo ensaiada, os coadjuvantes já contratados, público lotando a sala para a estreia – só falta a chegada *daquele* alguém. *Aquele* personagem previsto no *script*, mas que o *casting* ainda não encontrou. É uma versão de Narciso, problemas do século XXI – como amar no século XXI? –, porque não é mais Narciso que está olhando para o lago; o lago é a tela, é o outro produzido pela gramática das imagens.

A finalidade, o objetivo, o ideal de toda análise – e isso costuma ser uma maneira de colocar o nosso trabalho de forma muito simples – é facultar que as pessoas amem e trabalhem. Não que elas não estejam trabalhando; mas trabalhem com satisfação, desejo, na justa medida do seu querer. E o mesmo vale para o amor. Nosso objetivo, quando discutimos com pacientes, é fazer com que os sintomas percam força, é auxiliar o sujeito a renunciar aos seus sintomas. Sintomas são substancialmente feitos de conflitos e de desejos recalcados, por isso temos uma relação ambígua com eles. Reduzem nossos graus de liberdade na vida, criam coerções e obrigações de pensamento e de afeto. Por isso, podemos falar em *escolhas sintomáticas*, ou seja, aquelas feitas para negar o desejo em vez de afirmá-lo, para proteger o Eu e seu narcisismo, em vez de ajudá-lo a baixar guarda.

Por isso a grande dificuldade de abandonar nossos sintomas não vem do prejuízo cognitivo e experiencial que eles causam, reduzindo o tamanho de nosso mundo e a extensão de nossas relações, nos fazendo temer a experiência e superinvestir a série que vai do medo à angústia e até a culpa, optando sem negociação pela ética da fuga do desprazer. Mas, sim, porque são substitutos simbólicos de amores abandonados ou irrealizados, muitas pessoas têm uma relação de amor com seus próprios sintomas e acabam se definindo, inclusive em relação a eles, integrando-os aos traços de personalidade, ao estilo de vida e à adequação moral. Não obstante, dizemos que alguns amam seus sintomas mais do que a si mesmos; amam as formas de amar que estão ali silenciadas; amam a partir de suas fantasias narcísicas; amam de modo circular e pouco criativo. Quando a vida, a realidade ou seus parceiros pedem mais do que isso, essas pessoas se resignam a abandonar o jogo da criação amorosa, isso quando não se demitem ou se aposentam de seus desejos.

Há formas de amar impedidas por experiências traumáticas. Há formas de amar coagidas por condições narcísicas muito extensas, às vezes inexequíveis. Há formas de amar seus próprios sintomas. Há formas de amar que se contentam com fantasias monótonas e de curta extensão simbólica. Por isso, a definição mais simples de *neurose* é dizer

MITOLOGIA DA VIDA AMOROSA

que ela é uma *patologia do amor*. Uma patologia da capacidade de amar. E isso faz de todos nós potenciais candidatos para essa jornada. Para isso, temos a psicanálise, que pode nos ajudar em alguns momentos; mas há também a arte, a literatura, o cinema e o teatro, por exemplo, como fonte de reflexão para tornar nosso amor mais interessante, mais qualitativamente interessante, para entender como surgem e de onde vêm as suas formas mais rebaixadas e mais simplificadas.

No mito de Narciso ser amado pelo outro e ter um corpo para si compõe duas narrativas que se trançam uma na outra. Como se para ser amado tivéssemos de nos desprender de nosso corpo e, como se para suportar amar, tivéssemos de aprender a renunciar o possuir.

4
O romance

Vimos que o amor tem fronteiras internas quando surge como afeto ou emoção, como sentimento ou paixão, e fronteiras externas quando o separamos do desejo e do gozo. Claro que uma experiência amorosa considerada rica, interessante e transformadora não está dissociada do desejo, mas uma das descobertas mais desconcertantes da psicanálise é que a relação entre amor, desejo e gozo é uma relação contingente. Ou seja, nada faz com que naturalmente amemos a quem desejamos, ou que desejemos a quem amamos. Mais ainda, só há um motivo para o gozo condescender ao desejo: o amor. Isso significa que o amor demanda distância, perda, sacrifício ou suspensão do gozo para se estabelecer como negatividade.

Para alguns, primeiro vem o desejo, depois o amor. Para outros, primeiro o amor, depois o desejo. Quando um ama mais que o outro, espera-se que, em algum momento, a balança se inverta. Isso faz com que a quantidade se transmute em qualidade. Quando amamos ativamente, quando damos provas disso, quando há empenho na arte de amar, qual seria então nosso desejo? A resposta mais simples é esta: o que o amante quer é se transformar em amado. Inversamente, o que o amado deseja é passar da posição passiva em que se é amado para a posição ativa de amante. Quando esses dois movimentos acontecem ao mesmo tempo temos uma verdadeira dialética entre amor e desejo. Talvez seja o que mais cobiçamos ao desejar uma experiência amorosa: ser outro, e fazer do outro *um outro*. O amor nos tira de nós mesmos; junto com o sofrimento, é a maior força transformadora que encontramos e por isso a psicanálise se aproveita do amor para transformar vidas e reverter sintomas.

Quando essa dialética se interrompe, podemos perder o desejo por alguém, mas mesmo assim continuar amando esse alguém. Algo diferente acontece entre amor e gozo. Eles não estão em uma relação de dupla negação determinada, mas em uma oposição dissolutiva. Em português, francês, inglês ou italiano quando duas pessoas estão transando, elas estão "fazendo amor". Isto é, o amor ainda não está feito, ainda não temos o "produto" terminado e acabado, o efeito de afeto. Quando estamos transando, o amor ainda está em produção.

Nesse caso, pense nos personagens do filme *Matrix*, que de repente descobrem uma verdadeira "plantação" de pessoas inconscientes, com tubos e uma espécie de sonda alimentar conectados a elas. A energia gerada pelos seus corpos alimenta um sistema de computadores que produz o mundo tal como ele nos parece. Ou seja, acreditamos em nossa liberdade e autonomia, assim como acreditamos no que vemos com nossos olhos quando na verdade somos corpos usados como baterias elétricas para alimentar a Matrix. A imagem não é bonita, reconheço. As máquinas se "alimentam" da energia gerada pelos corpos humanos cultivados, por isso a analogia com uma pilha, que é feita no próprio filme também. Para que esses corpos continuem dóceis, "sonhando" com um mundo que não existe, mas que é nossa realidade, ou achamos que seja, criou-se a Matrix, um gigantesco programa que simula a vida fora das *plantations*.

Aqui há outra questão: anos depois, apontou-se que *Matrix* surgiu como uma alegoria transexual, não à toa as diretoras do filme fizeram a transição e hoje são irmãs Wachowski. O "dentro da Matrix", a partir dessa análise, é nosso sistema binário de representações do dispositivo sexo-gênero, ao passo que fora da Matrix é uma alusão ao mundo do informe (Morpheus sendo o deus que preside a passagem entre mundos).

O ROMANCE

As formas não inteligíveis, a flexibilidade e a repetição de falsos conflitos para encobrir a realidade última da Matrix exige que o sistema possa ser desfeito pela ação do Um, também chamado "o escolhido". Aqui encontramos uma das formas pós-modernas mais claras de como o amor, entre o Um e a Trindade, seria uma espécie de substância transcendente capaz de nos levar à verdade e nos libertar da falsa realidade. Eros mostra-se, assim, ainda vigente como o deus do amor, capaz de tornar o igual mais igual e o diferente ainda mais diferente de si.

Tudo reforça um contraste entre o que estamos produzindo, um mundo compartilhado, cheio de futuros harmônicos e passados idílicos; e o que realmente está acontecendo, ou seja, esfregamos um pedaço de corpo contra o outro, torcemos vísceras e nos envolvemos em curiosos rituais de extração combinada de prazer. Neles, saímos de nossos corpos privados e bem possuídos para sermos possuídos pelo outro, como um objeto-coisa. Trocamos líquidos, resíduos e secreções que em outra situação seriam considerados nojentos. Adoramos ser surpreendidos por novas funções e propriedades desse brinquedo no qual nos transformamos para o outro.

Podemos incitar raiva, medo ou humilhação simplesmente porque isso intensifica o prazer. E, quando o outro se coloca como "sem-vergonha", parece que fica ainda melhor. Ou seja, no sexo, o sistema dos afetos parece funcionar de ponta-cabeça. Inclusive com passagens inusitadas da angústia em tensão máxima para o relaxamento orgástico, o que os antigos chamavam de segunda morte.* Além disso, saímos de nosso corpo e dos prazeres que podemos sentir com ele para nos conectar, como na Matrix, ao prazer suposto no outro e pelo Outro. A sexualidade são tubos comunicantes, não um caldeirão em cima do fogão.

---

* A segunda morte é um conceito lacaniano usado para referir-se ao modo como lidamos com a morte em vida, como precisamos enfrentar nosso temor da finitude, definido por nossas formas elementares de angústia para poder viver propriamente, isto é, para amar. Ao passo que a primeira morte é aquela que biologicamente define o fim do organismo biológico.

Nós não vemos as coisas nua e cruamente, como acabei de descrever. Alguns tratam exatamente assim, mas em geral não percebemos o "real" do sexo porque estamos entretidos com a verdade de nossas fantasias, ou seja, estamos produzindo, com toda essa *mise en scène*, um efeito posterior, que às vezes vai se infiltrando no campinho chamado amor. O termo *mise en scène*, usado também no cinema, compreende tudo que, por exemplo, aparece diante das câmeras: cenários, figurinos, iluminação, os meios pelos quais certa sensação de tempo e espaço cria uma atmosfera envolvente que nos leva a inferir o estado de espírito dos personagens.

O termo pode ser contrastado com outra expressão francesa, *mise en abyme*, ou seja, "olhar o abismo". É quando temos narrativas dentro de narrativas, teatro dentro do teatro, uma imagem dentro de uma imagem, uma cópia de um quadro dentro do próprio quadro; quando sonhamos dentro do sonho. Não se trata de metalinguagem, pois cada mundo é exatamente igual ao mundo compreendido por ele. O *mise en abyme*, ou desdobramento, acontece quando saímos da *mise en scène*. Em geral, esse efeito é extremamente desalentador. Quando pensamentos aleatórios nos vêm à cabeça; quando aquele barulho dos carros lá fora "entra" demais na cena; quando começamos a pensar o que ele ou ela está vendo na imagem que estou produzindo – ou até mesmo (agora relato real) a suspensão imediata dos trabalhos amorosos quando a mulher percebe que o parceiro com quem está trepando se diverte mesmo é com as poses de macho que exibe para si mesmo enquanto se olha no espelho do motel. Espelhos podem ser ótimos acessórios para o amor, como vimos desde Narciso – desde que o sujeito saiba usá-los, ou seja, para produzir e gozar duplamente, com a cena em curso e com seu desdobramento. Ver-se sendo visto. Amar-se sendo amado. Ver sua amada sendo trepada por outro homem – que é você. Ver-se como o outro homem, como a outra mulher, com o mero olhar infiltrado na cena. Nada disso, quando ocorrido no interior dessa dupla cena, derruba necessariamente o amor. Pode ser até que o amor seja também feito de gratidão por "nos emprestarmos" para as fantasias alheias – o que fora dali pode ser o caos.

O ROMANCE

A sexualidade humana, como se pode ver, está muito além do encontro genital. Tem a ver com toda a nossa economia de prazeres orais, anais, fálicos, narcísicos, escópicos (olhar), acusmáticos (voz), respiratórios, táteis, gustativos. Tudo que nos gera prazer, em alguma medida, está referido nesse campo de circulação entre prazer, satisfação e gozo. Ainda que prazer e gozo, satisfação e gozo, sejam coisas diferentes, vamos reconhecer que também o amor tem uma zona de sobreposição com o gozo, mas as coisas podem acontecer separadas. O gozo aparece numa categoria mais geral, que inclui todas as outras categorias potencialmente dentro de si. De qualquer forma, nos satisfazemos com amor ou sem amor. Em geral, com amor é "mais caro"; dá mais trabalho, mas é mais divertido.

Além do desejo e do gozo, uma terceira dimensão faz limite ao amor e, às vezes, é a sua porta de entrada ou de saída: a *angústia*. É um sinal importante, especialmente no circuito que nos faz parar, tomar distância ou nos aproximar. A angústia nos faz pesquisar do que é feito o objeto que temos diante de nós. Por isso, em geral, os angustiados e fóbicos são mais inteligentes; também por isso diz-se que os masoquistas são os mais sábios. A angústia tem uma relação íntima, portanto, com inícios: o primeiro olhar, toque, sensação.

No entanto, às vezes é um sinal que convoca à curiosidade, princípio ativo do pecado capital da luxúria, que não se resolve pelo tratamento cognitivo dos riscos envolvidos, e a tomada de decisão começa a se espiralar. Nossa relação com o tempo muda e até mesmo congela no instante eterno que não passa mais, isso chama-se *pânico*. A descoberta dos primeiros amores é um confronto aberto com a angústia, qualquer adolescente dirá. O sujeito fica alegre de maneira inadequada e incongruentemente triste.

Há uma forma simples e obviamente regressiva de tratar essa angústia, que é remetê-la a angústias conhecidas, que geralmente cercam a emergência de nossos sintomas: borboletas no estômago para os oralizados; caganeiras para os que possuem um caráter anal; o buraco da vergonha para os "escópicos"; medo intenso para os fóbicos; infantilização para os regredidos; fetichização para os que creem nos poderes encantados de poções e filtros mágicos; tremores para os obsessivos--controladores; sentimento de culpa e autocrítica para os superegoicos; fantasias de humilhação para os masoquistas. Tudo isso junto e misturado para os meros normalopáticos.

Entretanto, a paixão não é o amor. O amor já está lá. A paixão tem certas características que podem levar alguém a ficar dependente dos inícios mencionados. Por que não apenas se apaixonar? Manter-se num estado fervoroso, tórrido, muitas vezes atravessado pela sedução. Sedução significa "tirar do caminho". A "paixão avassaladora" é a tradução da relação medieval entre vassalo e suserano. Nós nos tornamos nobres ou monarcas que se colocam de joelhos diante do outro, que nos toca com sua espada no ombro direito exigindo lealdade imediata e inconteste.

Para muitos, a paixão nos faz perder independência e autonomia. Considerada um dos possíveis estágios preliminares do amor, ela nos faz regredir, infantilizar reatualizando a dependência que experimentamos quando éramos pequenos e desamparados (*Hilflosigkeit*), há muito vividos e já esquecidos. Voltamos aqui à lei mais geral dos afetos, ou seja, de que eles se repetem. Isso quer dizer que, ao viver um novo amor, retomamos todos os nossos começos anteriores. Quando reencontramos um velho amor, o grande problema é perceber que grandes amores não continuam, eles começam como outros. Por isso não há propriamente amores inconcluídos e que, na verdade, todos nossos amores são retomados. Todos têm prazo de validade e curva de degradação interna, mas também definem-se pela capacidade de renovação.

Todos eles saem do banco de reservas e se alinham para uma nova partida. Para alguns, evocará as experiências mais antigas de proteção e entrega incondicional que experimentamos quando éramos muito pequenos. Há uma experiência amorosa que me parece simplesmente fantástica e absolutamente inconsciente (se bem que amar ou se apaixonar também é algo que não é consciente quando acontece): *koi no yokan*.

O ROMANCE

A expressão japonesa se refere a uma comichão, uma sensação de que, ao conhecer alguém (*aquele* alguém), vamos nos apaixonar. Mas não naquele momento, e, sim, num futuro próximo.

Quando nos apaixonamos, aquele outro que entrou em nossa vida é mais importante do que nós mesmos. Isso vale para o que sentimos pelos nossos filhos, mas também para todas as outras formas de amor. Antes de se tornar uma forma corrente de nomear nossa experiência, *paixão* é um conceito filosófico. O grego *páthos*, de onde vêm "patológico" e "psicopatologia" esteve ligado a três sentidos um tanto diferentes: *passividade*, *afetação* e *paixão*.

PASSIVIDADE

A passividade opõe-se à atividade e diz respeito à gramática do amor: "amar", "ser amado", "se fazer amar". Compreende também a oposição entre amar e odiar – estes não são verdadeiros opostos, mas transições dentro da mesma gramática. ("Te amo porque te odeio, te odeio porque te amo.")

Passividade e atividade não refletem graus de poder ou prerrogativas decisionais, mas tão somente posições gramaticais como quando se diz voz ativa e voz passiva. (Por exemplo: "Ali onde não sei porque te amo, te odeio. Ali onde não sei por que te odeio, te amo.") A gramática das oposições transitivas dentro do amor comporta ainda as suas formas de negação. ("Eu não te amo" – quando quero negar este sentimento; "na verdade, eu te odeio.") Posso também negar o amor que sinto por você transformando-o projetivamente em amor o que você sente por mim. (Nesse caso, "você me ama, ainda que não saiba muito bem disso, mas basta me conhecer um pouco mais".) Posso ainda transformar o amor negado pelo outro em "autoamor", pelas vias do circuito narcísico. ("Eu não te amo, eu amo muito mais a mim mesmo.") Posso ainda negar as implicações do que significa amar para mim e projetar isso para o outro. ("Te amo, mas tenho tanto medo disso, porque, para mim, amar significa dependência e obediência; logo, se você quer me amar, deve prestar todas as honras e apresentar todas as formas de humilhações que provam que você me obedecerá... para sempre.") A expressão é horrível, velha e desgastada, mas infelizmente continua rodando na mente dos amorosos: *prova de amor*.

PAIXÃO E AFETAÇÃO

O termo paixão vem do termo grego *páthos*, que possuía muitos sentidos. Dentre eles, o mais simples e antigo refere-se à ideia de acontecimento. *Páthos* é algo que surge quer em referência ao próprio evento – de natureza histórica, por exemplo –, quer em relação àquela pessoa que o vive ou o experimenta. Neste último sentido, falamos em "sofrimento instrutivo" produzido pelas tragédias. Depois disso o sentido de *páthos* se bifurcou em duas vertentes; uma que aponta para o que acontece com o corpo (*pathé*) e sua apreensão qualitativa do mundo, e outra para o que acontece com a alma e os afetos e emoções que nela ocorrem, como sementes separadas (*apokrisis*) ou conjuntas (*synkrisis*).

Lembremos que os afetos são sempre indiscerníveis, ou seja, um acontecimento que inicia um percurso, um circuito ou um processo no interior do qual criamos oposições emocionais e terminamos em uma partilha social de sentimentos. O amor é ao mesmo tempo um acontecimento de afeto, uma dinâmica de inversões de emoções e um sentimento social que nos inclina a interpretar o mundo. Nesse sentido, o amor é um signo da unidade ou da união desse circuito. Ou seja, uma vez partilhado e incorporado como uma forma de saber que molda nossa sensibilidade, nossa afetação se torna dotada de inclinações que conectam o *páthos* como qualidade física e o *páthos* como fenômeno ético. Por isso, em Platão, a paixão não se opõe à razão, como se diz correntemente, em um conflito diádico. O conflito se dá entre três versões da *pathé*, como poder, potencialidade e capacidade para mudança no sujeito (*hypokeimenon*). É apenas com a interpretação estoica, de que a

O ROMANCE

vida virtuosa consiste na extirpação ou cura das *pathé*, seja ela dor ou prazer, medo ou desejo, que *páthos* passa a se opor frontalmente a razão. Surgem assim as três estratégias de cura das *pathé*, ou seja, *onoma* para as *pathé* ético, *kátharsis* para sua extirpação e *aisthésis* para sua ligação com a percepção.

Apresentada a ideia de que o amor é tanto um afeto quanto uma emoção e ainda um sentimento. Agora podemos reler as teses freudianas sobre o amor em suas três gramáticas:

1. *Amar e ser amado*, situada no plano dos afetos indiscerníveis e das disposições narrativas de cada época e de cada *páthos*.

2. *Amor e ódio*, ou seja, no plano das emoções como *pathé* ativa e da oposição entre poder e potência.

3. *Amor e indiferença*, colocada no plano dos sentimentos sociais, presente quer nas estratégias de supressão de afetos, quer nas táticas de intensificação de modos de expressão afetivos.

Ao contrário do que argumentam os estoicos e em linha com o que propõe Aristóteles, a psicanálise e as psicoterapias em geral pretendem aprender a dominar os afetos e não a reprimi-los. É só por "falta de prática" com as paixões que consideramos o comportamento passional involuntário e irracional. Podemos ser submetidos a certos afetos, mas a forma como eles são tramitados depende de cada sujeito. Isso nos ajuda a entender por que tantas pessoas reagem de forma agressiva ou intempestiva quando reconhecem traços de amor por outrem.

Se o amor é uma espécie de paradigma social de nossas gramáticas de reconhecimento, junto a ele se impõe uma necessidade de tramitação e um trabalho psíquico que implica lidar não apenas com os afetos alheios, mas com a espécie de duplicação ou de autoafecção que causam em nós.

Disso decorre a ideia de que, uma vez apaixonados, nós nos tornamos completamente passivos; a vontade própria se perde e passa a pertencer ao outro. Isso é falso porque assume um paradoxo da vontade baseado na premissa de que ou somos livres, ou somos determinados. Isso nos ajuda a entender, inversamente, por que quando amamos nos sentimos livres e tão livres a ponto de querermos inventar novas formas de amar, para dizer desse amor. Como diziam os românticos, o amor torna cada um de nós um poeta. O problema é que só alguns de nós são bons poetas.

Porém, ainda há possibilidade de escolha, mesmo no interior da paixão – por exemplo, decidir não levá-la adiante, não tirar consequências dela, não se interessar em nomeá-la ou em descobrir de que verdade ela é feita. Por isso um filósofo como Alain Badiou disse que todo amor verdadeiro interessa à humanidade inteira. Pois, por amor, aquilo que é simples acaso nos faz intuir a existência de um universal, ou o que ele chama de mistério pelo qual descobrimos que existe um mundo no qual somos dois. Para Badiou,[1] amor, política, arte e ciência compõem as nossas quatro condições de produção de verdade. Mas são quatro justamente porque cada uma delas é irredutível a qualquer uma das outras três. Aquele que cuida de sua alma ou que se conhece – conforme a tradição predominante em sua formação amorosa –, aquele que tem alguma atenção com a linguagem do amor pode se colocar contra ou a favor das suas paixões. Há um segundo dualismo, compreendido como um afeto mórbido que podemos vir a controlar. Em geral isso acontece, só que nesse caso o amor começa seu estranho processo, para muitos inexorável, de degradação.

Não há hierarquia natural entre passividade ou atividade, desde que, ao nos relacionarmos com o outro, possamos escolher. Hoje, a passividade tornou-se sinônimo de inação, perda de liberdade ou subserviência, mas isso, como vimos, não tem a ver com a gramática do amor, mas com seu léxico e sua pragmática. Há muitas virtudes que só a passividade pode fornecer, a começar pela passividade contemplativa dos filósofos, da capacidade de entrega e aceitação. Nós não nos transformamos apenas quando somos senhores de nosso destino, soberanos da natureza e dominantes em relação aos outros. Mudanças cruciais podem acontecer quando nos permitimos que o outro nos ame, quando cedemos sobre nosso narcisismo, quando aceitamos desejos e demandas que decorrem de nossa alteridade.

O ROMANCE

Ser sujeito não quer dizer ser ativo, tampouco passivo; essa é uma gramática que incide sobre o Eu e seus afetos. O que fazemos com o que os outros nos fizeram, uma máxima de Sartre, é sempre uma forma de interatividade. Ainda assim, existem maneiras de fazer a atividade recair sobre um terceiro ausente – neste caso, falamos em *interpassividade*. O outro que ri por nós ou bate palmas em uma série; o outro que propõe telas e memes segundo seus algoritmos; o outro que modula nossas paisagens mentais como experiência de consumo. A passividade é um modo de existência, um modo de experiência, tão interessante quanto a atividade, do ponto de vista ético.

Há, portanto, três sentidos de paixão, que determinam nosso sentimento de mundo, nossa loucura. Se representa um adicional de prazer, ligado a um novo começo, e se comemora as paixões findas, nada mais justo do que um estado basal de irritação com quem causou tudo isso: a coisa outra. Inquieto porque esperamos isto ou aquilo do outro, desta ou daquela forma. A irritação vem por conta das provas cada vez mais inconvenientes de que a coisa outra não sabe o que queremos. Há uma incorreção mais ou menos permanente no olhar do outro por quem nos apaixonamos, diretamente proporcional à proximidade que temos da apaixonada ou do apaixonado.

Quanto mais perto, mais ameaçamos esse efeito alienante, esse efeito ilusório que vem junto com a paixão, com uma "borda gozante", um efeito que afirma: isso é muito bom, isso é incrivelmente bom, isso é a melhor coisa que alguém pode sentir na vida.

Escrito por Roland Barthes, em 1977, *Fragmentos de um discurso amoroso* é um dos livros que inspirou esta obra, assim como toda uma geração de apaixonados como a minha. Barthes diz que o apaixonado está diante de um abismo e muitas vezes faz coisas que têm a ver com essa ideia do salto no escuro, no vazio. Façamos uma espécie de resumo ou de percurso mínimo da coisa amorosa segundo Barthes:

Quando o apaixonado é tomado por uma "sensação de verdade", ele intui a plena realização de seu desejo. Diante do abismo, ou seja, "lufada de aniquilamento que atinge o sujeito apaixonado por desespero ou por excesso de satisfação",[2] ele vê todos que o cercam situados diante de sua paixão. A paixão demanda provas de amor, signos estáveis e seguros de que não estamos sozinhos. As palavras do amado repercutem em alto volume na alma do amante. O apaixonado sente-se raptado e errante, querendo possuir o impossível. Nunca acreditamos demasiadamente no amor que o outro nos dispensa. Por isso o apaixonado vive entre a nuvem do mau humor e a noite do desespero. A espera, o mutismo, a incerteza da resposta fazem de todo apaixonado um louco em potencial. O sintoma mais comum é a loquela, ou seja, diálogos imaginários sem fim com e contra aquele que se ama. Frequentemente tem ideações suicidas apenas para imaginar a falta que causaria àquele que ama. Ele recorre a informantes, cria ciúmes como cenas de amor, fica vulnerável a fofocas, sente-se ofendido por pequenas faltas do amado. Como resposta ao tormento da paixão, o sujeito começa a transformar afetos, emoções e sentimentos em uma disposição amorosa para a transformação social. Escreve cartas de amor, nas quais admite que pode existir ausência entre eles, além de esconder seus sentimentos e criar filosofias sobre o caráter inexprimível do que sente. Transforma sua desrealização e despersonalização em romances ficcionais. Negocia sua dependência a ponto de circunscrever o acontecimento amoroso e finalmente se perguntar: o que fazer com essa paixão?

O problema da paixão tem relação com o valor social da autocontenção ou da autolimitação, ou seja, ao final e ao cabo a experiência de ser dois se dobra diante da exigência moderna de viver sob a forma de indivíduo. O psicanalista Wilfred Bion desenvolveu um bom exemplo de como atividade e passividade trabalham juntas para que possamos ao mesmo tempo conter e ser contidos. A violação dessa gramática faz com que transformemos afetos em semblantes de nós mesmos. *Eu não estava em mim. Eu estava tomado pela loucura. Eu estava possuído pela raiva. Eu estava dominado pela paixão.*

Voltamos ao tema da propriedade, da posse e do uso, justamente para tematizar esse ponto em que a satisfação vira gozo, ou seja, o ponto do excesso e do abuso. Vimos que certos afetos se tornam sentimentos sociais com base em uma partilha e assume valência na determinação do poder, que nunca foi estranho ao tema dos afetos. Basta verificar como em *O príncipe*, de Maquiavel, incidem as problemáticas do governo pelo medo ou pelo amor, da ação pela raiva ou pela virtude.

O tema do poder chega à psicanálise pelas vias da noção de gozo, eminentemente jurídica, capaz de ligar a economia-política com a moral. O problema não é nem nunca será a sexualidade em si, mas, sim, como ela opera o ponto de problematização do poder dentro do sujeito. Como vimos pela análise do termo *páthos*, o poder não deveria ser percebido em si como problemático, como se existissem pessoas que gostam do poder e outras, as melhores, que não gostam. O problema do poder, assim como o da sexualidade, está relacionado com sua transformação em dominação, injustiça ou violência, quase sempre indexada a sentimentos morais como desrespeito, humilhação e crueldade.

Assim como no caso da sexualidade, estipulamos que certas transformações devem acontecer para que possamos falar em um sujeito capaz de escolha desejante, amor emancipador e gozo sem abuso. Culpa, responsabilidade e implicação são operadores cruciais para distinguirmos a partilha dos afetos que se pode esperar para nossa situação contemporânea.[3]

Há uma estrutura fundamental de linguagem que emerge com a modernidade, reinterpretando e unindo o antigo lugar do amor na tradição judaico-cristã e na tradição greco-romana. Neste processo, o *amor cortês*, cujo início remonta ao século XII, na Idade Média, parece ser a estrutura de transição fundamental.[4] Trata-se do embrião da forma *romance*, que é frequentemente convocada como uma espécie de diagnóstico genérico de nossas mazelas e decepções quando se trata da arte de amar.

Junto com as canções de gesta e as narrativas das Cruzadas, uma das formas literárias que deram à luz o amor cortês são os relatos das místicas renanas. Eram mulheres como as beguinas, que experienciavam uma forma de vida absolutamente inédita. Elas moravam em suas próprias casas (sem tutores, padres, confessores ou pais), andavam e viajavam livremente por onde bem entendessem e também escreviam e liam, além de ensinar a escrita para adultos e crianças. Marguerite Porete, Mechthild de Magdeburgo e Hadewijch de Antuérpia escreviam histórias de um novo tipo de amor, em relação direta com Deus, geralmente passando por uma série de estágios chamados de "espelhos". Foram essas mulheres que depois inspiraram perseguições a bruxas, possessas e outras mulheres "perigosas", tão bem descritas por Silvia Federici.[5]

Se as origens do romance remontam às canções de gesta e histórias de cavalaria, sua gestão durante os séculos XVI e XVII está muito ligada à percepção de um mundo em expansão e habitado por inúmeras formas "alternativas" de amar. Isso se deve ao contato com as narrativas africanas, americanas e asiáticas que prescreviam outras partilhas e hierarquias de afeto. Essas narrativas impulsionaram a ideia de que, no fundo, os pontos-chave de nossos processos de individualização passam pelas nossas gramáticas de reconhecimento. Sou o que sou pela forma como sou reconhecido, pelo que escolho ser reconhecido. Doravante, ser nobre ou burguês, homem ou mulher, cristão ou infiel, negro ou branco torna-se um assunto relativo ao plano de sensibilidade regulado por cada um.

É essa ideia moderna de que um indivíduo é uma forma de vida cuja unidade depende de seu percurso de escolhas, do estilo de integração entre afetos, emoções e sentimentos que alça o amor à condição de afeto fundamental pelo qual uma vida pode ser julgada, comparada ou medida. Por isso, os romances têm em sua estrutura fundamental a superação de um obstáculo que impede, destrói ou limita a produção e a realização do amor; por isso, os romances são exercícios narrativos pelos quais se estuda a gênese e distribuição dos afetos.

Assim como na pintura, a descoberta renascentista da perspectiva trouxe imediatamente os usos lúdicos e ilusivos das técnicas de construção de imagem, a descoberta das "novas formas de vida" abriu o caminho para o desenvolvimento de técnicas de produção e consumo de novos afetos. Não é exatamente uma novidade que os afetos podem ser manipulados e dependem da linguagem para ser transformados, mas a consciência de que isso cria e define novos sujeitos sim. A partir desse momento, o que passamos a chamar de *amor* torna-se indissociável da maneira como falamos sobre ele.

Na Antiguidade os afetos eram formações necessárias, como que "coladas" aos tipos sociais. Na Modernidade, o amor torna-se um paradigma por ser um sentimento de estrutura contingente, ou seja, tem uma estrutura de ficção capaz de, retrospectivamente, criar uma necessidade para todos os pequenos eventos e escolhas, como que a transformar o que parecia ser fruto do acaso, como uma necessidade causada pelo amor. Assim também o amor é capaz de organizar o futuro, criado a partir de cada ponto da narrativa, ainda que esse ponto seja apenas uma ilusão. Isso explica porque a experiência do amor e a expansão do presente são correlativos, como um misterioso acontecimento que transforma passado e futuro, bem com a relação entre passado e futuro como modelo para a compreensão da historicidade como contingência.

Os primeiros romances, como *A princesa de Clèves, As ligações perigosas* e *Os sofrimentos do jovem Werther,* se estruturam entre a improbabilidade e a impossibilidade do amor. Com o avanço da modernidade e a emergência do romance realista ou naturalista, de Balzac, Flaubert e Jane Austen, o amor passa a ser um motivo entre outros, no conflito dos interesses humanos. Finalmente, em antirromances, como o surrealista *Nadja,* modernistas como *As horas* ou as mais recentes experiências distópicas, como *Neuromancer,* o amor é abordado a partir de suas regras de decomposição. Saímos assim da utopia para a distopia, para chegarmos na contemporânea atopia do amor, ou seja, uma espécie de falta de lugar para o amor.

É a partir da alta modernidade, particularmente depois do século XVIII, que olhamos para as paixões e começamos a dividi-las entre paixões infantis e paixões adultas, entre civilizadas e selvagens, entre loucas e sóbrias. Sugere-se, dessa maneira, que a paixão adulta envolve certo domínio dos riscos, certo conhecimento de que a paixão é uma paixão. Já a paixão infantil compreende ingenuidade, regressão cognitiva, demissão do pensar própria da lógica dos inícios. Por isso Freud aproximava a mentalidade de crianças, loucos e selvagens: eles estariam mais próximos dos nossos "começos civilizacionais".

A oposição entre amores adultos e infantis é atravessada por outra oposição entre amores pacíficos e amores loucos. As paixões transgressivas, criminosas e insurrecionais estariam associadas com a lógica das dissoluções, seja da lei, da naturalidade do corpo ou da unidade da comunidade. Figuras clássicas da psicopatologia, várias delas esquecidas, vieram da literatura dos amores loucos: o sadismo, de Sade e *A filosofia na alcova*, o masoquismo de Leopold Sacher-Masoch e *A Vênus das peles*.

Os Lunáticos e Uranistas procedem da ligação narrativa da loucura e da homossexualidade com a suposta vida dos planetas. Sem falar dos Narcisistas e dos amores loucos de Zeus e suas metamorfoses, para atrair ninfas e humanos, na mitologia grega. Desses amores dizemos que são "o fim da picada", o "fim do mundo", o fim de nossas formas de vida como nós as conhecemos. *A mão e a luva*, de Machado de Assis, é um exemplo dos amores equilibrados, ao passo que Diadorim e Riobaldo, em *Grande sertão veredas*, é um caso do segundo tipo. A paixão começa a terminar quando o sujeito renuncia ou meramente se decepciona com esse estado de comunhão telepática, com esse *páthos* a distância.

Antes de recriminar os efeitos insidiosos do excesso de romance em nossa cabeça, é preciso lembrar que, na narrativa em estrutura de romance, o amor não dá certo. Basta pensar na história de *Madame Bovary*, o romance dos romances, publicado por Gustave Flaubert em 1856. Ela sofre porque quer viver uma outra vida. Essa forma de sofrimento, de loucura, foi chamada tecnicamente pelos psiquiatras do século XIX de *bovarismo*. Madame Bovary queria viver um amor maior, que lhe foi ensinado e prometido pelos romances; um amor menos medíocre, que estaria à altura de quem ela acha que verdadeiramente é.

O jovem Werther se suicida diante de sua amada, para afirmar seu grande amor, apesar da impossibilidade de tê-la, do desencontro com ela. Vemos, assim, como surge a ideia de que amor é um valor tão importante que sem ele a vida merece ser renunciada – gesto máximo de derrota, mas também ato supremo de emancipação. Ele nega e perde sua corporeidade, encontrando o grau máximo da alienação.

O ROMANCE

O que acontece depois que o amor acontece? O que acontece depois que duas pessoas se encontram? O que acontece depois do depois? Esse é o motor causal da narrativa romântica. Não se trata apenas de começos, obstáculos e impossibilidades, ou destinos mal cumpridos, mas também das razões do fracasso. Uma das causas favoritas em jogo nos romances é que o amor pode depender e moldar nossas relações, nosso reconhecimento, e também pode estar anelado a estratégias e artimanhas do falso reconhecimento. Anna Karenina casa-se com o conde Vronsky, mas nunca é propriamente reconhecida como sua esposa. Bentinho, sempre perseguindo Capitu, que a quer como propriedade e exclusividade de uso, também termina mal, na pior forma de engano: aquele que "talvez" tenha se enganado.

No romantismo de primeira geração, nem tudo termina bem, ainda que muitos sejam felizes para sempre. Na primeira fase, o tema é a morte; depois, vêm as decepções com nossas ilusões enganadoras; e, finalmente, o mundo como ele é, e o exílio cada vez maior das pessoas em relação a ele. Vemos, portanto, que o amor acaba se localizando tanto como causa quanto como antídoto universal do sofrimento.

Essa premissa, além de não ser falsa, se torna ideológica quando o único sentido da vida é o amor. O único sentido da vida é que ela se conclua em seus próprios termos, que seja atravessada em suas próprias condições. No entanto, lá vem o amor dizer que uma vida de verdade inclui as condições do outro, os amores do outro, os termos do outro. Devemos imaginar então que o amor é um estado de felicidade constante e permanente, uma garantia de segurança contra o desamparo.

Isso não está em *A moreninha*, de Joaquim Manuel de Macedo; nem em *A mão e a luva*, de Machado de Assis; muito menos em *Memórias de um sargento de milícias*, de Manuel Antônio de Almeida. O que o outro quer de mim, mais além do que ele demanda que eu faça ou que eu seja? O que eu tenho que ser para que isso não acabe?

A resposta será sempre provisória e precária, não obstante as tentativas, voltas e inversões levarem à ideia de um amor verdadeiro. Não que seja verdadeiro porque o sentimento é mais puro, menos misturado com interesses do Eu ou com a extração de gozo. Ele quer a minha "criança". Por isso muitos, quando se apaixonam, começam a falar de maneira infantilizada. Porque é a resposta para aquele momento que, de certa maneira, tem como adversária a consciência de si mesmo. Quem se apaixona uma, duas, três vezes sabe da textura da ilusão que está vivendo e enfrentando.

Por isso, são necessários cada vez mais efeitos de realidade para se sustentar na cena. O que acontece na metapsicologia ou no funcionamento do Eu diante da experiência da paixão, descrito por Freud, em vários momentos, e por muitos psicanalistas posteriormente como uma experiência que retoma uma alienação formativa. Como já vimos, nós adquirimos o Eu.

Segundo Lacan, entre 6 e 18 meses de idade, a criança começa a sofrer uma alteração na sua relação com a imagem. Isso foi descrito muito bem pelo psicólogo Henri Wallon, que chegou à conclusão de que, em um primeiro momento, a criança reage à imagem de si no espelho como um animal doméstico reagiria, por exemplo. E, ao olhar para a própria mão, ela parece fascinada com o fato de que aquela mão é dela, mas *não é dela*. É um *outro*, mas também é ela. Esse é o primeiro momento da relação com a imagem; há uma alienação, um desconhecimento (uma tradução possível para alienação). Um não reconhecimento da imagem que estamos produzindo e, assim, reconhecendo um outro. Trata-se de um conceito mais ou menos técnico de alienação.

Ocorre então um segundo tempo na nossa relação genérica e genética com a imagem, que é o *tempo do transitivismo* ou *da indeterminação*. A criança agora desenvolve um interesse maior pelo espelho e observa a imagem, então começa a brincar com ela. Nessa etapa, brinca com uma problemática que reflete uma indeterminação entre quem é o agente e quem é o paciente do ato. Dessa forma, por exemplo, a criança brinca com uma amiga, dá-lhe um empurrão e volta correndo para a mãe contar que foi empurrada. Ela sente o que fez com o outro. O momento é a expressão de uma dúvida sobre a localização do eu na relação. Pode estar ligado à imagem, ao observar o que essa imagem produz ou o

O ROMANCE

corpo que produz a imagem. Vimos essa questão com Narciso e a perda da dimensão tridimensional da imagem, da história daquele corpo, da possibilidade de escutar o outro como diferente. Narciso e sua experiência de escultura e estátua.

O transitivismo, assim, acaba produzindo aquilo que ele mesmo nega, gerando o irreconhecível. É um momento preliminar que vai se resolver no terceiro tempo do estádio do espelho, como diz Lacan, aproveitando-se dos estudos de Wallon, onde a criança finalmente olha para a sua imagem e percebe que não se trata do outro, mas de si mesma – um símbolo de si.

A partir do momento em que há o entendimento de que o outro é esse espelho, e que esse espelho devolve um olhar, e percebe-se a própria imagem invertida, nós nos tornamos alienados ao outro num segundo nível. O outro detém o lugar de onde nós somos nós, manipula. Na culpa, a causa é do outro. Na responsabilidade, é nossa. Também na implicação. E vamos ser agressivos com o outro por causa disso, para voltarmos ao nosso lugar. Vários são os exemplos possíveis de transitivismo, tanto no campo da constituição do sujeito quanto na psicopatologia:

1. Uma governanta que observa uma criança bater em sua coleguinha e depois a acusa de ter sido agredida pela amiga (Wallon).

2. O "chuchar" ou brincar que a criança de peito desenvolve em relação ao seios da mãe, ato pelo qual ela sai da passividade e absorve o leite para a atividade de criar em cima dessa cena um uso alternativo e indeterminado do seio (Freud).

Pensando que isso é experiência formativa do Eu, e que o Eu vai sempre estar sujeito a uma espécie de crise, ele é uma instância instável. No entanto, o Eu, lembremos, é a sede dos afetos, ele é a projeção de uma superfície corporal na qual os afetos são experienciados sempre de forma consciente, ainda que possam aparecer qualitativamente deformados. É possível, dessa forma, contrastar a noção freudiana de Eu como sede dos afetos, da motilidade e das funções corporais, com o sujeito do inconsciente, na sua acepção lacaniana de divisão, crise e negação.

Em tese não há afetos inconscientes, mas pode haver uma zona de sobreposição entre a crise do Eu e o apagamento do sujeito, em que localizamos a angústia. Assim também os afetos podem ser objeto de aceleração ou lentificação, de intensificação e dispersão, de repetição e realimentação, efeitos de afeto que dependem do funcionamento do gozo. É por meio desses efeitos de modulação dos afetos, em emoções e sentimentos que gozamos dos afetos, ou seja, criamos destinos e caminhos pelos quais além da expressão os afetos, contextual específicos, servem aos propósitos de produção adicional de prazer e desprazer.

Quando Lacan afirma que "só o amor permite ao gozo condescender ao desejo",[6] ele está ressaltando o ato pelo qual o amor induz um consentimento subjetivo pelo qual o valor de uso dos afetos é convertido em valor de troca do desejo. Certos ditados populares parecem apontar para a incidência disso nos afetos, por exemplo, "muito riso, pouco juízo", "tristeza de uns, alegria de outros" ou "o ódio costuma mostrar o que o amor oculta". Não seria por outro motivo que os pecados capitais são deduzidos de exagerações ou inibições do amor: avareza, gula, inveja, ira, luxúria, preguiça e soberba. Ceder do gozo não é ceder do prazer ou reduzir a satisfação, mas renunciar ao excesso e espaçar a repetição que o estrutura.

Outra forma pela qual o amor faz o gozo tolerar o desejo é a *sideração*. Diante da paixão voltamos a viver momentos de desamparo, como se o outro fosse o único espaço sideral de acolhimento possível. Momento no qual qualquer gesto de acolhimento de um estranho ou figura próxima torna-se uma salvação e um tratamento para o desamparo (*Hilflosigkeit*). Colhidos em passividade, parado diante do abismo, que está à minha frente, posso articular um pedido, um apelo, uma demanda. Siderar significa ficar parado ou paralisado, mas etimologicamente tem a ver com as estrelas e suas constelações. *Siderium* em latim é uma das imagens mais antigas para figurar o infinito, curiosamente a palavra desejo vem da expressão latina *desiderium – de*, "relativo a" +

O ROMANCE

siderium, sideral, estelar, lugar das estrelas. Esse era o modelo grego do que não tinha limite, do que não podia ser medido. Tudo passa, como se diante do abismo à minha frente surgisse o céu em sua imensidão e distância igualmente incomensurável para tratar a angústia. Por isso, até hoje os psicanalistas dizem que o melhor tratamento para a angústia ocorre quando conseguimos reconhecer o desejo ao qual ela se prende.

Passar pela sideração e ao mesmo tempo aproximar as estrelas da terra. O desejo não é observá-las de longe, é o trabalho de trazê-las para o chão. O trabalho, portanto, é a nossa chave de realização da paixão. Há pessoas que desenvolvem uma estratégia para lidar com isso. Sabendo que a paixão diminui ou acaba quando a vivemos, quando há o *desiderium*, criam-se paixões que não vão poder ser submetidas à prova da realidade, que, portanto, vão me permitir gozar indefinidamente com aquilo que poderia ter sido.

Falamos sobre o encontro passado do amor, esses dois polos, do necessário e do impossível. Percebe-se que existe outra gramática atravessando o amor, a da contingência e da possibilidade. Diante das estrelas, da paixão, tudo é possível e sem limite, mas, diante desse infinito de possibilidades, só algumas delas efetivamente vão existir, representando os casos de contingência que define o percurso do amor.

Essa "patologia contemporânea" – no sentido leve – é explorada pelo psicanalista inglês Darian Leader em *Por que as mulheres escrevem mais cartas do que enviam?*[7] Cartas de amor são ao mesmo tempo uma mensagem e um objeto, uma testemunha que fixa a transitoriedade do afeto de modo universal. Pilhas de cartas de amor que nunca foram enviadas, e, consequentemente, nunca respondidas são um repositório de amores possíveis; um arquivo de sideração, de jornadas, histórias e até saudades de coisas que nunca aconteceram, mas que poderiam ter acontecido. Por isso são mais bem guardadas, com carinho, admiração e respeito. É como são guardadas as paixões que terminam mal, aquelas que nos arrastam para a lama, fazendo miséria de nós. A estratégia da carta não enviada é um meio de lidar com a experiência do apaixonamento, criando certo controle, certa capacidade de deliberação.

O exato contrário da carta de amor são os pequenos signos destrutivos do amor. Por exemplo, no filme *Força maior* (Ruben Östlund, 2014), uma família é surpreendida por uma avalanche durante um almoço. O pai levanta-se, pega o celular e sai correndo, ao passo que a mãe abraça as crianças em sinal de proteção. É um pequeno erro, talvez atribuível à falta momentânea de atenção, mas é ele que metaforiza e atualiza o estatuto do amor entre eles, corroendo a suposição de simetria e reciprocidade que vigorava até então. É como aquele pretendente que no primeiro encontro na casa da amada verte uma porção gigantesca de comida em seu próprio prato, deixando um montante irrisório para todos os outros. Um erro que denuncia, sem volta, do que se trata naquele amor.

A paixão, na sua face de amor, tem uma dimensão política problemática, estudada por Freud no seu texto de 1927, *Psicologia das massas e análise do Eu*.[8] Ele mostra como existem formas de apaixonamento artificial, que acontecem em grupos artificiais, como a Igreja e o Exército, ou nas massas diante de um líder. Um líder pode se colocar, então, como manipulador de paixões infantis. Muitos ditadores se apresentam como o pai do povo, como que a dizer: "Eu sou seu pai protetor, lá fora só existem inimigos, nós temos de nos reunir como uma família, nós temos de obedecer e deixar a sexualidade de lado", ou seja, um tipo de retórica que produz massas artificiais, que são massas de apaixonados. Massas de fãs, massas de torcedores de futebol, são processos que exploram o apaixonamento. Comparando o apaixonamento individual, aquele em que falamos de um amor, podemos dizer que é uma forma de amor ao seu líder político, ao seu time de futebol, ao seu astro de rock. Um líder é um objeto real que colocamos no lugar do nosso "Ideal de eu".

Não deveríamos reduzir o amor à dimensão interpessoal de duas pessoas. Aliás, há amores que são mais coletivos, mais horizontais, que intercalam diferentes tipos e qualidades de amor. Isso é muito importante para enriquecê-lo. A paixão é uma forma preliminar de amor, muito intensa, que produz efeitos semelhantes àqueles que ocorrem em função da massa. Se o amor é um fenômeno contagioso, como uma do-

O ROMANCE

ença, é porque é o mais transitivo dos sentimentos. Se amamos alguém, também amamos a todos e a tudo que o outro ama. Por isso há casais que prosperam pela sua aclimatação em um grupo, seja de amigos, de uma empresa ou da família. Sua fragilidade remonta também ao fato de que, quando esse coletivo se dissolve, o pequeno grupo tende a se dissolver também.

Por um lado, há relações amorosas, principalmente as retintas de paixão no fundo de um amor de grupo, do fascínio por um líder. Por outro lado, há pessoas que parecem desenvolver uma estranha habilidade de transformar a paixão em um tipo dessexualizado de relação ao saber, ou seja, em um amor de transferência, tornando-se uma espécie de psicoterapeuta de seus amantes.

Outros, ainda, mantêm artificialmente estados de paixão crônica impondo distâncias reais no mundo real. Isso aconteceria em torno da paixão pelo estrangeiro viajante, pelo aprisionado, pelo doente terminal, e hoje está disponível em qualquer namoro com suporte on-line envolvendo pessoas que difícil ou raramente se encontrariam de corpo presente. Paixão é uma coisa; amor, outra; e a vida comum, outra ainda. Nesse caso, a idealização tende a resistir mais, e as personalidades evitativas conseguem, assim, contornar o problema real da articulação entre desejo e gozo, como uma espécie de amor "em vez de". Muitas pessoas amam mais o amor do que o próprio amante, apegando-se ao amor como cena e narrativa, como suposição e sentimento, que será logo destruído por qualquer tipo de convivência real, com pessoas reais e seus vícios e defeitos reais. Elas preferem, "em vez do amor real", a verdade de uma narrativa imaginária, talvez com uma pessoa impossível, eventualmente habitante de um país longínquo. O mesmo ocorre diante dos discursos tóxicos: a reação é se afastar, o que não diminui em nada o despejo de discursos tóxicos sobre nossa atmosfera. Descontados os afastamentos estratégicos, os recuos de recomposição e reparação, a evitação pela evitação terminará na lógica de condomínio.[9]

Muitas vezes fazemos escolhas indiretas, quando estamos apaixonados, mas não tão dispostos a colocar aquele amor à prova. Nesse caso, podemos imaginar dois amigos: o amigo A que é consciencioso, prático e sempre delibera segundo o que seria mais lógico fazer em cada situação, e o amigo B que, ao contrário, é um entusiasta das grandes paixões e está sempre disposto a apostar no grande amor impossível.

Suponhamos agora que o amante seja conduzido a um desses pequenos abismos pelos quais o amado nos "deixa no ar", desaparece ou deixa de responder, seja porque está entabulando um *ghosting*, seja porque eventualmente precisa de um tempo de distância, por exemplo, para tomar uma grande decisão, inclusive sobre o progresso da relação. Antecipamos, mais ou menos, o que nosso amigo A vai dizer, assim como temos uma suspeita da atitude do amigo B. Mas naquele dia em particular escolhemos ligar para o amigo B e não para o A, como se para escutar o que queremos ouvir. Esse tipo de "desescutação" costuma desesperar os amigos quando estes acompanham outros sofrendo no interior de romances miseráveis e empobrecedores.

Ele perde a racionalidade, regride cognitivamente, do ponto de vista da lógica de relações e da inteligência relacional. Mesmo que a pessoa seja inteligente, o outro está levando-a para o mau caminho, o que causa sofrimento.

Muitas vezes, tememos um estado de servidão e dominação ao nos apaixonar. Os pais, por exemplo, temem quando seus filhos estão apaixonados; pois sabem que esse outro pode realmente fazer coisas muito ruins abusando de um estado de apaixonamento. Por isso, um critério frequentemente usado por pais para sancionar ou desagravar um romance nascente é olhar para o filho ou filha e interpretar o que este outro está ocasionando. Concórdia, ampliação de laços e expansão de mundos ou fechamento, dominação e cizânia.

As redes sociais trazem fartos exemplos de apaixonamentos que violam a regra genérica da intimidade. Ou seja, em vez de prosperar na conversa lenta que gradualmente se transforma em curiosidade e sedução, as pessoas se apresentam com uma lista de quesitos e predicados a preencher e a serem preenchidos. Ignorância total de que nossos amores passam crucialmente pelos vícios, incongruências e problemas que não

O ROMANCE

conseguimos suportar em nós mesmos, vamos "buscar no mercado" de forma inconsciente. Entreveros, adversidades e conflitos de gosto não são considerados um pretexto para o valor erótico da diferença, e excluímos pretendentes como se estivéssemos em uma entrevista de emprego.

Também podemos perceber como uma parte substantiva do discurso de ódio, que grassa nas redes digitais, se organiza em torno de amores não correspondidos, decepções para promessas nunca feitas e ódios a pessoas-tipo que não são o nosso tipo de pessoas narcisicamente amáveis, como nós. A aceleração na resposta desestimula a dialética entre presença e ausência, dificulta a leitura do desejo para além da demanda e facilmente impede que as diferenças criem transferência ou suposição de saber.

Além disso, os algoritmos perceberam rapidamente como o ódio engaja muito mais e se alastra mais rápido que o amor. Na briga entre gatinhos fofinhos e o ódio ao que vamos cancelar porque ele nos traiu em seu pequeno defeito revelador, ficamos sempre com o gozo propiciado pelo segundo. Isso vale como uma espécie de regra geral: no confronto direto entre gozo e amor, quase sempre o primeiro ganha.

Um bom exemplo digital disso é a compulsão a opinar e avaliar, suscitada pelo espaço digital. Diante de um meme ou de uma declaração provocativa, cinco ou dez podem meramente curtir, mas, à medida que as curtidas aumentam, posicionar-se como "mais um" confirma meu próprio sentimento de irrelevância e indiferença. Isso me leva a aumentar o volume, como que a pleitear que a verdade ali pronunciada é mais minha do que dessas outras reles pessoas. Recursivamente, isso fará o próximo responder três oitavas acima porque percebeu que o outro está apenas demandando um *backing* vocal para si mesmo. Humores variam, disposições se alteram, depressões e manias se alternam como é certo que alguns dias faz sol, mas em outros chove. Há amores que precisam tocar samba num dia, rock no outro e funk depois disso. Outros nos quais é quase sempre rock, mas tem a vez do progressivo e a hora do *heavy metal*.

Assim, você acaba em uma conversa narcísica, em que um começa a responder o que o outro quer ouvir e não o que você está sentindo. Dali a pouco o amor morre por falta de diferença, com dois personagens perfeitos e imaginários casados para sempre, mas que não representam, em nada, cada um dos participantes, mas, sim, o que eles acham sobre o que o outro quer e gosta. Se você nunca se interessa em ser amado como o outro te ama, em vez de como gostaria que você se amasse.

Quando adicionamos outros instrumentos, inclusive substâncias que produzem experiências de intimidade muito rápido, muito intensas, isso gera efeitos. Voltamos a Aristóteles – não recusar, mas entender que você está se arriscando. Se não está disposto a pagar um montante de afeto, de dor, de angústia, de incerteza, é melhor ser leal com a experiência. Estar implicado é reduzir, ou seja, dizer que não está tão a fim. Muitas vezes esse "engasgo" é um tempo para trocar de marcha, ou seja, precisamos de um tempo para sentir quanta falta o outro nos faz, quanto e que tipo de falta esse outro nos causa. Precisamos de um tempo para o amor se intercalar com o desejo. Uma marca típica dessa troca de marcha arranhando o câmbio é quando precisamos inventar ciúmes para medir a falta que fazemos ao outro. Ou seja, em vez de sentir a falta em si ou escutá-la no outro, chamamos um terceiro para comparar e dizer quem ganhou a corrida.

Jan Steen, um pintor holandês do século XVII, pintou uma série muito interessante de telas chamada *A doença do amor*. Nelas há sempre uma jovem examinada por um médico, sofrendo de amor. Mas o mais interessante é que, olhando de perto, percebe-se que a "paciente" está em luta com seus afetos, entre a raiva e a tristeza, entre o medo e a surpresa. Assim, quando perdemos alguém, durante o processo de luto, surge uma oscilação entre momentos nos quais sentimos culpa por não ter amado suficientemente o outro, definindo os motivos pelos quais esse amor nos deixou; e momentos de raiva, porque essa pessoa nos deixou. Sentimos tudo isso, apesar de termos consciência de que os verdadeiros motivos da morte não têm nada a ver com quem ama mais ou menos, ou com quem vai sentir mais falta de quem.

O ROMANCE

Nossas paixões também são determinadas pelas nossas histórias de encontros e apaixonamentos preliminares, anteriores e passados. Mas, mesmo que saibamos disso quando nos apaixonamos novamente, ressuscitamos todos os "falecidos amores" do passado. Isso ajuda a entender a inconstância e a reatividade dos apaixonados. É como se a cada vez o novo ator tivesse de resolver as pendências dos *scripts* anteriores, que ele, ademais, não conhece e fatalmente vai misturar com suas próprias pendências fantasmáticas. Uma paixão é a intensificação artificial de idealizações e das nossas identificações – aquele espaço reduzido de tempo, em que eu completo o outro, o outro me completa, e nós dois somos suficientes para fazer uma vida e um mundo. É algo muito agradável, desde que permaneça num determinado escopo de realização da própria ilusão que isso representa.

O mundo sem ilusões, ou uma vida sem ilusões, diz Freud, em *O futuro de uma ilusão*, seria uma vida muito pobre, muito sofrida e talvez insuportável. Nossas ilusões não só nos atrapalham, elas nos desencaminham; são também formas brandas de tatear sonhos contra a realidade, de sentir a espessura e a textura de nossos sonhos diante da realidade. Isso é importante porque, nesse espaço, vamos formando o que seria uma realização de uma paixão. Essa realização não é a continuidade de uma paixão, perene e indefinida; é mais ou menos como se a paixão fosse o riscar de um fósforo, em que parece viver toda a vida de uma vez.

O "primeiro capítulo" desse processo é o apaixonamento. Se assim optarmos, isso constitui uma forma de vida, uma forma ética como outras – aquela que vai se consumir na paixão. No entanto, o mais frequente é que as pessoas realizem suas paixões negando e conservando-as na forma do amor. Muitos vão ter que viver o luto da paixão para poder amar aquela pessoa. Outros passarão a vida ressentidos por essa troca de personagem. A paixão faz parte de um "primeiro capítulo" da relação amorosa, que é a escolha mútua. Quando há um encontro, um encontro verdadeiro, começa aí um processo de escolha.

O "segundo capítulo" acontece quando não estamos mais, digamos, "totalmente" apaixonados. Temos uma certa medida de quem é o outro por trás da máscara. Nossos esforços iniciais para apresentar nossa melhor imagem, a partir do ângulo sobre o qual imaginamos que a outra pessoa espera nos ver, começa então a se desgastar. Cansamos de viver aquele personagem que muitas vezes foi criado por nós mesmos, apenas para impressionar o amado ou a amada.

Nesse momento começam a acontecer duas coisas interessantes: brigas e intimidade. As diferenças que fazem diferença para cada qual começam a emergir e é esperado que isso aconteça, pois queremos que o outro nos ame pelo que somos, não pelo personagem que tendemos a representar para conquistar o outro. De acordo com um antigo desenho animado, o efeito Scooby-Doo que recai sobre os enamorados é semelhante à descoberta que a turma do cachorro Scooby invariavelmente fazia com que o benfeitor que precisava de auxílio, seja ele o gerente do zoológico, o chefe do museu ou o dono da empresa, era ele também o vilão disfarçado de algum mostro sobrenatural. Por isso, os episódios terminavam sempre com a retirada da máscara do monstro ou fantasma, mostrando que por trás dele havia apenas uma pessoa e seus interesses. Ou seja, quando a máscara da idealização cai, essa é a hora em que a paixão começa a se transformar em amor.

O "terceiro capítulo" encerra o problema da escolha. Estes dois tempos são importantes: o tempo da paixão e o tempo da queda da paixão; a máscara e a queda da máscara. Eles repetem nossa experiência básica do amor infantil: pais heróis dos céus olímpicos, depois pais decepcionantemente humanos. Agora descobrimos que esse esforço para ser outro que não nós mesmos, inicialmente baseado no desejo de impressionar o outro, traz benefícios interessantes para nós e para a jornada do amor que pode se apresentar à nossa frente.

Quando se fala em poliamor ou em formas não monogâmicas de relacionamento, questiona-se que o contrato monogâmico, envolvendo exclusividade, posse e dominação. Freud chamou esse contrato de dupla moral, ou seja, algo que incide de maneira diferente para homens e mulheres. Mas no fundo a forma monogâmica vem com a distribuição ou partilha compulsória de afetos: como os familiares, o cuidado da *storge*;

O ROMANCE   131

com os amantes, a lascívia de *eros*; com os deuses, ainda que sejam os deuses fetichistas, o compartilhamento de *ágape*; e com os amigos, a diferença entre iguais da *filia*. Ou seja, o poliamor é no fundo uma crítica das formas parasitárias do amor. O amor concentracionário em uma única pessoa, o amor usado para justificar a divisão social do trabalho não equitativa, o amor usado para explorar afetivamente o outro, o amor como uma signo de valor das pessoas no mercado do reconhecimento.

Por isso se diz, entre os clínicos, que ninguém conhece a outra pessoa de verdade até brigar com ela e depois reconstruir o laço. Só depois disso uma escolha pode ser considerada responsável; só depois disso a intimidade pode virar comunalidade. Neste capítulo, demos uma primeira volta completa no circuito dos afetos e por isso surgem marcos espontâneos que marcam um novo início.

5
A psicanálise da vida amorosa

A porta de entrada para a psicanálise da vida amorosa é um texto de Freud, "Delírios e sonhos na *Gradiva* de Jensen", de 1907, baseado no livro *Gradiva: uma fantasia pompeiana*, de Wilhelm Jensen.

Depois de ler a novela, Freud procurou Jensen e tentou descobrir como conseguiu intuir tantas coisas sobre a vida psíquica das pessoas enamoradas. Ele queria saber como os personagens se ligavam com a vida de seu autor. Jensen respondeu que aquilo era só uma história, que não tem serventia a não ser como uma boa história. Mais ou menos como Matisse dizia: "Pinto quadros, não pinto mulheres." Freud percebeu que uma boa história fala da vida de todos nós, mesmo que nós não nos reconheçamos exatamente nos dois personagens da obra de Jensen, Norbert Hanold e Zoe Bertgang.

Norbert é um típico personagem masculino do século XIX. Absolutamente dedicado ao seu trabalho como arqueólogo, passa dias e noites lendo textos sobre Roma e a Grécia Antiga, anulando totalmente sua vida amorosa. Nenhum interesse, nenhuma alusão, nenhuma abertura para isso. De fato, esse tem sido um ponto de grande preocupação em algumas culturas, como a japonesa, em que os jovens cada vez transam menos, cada vez se casam menos, cada vez se interessam menos pela experiência amorosa. Porque muitos dizem, e também nos Estados Unidos, que se envolver com alguém dá muito trabalho, tira energia psíquica preciosa, "atencional", de que às vezes precisamos. Já acompanhei a dinâmica de vários casais; por exemplo, um decide fazer um concurso, e o namoro vai a pique, por conta da disciplina de estudos, dedicação, foco. Brigas, alterações de humor, ressentimentos, reconciliações, decepções, mas também grandes alegrias, festas de parentes, coisas que se tornam mais ou menos obrigatórias na vida de um casal, acabam ficando de lado. Isso tudo vai ocupando, para algumas pessoas, o precioso espaço da produção.

Não é de espantar que existam cada vez mais pessoas como Norbert Hanold, que depois de uma ou outra experiência seminal com o amor deixam o assunto para lá. Uma hora a gente resolve, uma hora a gente vê isso. Trabalha que passa. Trabalha que em algum momento futuro você poderá ajustar as contas com seu desejo. Para as mulheres, isso às vezes acaba gerando preocupações com a maternidade; de repente, as badaladas do relógio biológico soam e a pessoa, que àquela altura já tinha renunciado ao amor, a ter uma vida compartilhada com o outro, se dá conta de que estava renunciando também à maternidade. Mas isso também gera uma pressão, a *pressão da lei*. Você chega àquela idade em que precisa encontrar alguém para se casar e ter uma família

Na época de Freud, o casamenteiro era uma figura muito interessante, muito popular na comunidade judaica. Era a pessoa que arranjava os casamentos, punha as pessoas em contato, dizia quem ficava com quem – e nem sempre por uma questão de dote, de quem vai sair ganhando. Em Israel, é possível ver em hotéis de Tel Aviv várias mesas com judeus ortodoxos, aos sábados, à procura de pretendentes, uma prática regular. Em cidades do interior, essa "procura" é mais fácil. As pessoas dão suas voltinhas em torno do coreto como uma maneira de se anunciar. Entretanto, uma vida muito fechada em torno do trabalho vai comprimindo as escolhas, que acabam se restringindo, por conta da baixa "oferta" ou às redes sociais, por exemplo, onde há todo um trabalho adicional para enfrentar e descobrir um amor para si, alguém para compartilhar essa experiência.

Mas, diferente dos dias atuais, Norbert Hanold, em 1907, está sentado num banco em um dia ensolarado em Florença, quando vê à sua frente uma mulher passando. Ele pensa, surpreso, que nunca tinha olhado para uma mulher daquele jeito. A começar pelo fato de que ela se vestia de

A PSICANÁLISE DA VIDA AMOROSA

um jeito diferente; usava uma sandália diferente, como uma personagem romana. Uma mulher do século VII.

Gradiva anda de uma maneira específica, mostrando a sola do pé, e avança de forma muito decidida – parece, nesse caso, saída de outra época, de outro mundo, do Império Romano. Isso tudo causa o efeito de apaixonamento, de abismo, como vimos anteriormente. O pobre Norbert Hanold, paralisado, angustiado, nada consegue dizer, apenas observa a mulher se afastar. Como pode uma pessoa assim, em Florença, vestida daquele jeito? Ele então escava suas anotações e descobre que há um afresco perfeitamente idêntico à imagem da mulher que tinha visto – um afresco de *Gradiva*.

Gradiva é o nome de uma mulher romana que viveu na época da erupção do Vesúvio, em 70 d.C., e que andava justamente mostrando a sola do pé, com aquela sandália, com aquele vestido. O amor tem uma estrutura de repetição e envolve reencontro em certos traços. Esses traços são marcadores do desejo – mais precisamente, são significantes que apontam para o desejo daquele sujeito. Já estão dados, no meio dessa experiência de apaixonamento, elementos que interrogam o sujeito.

Então, o que faz com que nos encantemos dessa maneira com determinada pessoa? Somos tomados pelo quê? Amor? Não ainda. Mas certamente uma pausa no gozo arqueológico com os afrescos, estátuas e imagens de pessoas mortas há séculos. O desejo reaparece em Norbert, sem que ele saiba por quem. Por isso boa parte da novela é organizada em torno dos sonhos que ele tem enquanto vive a dúvida sobre a existência real ou passada de Gradiva.

Uma característica fundamental, diferentemente do amor, é que o desejo introduz uma ausência, uma desaparição, que é exatamente o que acontece quando Norbert, tomado pelo abismo, desamparado, observa Gradiva se afastar. É nesse momento que, ao interpretar sua própria reação, ainda que não se dê conta, ele está tomado pela questão do desejo.

Portanto, o desejo não é positivamente determinado por objetos, mas pela falta – e também pelo objeto que, eventualmente, representa essa falta. O desejo se degrada em demanda, que é sempre composta de um signo de amor. Por isso podemos dizer que não é só que o amor faz o gozo condescender ao desejo, mas também que o amor faz o desejo se verter em demanda. Por exemplo: o presente que damos para a pessoa amada; a troca de olhares entre os enamorados; aquele laço de fita que, para a tradição romana, representava o interesse de um pelo outro. Todos são signos de amor. Mas podemos nos fixar em receber tais signos e multiplicar sua importância, de tal maneira que o amor se torna uma demanda infinita por provas, escolhas, sacrifícios, nos quais o desejo se perde e o narcisismo se afirma.

O signo é uma representação que pode ocorrer por primariedade, como no caso dos ícones com a fotografia de alguém, que é uma reprodução direta e imediata. A imagem de uma pessoa é um signo primário dela mesma. Um signo pode incidir por secundidade, quando a representação é indireta, por exemplo, os charutos eram um signo que representava Freud, ou por terceridade, quando remete ao símbolo.

Um signo é composto de um significante, ou seja, uma imagem acústica ou sonora e um significado ou conceito. O que acontece no desejo é o surgimento de um significante sem significado, exatamente como ocorre em *Gradiva: uma fantasia pompeiana*.

Encontrar Gradiva, pelo ponto de vista de Norbert, foi como se deparar com algo estrangeiro, isto é, com o outro. Vamos lembrar que amar o outro passa por usá-lo para amar a si mesmo e usar a si mesmo para amar o outro. Esse outro que apareceu para Norbert não é redutível ao "si mesmo". É um *outro*. É uma mulher-acontecimento, mulher-epifania, com a qual ele vai esbarrar como se fosse a primeira vez. Em certo sentido todo amor é uma repetição dos nossos primeiros amores não porque eles sejam reedições de nossos pais e cuidadores, mas porque é próprio do amor simbolizar e reeditar a própria experiência de novidade. Um grande amor é como um evento à procura de um nome, de um sentido, de uma resposta, que uma vez dada é a verdadeira "realização desse amor".

O desejo, na sua definição freudiana, é um esforço de retorno a traços mnêmicos – significante, seja de repetição ou de percepção. Ou seja, o desejo é querer algo novamente, mas não saber o que é esse algo. E, nesse trabalho de elucidar o que é saber, o desejo vai se compondo, se articulando com a demanda e com o amor. Nesse percurso, o sujeito

A PSICANÁLISE DA VIDA AMOROSA

começa a se deparar com a *lei interna reguladora do seu desejo*. A constituição de um país, por exemplo, é sua lei maior. Cada um de nós tem uma *constituição interna*, uma lei maior do seu desejo, sua *fantasia*, que é sempre inconsciente. Ela tem relação com os devaneios criados por nós. O que desejamos em nosso devaneio já é mais difícil de saber. Mas qual é a fantasia que articulamos nesse devaneio? Mais difícil ainda.

Norbert Hanold estava sentado em seu banco e aparece algo que toma lugar na sua fantasia, que tem sempre o mesmo efeito em nós: nos questionar o que queremos, afinal. "O que você quer?" Essa é uma pergunta resolvida intersubjetivamente. Isso só acontece quando nós estamos numa das faces do desejo. Quando se ama, o querer de um depende absolutamente do querer do outro. Se o outro quiser que queiramos, talvez isso aconteça, talvez não. Eis o gozo, na forma da "birra". "Posso não fazer o que quero, mas me satisfaço mais ainda vendo o outro insatisfeito e privado de seu prazer simplesmente pelo meu querer." Ou seja, chegamos numa outra versão da loucura humana; de por que o amor é tão temido e perigoso; por que, dentro dele, ou junto a ele, "ganhamos" o desejo, que sempre é o desejo do desejo do outro. Ou seja, quando dizemos que o desejo do amante é se tornar amado e que o desejo do amado é se tornar amante, isso indica que o que desejamos no outro não são seus traços empíricos, que podemos extrair e eventualmente possuir, mas é o que lhe falta, ou seja, razão e causa desse desejo.

Assim, queremos possuir, cernir, às vezes encaixotar e levar para casa o desejo do outro. O que Norbert Hanold quer, portanto, depende absolutamente do objetivo de Gradiva ao passar por ele numa rua de Nápoles. E ele nada sabe, porque ela simplesmente passou. Isso faz com que ela, assim, responda a partir da sua própria fantasia.

Isso é muito comum e muito perigoso nos processos de apaixonamento e de invocação do desejo. Queremos nos interessar por alguém, conhecemos esse alguém, e começamos a responder o que imaginamos que esse alguém quer de nós. Quando nos fixamos nisso, ficamos cegos, surdos, mudos, para saber o que querem de nós. Estamos escutando a fantasia que mobilizamos para "vestir" esse outro, porque esse outro parecia muito indeterminado.

A ARTE DE AMAR

Norbert começa a estudar a origem da Gradiva, para tentar descobrir quantas dela existem. É um tipo de mulher, com um tipo de andar, de vestimenta; remete ao Império Romano, mas ela vem de antes, dos etruscos, talvez. Ele então se lança numa investigação sobre Gradiva, que acontece quando cruzamos com alguém que consideramos interessante.

Temos, então, dois processos em séries paralelas: *identificação* e *escolha de objeto*. Quando pende para a identificação, o amor tende a circular no eixo do ser, ou seja, da dependência e da independência; quando pende para a escolha de objeto, remete ao ter ou não ter, ou seja, da autonomia, e quando se refere ao desejo, a alienação ou separação entre ser e ter.

Temos, dessa maneira, os mesmos gostos, gostamos dos mesmos restaurantes, da mesma música, dos mesmos shows – e quanto mais inusitados e estranhos forem os gostos, mais obviamente nos amamos. Temos um pacto de absoluta intimidade, porque só nós e o outro temos uma conversa que ninguém percebe, mas que já está lá, porque sempre esteve. A lógica da identificação é excludente.

Norbert está apaixonado por um personagem histórico, mas da *sua* história. Isso tem a ver com esse passo da paixão-amor, da paixão arrebatadora, um tema retratado por Marguerite Duras em *O arrebatamento de Lol V. Stein*. Quando estamos na transição da paixão para o amor, pode acontecer uma mistura de rapto, deleite e devastação. O outro nos raptou, agora pertencemos a ele. Finalmente, temos um lugar no universo do outro. Mas então somos um objeto caído do Outro, sofremos não com a falta-em-ser, mas com um *excesso ontológico* de ser. Nesse ponto, há e não há dialética.

Essa investigação arqueológica está na zona de transição entre o desejo e o amor. A partir dela, vai-se criando pontos de identificação e signos de amor, mas também aprofundamos nosso entranhamento desejante com o outro. Se tudo dá certo, vamos nos dando conta de nossas ridículas razões para demandar o outro. Muitos casais desenvolvem teorias, às vezes delirantes, de ciúmes sobre o parceiro, como forma de se criar um lugar na sua própria fantasia.

No filme *True lies* (1994), de James Cameron, Arnold Schwarzenegger é um pacato vendedor de seguros que leva ao desespero sua esposa Jamie Lee Curtis, que sonha com uma vida de aventuras. Mas, na verdade, o

A PSICANÁLISE DA VIDA AMOROSA

personagem de Arnold usa sua vida monótona como disfarce para seu trabalho de espião, ao qual ela só poderá ter acesso ao desenvolver um romance com um pilantra que finge ser um espião de verdade. Ou seja, ela precisava criar um estranho em sua cama para viver uma vida que no fundo já estava em curso sem que ela soubesse. Para muitos casais a suposição de que existe algo secreto, como um quarto onde nunca podemos entrar, é a chave para poder ampliar a sua fantasia e assim conseguir continuar a amar aquela figura, que, como todas, tende a se esmorecer com o tempo.

Isso deveria provocar, então, uma aproximação, um movimento do desejo, um gesto, e não só de identificação. É o balanço do processo de sedução, às vezes, infelizmente, marcado por afetos como, exclusivamente, os ciúmes. Há alguns que precisam sentir que estão perdendo – e às vezes saber dolorosamente que a perda é real – para se dar conta do próprio desejo e se mover em relação a ele. O problema é que isso vai gerar pessoas que precisam do ciúme, precisam de terceiros, para poder se aprofundar, para chegar perto dessa formulação tão difícil – para alguns, impossível – que é dizer "eu te amo". Quando dizemos isso, é um acontecimento. A partir dessa afirmação, a realidade já não é mais a mesma. As pessoas envolvidas não são mais as mesmas. Mesmo se há recusa, independentemente do que acontece, uma vez proferidas essas palavras, as pessoas se transformam. E é isso que nós adoramos no desejo, é esse efeito de transformação.

Girando sobre si mesmo, esse efeito vai acarretar alguém que precisa ouvir sem parar que o outro a ama. É uma patologia do entranhamento entre amor e desejo. A pessoa precisa de mais certificação amorosa. O processo do desejo é muito curioso por ser absolutamente singular, mas simbolizante.

A partir da instauração do amor, tudo aquilo que diz respeito ao outro passa a ser imediatamente interessante, simplesmente porque assim desejamos. Vamos lembrar de certas situações de diálogo imaginário, para ilustrar essa transferência de interesses. Como esse deslocamento, que nos tira de nossa rede anterior de gosto e afinidades, é a própria estrutura do amor como uma viagem:

A ARTE DE AMAR

1. Romances bretões do século XIII, claro, são uma coisa que eu passei a adorar agora (agora que você falou que gosta).

2. Ah, sim, sempre tive vontade de assistir ao show do Beto Carreiro em Santa Catarina, com cavalinho pulando (se eu puder ir com você).

3. *O encouraçado Potemkin*, aquele filme mudo e em preto e branco do Eisenstein, da década de 1920, que está passando naquele centro cultural caído, lá no centro? Claro! Era tudo o que eu queria para meu sábado à tarde (em vez de ter aquela saudade louca de você).

Depois de três ou quatro "mentirinhas" desse tipo, começamos a nos inquietar com a capacidade que o amor tem de deformar nossas opiniões, interesses e gostos. No entanto, ao perverter nossos interesses naturais e estabelecidos, o amor nos tira de nós mesmo, nos tira do que é familiar e nos leva para uma viagem cujo resultado final é incerto e indeterminado. É por isso que existem pessoas que amam mais o amor do que o seu objeto de amor, ou seja, pessoas que são como agentes de turismo, que gostam mais de ver a viagem acontecer, de planejar como ela poderia ser e de lamentar como ela poderia ter sido do que viajar de verdade.

Nossa vida é levada pelo outro para experimentar coisas que, a princípio, não queríamos ou nunca imaginamos que pudéssemos querer. O desejo de um é causa imanente do desejo do outro, desde que haja outro critério, inversão do amante com o amado. Essa é outra regulação da experiência amorosa: sempre, numa relação, há aquele momento em que um ama mais que o outro.

O amor, apesar de fornecer o modelo afetivo para a democracia moderna, é algo sumariamente injusto. Um ama mais; o outro, menos. Um ama mais no começo; o outro, mais no fim. Um está muito interessado; o outro, menos. Comentamos anteriormente que o apóstolo João estabeleceu o vínculo central entre amor e linguagem, por meio do conhecido "no princípio era o verbo, e o verbo era *Deus*" (João, 1:1). Mas ele também vinculou o amor ao conhecimento, ao reconhecimento mútuo e à obediência à lei:

A PSICANÁLISE DA VIDA AMOROSA

1. "Amados, amemos uns aos outros, pois o amor procede de Deus. Aquele que ama é nascido de Deus e conhece a Deus." (João 4:7)

2. "Nós amamos porque ele nos amou primeiro. Se alguém afirmar: 'Eu amo a Deus', mas odiar seu irmão, é mentiroso, pois quem não ama seu irmão, a quem vê, não pode amar a Deus, a quem não vê." (João 4:19-20)

3. "Porque nisto consiste o amor a Deus: em obedecer aos seus mandamentos. E os seus mandamentos não são pesados." (João 5:3)

Lembremos que João escrevia em grego e em sua concepção de amor reencontramos as formas helênicas de amar e ser amado: o reconhecimento (*filia*), o poder criador da linguagem (*eros*), o amor fraterno (*storge*) e o poder dos deuses (*ágape*). O trabalho do desejo a partir disso é fazer com que um esteja menos interessado, que se mostre também como amante, e o outro, como amado.

Muitos grandes amores são interrompidos porque há uma inflexão estrutural. Lembremos que, para Freud, não existe uma única energia psíquica que seria chamada libido. Essa é a energia correlata das pulsões sexuais, que se diferenciam a partir de um estado inicial de autoerotismo. Para Freud, nem tudo é sexual e até certo ponto a formação de sintomas depende mais do conflito entre o sexual e não sexual do que da própria existência da sexualidade. Por volta de 1890, esse elemento não sexual era representado pela angústia. Depois de 1905, passaram a ser as tendências inatas de autoconservação. Em seguida, veio o narcisismo, cuja energia psíquica é o interesse, e não a libido. Finalmente, depois de 1923, o elemento não sexual foi representado por Thánatos, um dos deuses gregos da morte. Para cada uma dessas formas de não sexualidade, Freud tinha uma acepção de amor: (1) o amor erotológico como prática sexual concreta, (2) o amor como cuidado familiar e proteção e nutrição, (3) o amor narcísico entre pares e semelhantes, mediado por ideais e identificações e (4) o amor como princípio geral de união, em oposição à pulsão de morte.

A ARTE DE AMAR

PRIMEIRA FORMA DE AMAR

É mais primitiva e tem por modelo a *relação entre adultos e crianças*. Amamos nossos pequenos pelo que eles são, inclusive por seu desamparo, incoordenação e dependência. E a criança fica ainda mais adorável quanto mais peralta for. Esse é o amor narcísico por extensão, pois se coloca muito próximo de amar a si mesmo a partir de quem foi uma parte de nós. Por isso temos essa forma de amor como padrão-ouro para comparação em termos de incondicionalidade e contingência. O amor de si e o sentimento de segurança ou apego aparentemente dependem desse tipo de amor. Isso combina bem com o amor apaixonado. Basta o seu ser; com o seu ser, o outro se satisfaz.

A criança não é só a extensão narcísica dos pais; ela é também o brinquedo erótico dos adultos. Não no sentido da pedofilia, mas no de que qualquer um se autoriza a brincar com as crianças, a colocá-las como objeto de satisfação, trocando-as, lavando-as, dando de comer e beber e divertindo-se com a diversão delas. Divertindo-se também com o fato de que elas não sabem certas coisas sobre o mundo, como o sexo, a morte e sobre as próprias artificialidades do amor. Quando somos pequenos, é muito importante nos sentirmos amados pelo que somos. Nós somos amados porque nosso lugar em relação ao outro é insubstituível e incomparável.

SEGUNDA FORMA DE AMAR

Diz respeito a amar pelo que se tem ou pelo que se perdeu. Nesse ponto, estamos na relação do amor com o gozo – quem manda mais, quem tem mais razão, quem tem o falo, que funciona como causa do desejo para os participantes. Isso se trata de amor-próprio. Às vezes, queremos juntar a primeira e a segunda formas de amar, o que nos leva a tratar ou querer ser tratado pelo outro como criança. Imaginamos que esse é o caso quando nossa entrega amorosa máxima pode ser condicionada

A PSICANÁLISE DA VIDA AMOROSA

pelo outro dependendo do quanto ele empreita ou terceiriza nossa infantilidade, colocando-se como fonte exclusiva e máxima de amor, o que pode terminar muito mal. A partir de determinado momento, se fizermos por onde, enfim somos amados. Essa forma de amor infantil, mais simples, é importante quando se é criança. Porém, quando crescemos – e voltando à questão da diferença entre paixão infantil e paixão adulta –, vamos nos encaminhando para uma forma de amar que é uma segunda dialética entre amor e desejo: se não houve merecimento, perde-se o amor.

TERCEIRA FORMA DE AMAR

Esta é mais complexa e tardia, em geral mais resistente às intempéries. Nesse caso, amar e ser amado tem a ver com o que fazemos, não apenas em relação ao outro que amamos, mas pelo que fazemos em nossa relação com o próprio desejo: se o levamos a sério, se cuidamos dele, se somos implicados por suas consequências. Por vezes, queremos englobar as duas formas anteriores dentro desta terceira. Achamos que o jogo já está ganho porque não precisamos nos ocupar com os efeitos devastadores que a posse do outro ou do falo causa em quem o possui e se embrutece diante da única escolha possível, que é perder ou abusar. No fundo, esta deveria ser a lei mais geral do amor: ser amado pelo que se faz, não pelo que se é.

QUARTA FORMA DE AMAR

Aqui se trata do amor como algo que se infiltra e se combina com os seus contrários. Amar e ser amado, amar e odiar, amor e indiferença se reúnem em uma oposição de outro tipo entre vida e morte. Desse modo, a maneira como amamos é a maneira como lidamos com a repetição que organiza nossa vida e nossa morte. Aqui entra também o amor como sublimação, como dessexualização da libido, como compulsão de repetição (*Wiederholungszwang*). É também nesse sentido que o amor corresponde ao início radical, como começo de uma nova era.

Voltando a Norbert Hanold, há um momento da narrativa em que ele começa a ter outros encontros misteriosos com a sua Gradiva. Ela passa e para; no outro dia, passa, para e se senta ao lado de Norbert no banco. Eles então entabulam uma conversa um pouco estranha, na qual Gradiva começa a falar coisas sobre o próprio Norbert. Ele não entende como ela pode saber de tantas coisas sobre ele, tantos detalhes sobre a sua vida. Isso tem a ver com o momento da mágica amorosa, em que o outro parece adivinhar nosso desejo, saber coisas a nosso respeito sobre as quais não nos dávamos conta. No fim das contas, ele sabe porque é uma versão de amores passados, no limite mais simples quando nossos pais sabiam quando estávamos com fome, sede, sono, frio etc.

E por que ele a escuta? Porque dizemos indicando nosso desejo, implicando-o. Se o outro tem minimamente uma escuta, algo muito importante para a dialética entre amor e desejo, essa possibilidade de escutar o outro vai além da fantasia, da possibilidade de dizer ao outro *mais além* da fantasia que o outro propõe para si. Esses momentos de desencaixe, de não paridade, são os momentos dialéticos, por excelência, aqueles em que o amante troca de posição com o amado. Neles precisamos aumentar nossas apostas, pois percebemos uma possibilidade de fracasso. Eles imprimem uma pressa resultante da percepção de atraso.

As inversões entre amante e amado vão redundando em um processo de aproximação e redescoberta entre Norbert e Gradiva, mas que já é próprio de um terceiro e até um quarto momento na vida amorosa. Por exemplo: depois de uma gravidez, depois que os filhos crescem, depois que um dos dois morre, depois do divórcio – enfim, o amor depois do primeiro amor.

A história da psicopatologia está cheia de síndromes populares que jamais chegaram aos manuais, mas que, mesmo assim, descrevem perfeitamente certas formas regulares de sofrimento. É o caso da chamada *síndrome do noivo canadense*. Nos Estados Unidos, é muito comum

A PSICANÁLISE DA VIDA AMOROSA

que as adolescentes acampem nas férias, geralmente no Canadá, onde virtualmente conhecem verdadeiros "príncipes canadenses" – aquela experiência fulgurante do desejo de retorno a traços mnêmicos de satisfação. Surge, então, uma primeira experiência amorosa, que parece depender do fato de que precisam deixar os seus amados. Isso permite o início do processo de desejar alguém em ausência, a distância, imaginando futuros garantidos e protegidos contra os efeitos de realização do desejo. É um respiro interessante e formativo. Todo amor precisa desse ponto de recuo, para que o sujeito possa se refazer, e refazer o Outro. É necessário perguntar: quem é aquela pessoa? Quem sou eu para aquela pessoa?

Em casamentos longevos e bem-sucedidos, o que ocorre são, na verdade, vários casamentos: montagens de amor e desejo que se fazem e refazem. Nisso, há, essencialmente, duas formas de amar. Na primeira, o amor se dá em relação ao ser. O sujeito é apaixonado pela existência do Outro. É o amor incondicional, importantíssimo de se ter na infância para que a criança sinta segurança. Mas pode ser perigoso, já que, se o amado faz algo ruim, desrespeitoso, o amor não morre. Na segunda, uma forma mais qualificada, o amor se dá em relação ao que o Outro faz. Precisa cuidar, merecer, se não se perde o amado.

Enquanto estuda a Gradiva do afresco em mármore, Norbert continua tendo outros encontros esporádicos com sua Gradiva de carne e osso. Ao final, contudo, Gradiva se revela de forma extremamente literal. Ela conta que seu verdadeiro nome é Zoe Bertgang e só sabe dos detalhes sórdidos da vida de Norbert porque era sua vizinha de infância, motivo por que ele sempre sentiu que já a havia visto. Os dois estudavam juntos, brincavam juntos no mesmo pátio e se apaixonaram com a paixão doce da juventude. Ela nunca o havia esquecido, e ele também não, mas em seu delírio só conseguia enxergar a mulher do afresco. Envolto no seu mundo do trabalho e da arqueologia, ele reprimia e recalcava seu desejo, que só pôde aparecer deformado "naquela que avança". Zoe significa "vida"; *Bertgang* ou *gang* é "direção". A vida direcionada, a mulher que anda como se soubesse para onde vai. O nome da vizinha, seu primeiro amor, nunca saiu de sua mente. Foi o significante que apareceu no primeiro momento do arrebatamento.

Aquele significante estava retido e representava para ele o seu próprio desejo, seu desejo infantil, esquecido, recalcado, quiçá metaforizado pelo fato de Norbert ser um arqueólogo, e assim o procura no passado, nos desejos que ficaram para trás. Essa é uma parte decisiva e importante para criar os desejos possíveis. Aqueles que dizem que não querem saber de suas paixões passadas estão jogando fora seu patrimônio e suas pistas para descobrir por onde o desejo se coliga com o amor, por onde o amor se coliga com o desejo. Zoe Bertgang é aquela analista que representa um sintoma para Norbert Hanold, que para ele surge como estranho, mas simplesmente porque ela quer saber do seu desejo; ela está deformada, nesses pequenos detalhes, como a sandália que usa, o pé à mostra, a forma como caminha. E então, claro, como num bom romance, Norbert fica eletrizado e dissolve seu delírio, mas num sentido muito freudiano, em que o delírio não é só uma ilusão, é também a maneira pela qual alguém consegue se aproximar da sua verdade. Nesse delírio, ele estava se aproximando de Zoe Bertgang e, ao final, ela desvela o equívoco; e ele fica tomado, se apaixona. Para Norbert, é como se ela sempre tivesse existido na vida dele – o que é verdade e mentira; como se aquele amor fosse uma repetição de um amor eterno que já estava escrito – o que também é verdade e igualmente mentira. É como se aquele amor fosse a "reunião" daquele indivíduo que estava esquecido de si mesmo.

Freud usa o romance de Jensen para falar sobre a busca nas origens do passado pelos desejos que ficaram para trás, parte decisiva para criar os desejos possíveis do futuro. Ignorar as paixões passadas é jogar fora as pistas para descobrir onde o seu desejo se liga ao amor, e onde o seu amor se liga ao desejo. Na história, Zoe é analista e sintoma ao mesmo tempo: é o delírio de Norbert e a cura de seu amor delirante, o amor que ele amava sozinho. Não apenas uma ilusão, o delírio é um meio de aproximar-se da sua realidade. E quando o arqueólogo se apaixona é como se aquele amor sempre estivesse escrito em sua vida (a repetição, a volta), e o amor é a reunião, ou despertar, do indivíduo que estava esquecido de si. No arrebatamento, a neurose de Norbert se transforma profundamente. E vice-versa. O próprio pai da psicanálise denomina esse poderoso competidor para a cura: o amor.

A PSICANÁLISE DA VIDA AMOROSA

E assim termina o romance; assim terminaria também um percurso de cura pelo amor. Em "Delírios e sonhos na *Gradiva* de Jensen", Freud diz que a psicanálise tem um grande competidor; não são as neurociências, nem as medicações, mas, sim, a cura pelo amor. É quando alguém consegue se apaixonar e sua neurose se transforma profundamente. Vê--se, então, como o desejo e a demanda estão em uma relação dialética; o desejo nega o amor, mas depois o absorve e conserva.

Quando exagera na sua conservação, suas oposições constitutivas se degradam – amor e ódio, desejo e demanda, prazer e satisfação – e se repetem, perdendo seu valor de uso e de troca, circulando como gozo. Os dois continuam juntos na medida em que existe algum tensionamento e algum processo de distanciamento e aproximação, de respiro e de reencontro, de presença e de ausência.

Como em toda montagem dialética, é preciso considerar que o essencial está no movimento. Essa dialética entre desejo e demanda – o amor é um tipo especial de demanda – foi pensada por Lacan a partir de um objeto que faz a articulação, o *objet petit a*, que em relação ao desejo atua como causa, ou seja, que em relação ao amor atua com vazio ou *agalma*, e que em relação ao gozo atua como fator de concentração, aceleramento ou intensificação (mais-de-gozar).

Agalma é uma expressão retirada de um dos textos mais importantes sobre o amor no Ocidente, o texto de Platão conhecido como *O banquete* (que examinaremos no próximo capítulo). Vários pensadores se reúnem em torno de uma mesa para falar do amor. Lacan vai buscar em *O banquete* essa ideia da *agalma* como um espaço vazio dentro de estátuas. Como o vazio que foi necessário para que Zoe Bertgang pudesse representar a Gradiva para Norbert Hanold. As estátuas gregas são formadas a partir de uma espécie de "estojo central". Isso combina muito com esse equívoco entre o vazio causado pelo amor, a falta causada pelo desejo e a perda criada pelo gozo.

6
Os discursos do amor

Nove amigos se encontram depois de passar a noite anterior entregues aos excessos e prazeres do vinho e da carne. Em vez de beber novamente, eles decidem conversar sobre a seguinte questão: para que serve o conhecimento sobre o amor? Os discursos que se seguem são o marco fundamental para tudo o que se disse posteriormente sobre o amor.

Fedro, aquele que propôs o tema, oferece uma concepção teológica. Ele diz que o amor é essencialmente uma ficção que apela para um trabalho; a ficção de que podemos imitar os deuses no trabalho de criação. O trabalho do amor é substituir o amante pelo amado. Há entre eles uma relação de metáfora: "Quando te amo, você é metáfora do que eu sou para você e eu sou metáfora do que você é para mim." Para tanto, ele lembra de como as narrativas de amor são histórias de salvação, como Orfeu descendo ao inferno para resgatar Eurídice. Temos aqui a ideia de que as inversões entre amante e amado têm um ponto específico de torção, o sacrifício simbólico.

Pausânias afirma que o amor precisa ser pensado como um valor, pois é um bem precioso e deve ser usado com parcimônia para se tornar ainda mais valioso. Temos aqui o tema da posse do amado, o dever de generosidade que recai sobre os que muito têm. Mas seu discurso começa a denunciar sua própria condição social como homem rico, trazendo uma espécie de contradição performativa entre o que ele diz e quem ele

A ARTE DE AMAR

é. Isso o leva a terminar defendendo uma espécie de duplicação geral dos deuses e dos valores, dividindo até mesmo Eros entre bem e mal, real e divino.

Erixímaco é médico, e isso ajuda a entender por que, para ele, o amor é harmonia e equilíbrio entre os princípios e humores. Os excessos fazem mal ao amor, que deve ser entendido como uma "ginástica" necessária para a alma.

Aristófanes é um comediante e não se cansa de satirizar Sócrates, seu adversário.

Ele começa por denunciar a pouca afetação que temos em relação a Eros, desconhecendo assim seus poderes. Vem dele o mito de que o amor foi dividido por um raio de Zeus. Como punição pela sua soberba, as duas partes, homem e mulher, estão fadadas a reproduzir a unidade inicial. Aristófanes parece repetir, ainda que de outra maneira, a teoria do ser semelhante a si mesmo, como uma esfera sem limites que reina em sua régia solidão, repleta de contentamento e suficiência. Mas, para ele, não havia dois gêneros, mas três: o masculino-masculino, o feminino--feminino e o masculino-feminino.

É então de há tanto tempo que o amor de um pelo outro está implantado nos homens, restaurador da nossa antiga natureza, em sua tentativa de fazer um só de dois e de curar a natureza humana. Cada um de nós, portanto um tecido complementar de um homem, porque cortado com os linguados, de um só em dois; e procura cada um o seu próprio complemento. Assim, aqueles que foram um corte do andrógino, sejam homens ou mulheres, procuram o seu contrário. Isto explica o amor heterossexual. E aquelas que foram o corte da mulher, o mesmo ocorrendo com aqueles que são o corte do masculino, procurarão se unir ao seu igual.[1]

Agatão é o poeta trágico que diz que o amor está no princípio das leis da cidade. O amor nos liberta da crença de que somos estranhos uns aos outros. O amor é o pai de outros valores cívicos, como bem-estar, delicadeza, langor, graça e paixão. A forma como a tese é colocada sugere ainda que o amor é limite, motor e razão da nossa capacidade de

OS DISCURSOS DO AMOR

autolimitação, como na piedade, mas, sobretudo, é um sentimento de transição entre a família e a sociedade.

Sócrates ironiza Agatão, sugerindo que seu discurso teria sido um tanto exagerado e aristocrático. Ele parece criticar o amor-próprio de Agatão, mas também se desloca da sua abordagem habitual, como se o amor não fosse exatamente um objeto. Quando se espera que tome a palavra e diga, afinal, o que é amor, ele retoma o que aprendeu com uma professora, Diotima. Para ela, o objeto do amor só pode ser desejado quando nos falta, não quando o possuímos, pois ninguém deseja aquilo que não precisa mais. E se alguém ama a si mesmo, ama o que não é. Mas, em vez da extração dessa tese por meio da ironia e da construção maiêutica, Sócrates usa um método não socrático de persuasão, ou seja, rememora um mito.

Poros, filho de Métis, a astúcia, teria promovido um festejo muito suntuoso em sua casa para a qual afluiu a pobre e miserável Pênia. Ela não tem recursos, por isso não comparece ao festejo e dorme no jardim. Mesmo assim, Poros se encanta por ela e juntos engendram o Amor. É importante notar que o grego *aporía* (a falta de recursos) é o mesmo termo para discurso que não chega a lugar algum ou que não se conclui – exatamente como no diálogo de *O banquete*.

O diálogo termina com a entrada abrupta de Alcibíades, o político, o belo e o herói olímpico. Ele denuncia Sócrates, este ser enganador que nos causa a paixão para, em seguida, nos deixar sem correspondência. Alcibíades chama Sócrates de Sileno, ou seja, professor e companheiro fiel de Dioniso. Estava quase sempre bêbado, dizendo coisas proféticas, amparado por sátiros e carregado por um burro. Ou seja, Sócrates tinha o poder dos vulneráveis, o poder da *agalma*, como espaço vazio no interior da estátua, de onde ele extrai sua amabilidade ou sua capacidade para causar amor nos outros. Sócrates parece indicar que esse tipo de amor não tem por objeto a própria pessoa, nem serve para conservação, mas para buscar o saber. O amor é amor ao saber. No interior oco das estátuas, há uma espaço vazio que serve como uma espécie de armadilha para aprisionar deuses. Por isso, quando estamos amando, nos sentimos como se houvesse um deus dentro de nós, ou seja, entusiasmados (*enthousiasmós*).

O banquete se encerra com Sócrates elogiando Agatão, a quem pouco antes criticara. Com esse gesto, ele atrai o interesse de Alcibíades por Agatão. Ambos terminam a noite satisfeitos enquanto Sócrates segue sozinho para casa.

Há uma massa inacreditável de comentários sobre esse texto. Queria apenas salientar duas coisas. Primeiro, todas as falas sobre o amor estão acompanhadas por uma espécie de efeito performativo, algo que aponta para a relação entre o que se diz e como se diz. Isso me parece ser próprio da natureza discursiva do amor, como um objeto que não deve ser dominado por determinado saber. Talvez seja por isso que o amor nos leva ao saber, porque causa uma orientação para o saber, derivada do objeto onde colocamos nosso amor. Simples assim: quem ama quer saber. Quem não ama não está nem aí. O segundo ponto é que o amor determina lugar de fala. O rico ama como rico, o comediante como humorista, o filósofo como filósofo, mas cada qual faz vacilar seu domínio sobre o tema. Fedro, o "pai da matéria", remete o amor aos deuses. Pausânias, o rico, tem vergonha de seus próprios argumentos. Erixímaco, o médico, não consegue curar os soluços causados em Aristófanes pelo riso que o discurso pífio de Pausânias despertou. O anfitrião Agatão é criticado e enaltecido por Sócrates, que, em vez de falar por si prefere se referir à sabedoria de uma mulher e à autoridade do mito. Ele contraria assim sua posição de filósofo. Finalmente, o jovem Alcibíades denuncia seu professor, mas se deixa manipular por seu interesse por Agatão, por quem ele nutria, como sabemos até então, pouco respeito. Ou seja, em todos os casos, o discurso sobre o amor, como objeto ou tema de discussão, cria ou faz amor entre os convivas. Seja como ódio, como cura, como denúncia, ciúme, inveja ou escárnio. Ele cria até mesmo um novo desejo, de Alcibíades por Agatão.

A lição geral é que não existe *um* discurso do amor, como existe *um* discurso da ciência ou *um* discurso sobre o belo. O amor se diz em cada língua, desde a política até a arte, de modo cômico ou trágico, com horizonte médico ou teológico, por ricos e pobres, por homens e mulheres. Ademais, há uma observação de Lacan: pouco valor se deu ao fato de

OS DISCURSOS DO AMOR

que o maior discurso sobre o amor que se conhece no Ocidente tenha sido elaborado durante a ressaca de nove homens, quase todos velhos e homossexuais. E, de fato, esse tem sido um grande argumento para definir direitos reprodutivos, igualdades jurídicas e reconhecimento de diferenças específicas quanto à identidade sexual – ou seja, ainda que cada época demarque tipos de sensibilidade específicas para reconhecimento de classe, raça, gênero e sexualidade, e aptidão para reconhecer direitos humanos como simétricos a nossa potência amorosa.

Talvez seja por isso que muitas disputas, nessa matéria, recaiam sobre o controle discursivo do que é uma família. Não é só porque pode ser composta de vários ou do mesmo gênero, mas porque a família seria o lócus de experiências primárias de amor.

Lembremos que novas formas de amor – por exemplo, o casamento moderno por amor – estão ligadas à expansão e à inclusão de direitos políticos. Por isso também tais formas de amor são historicamente pontas de lança para a descoberta de novas formas de liberdade. Por que será que os regimes totalitários têm essa obsessão com certas formas de uso dos prazeres e com certas formas de amar? Amores que podem existir apenas em silêncio, na esfera privada, mas que não podem infiltrar-se nos discursos públicos, como os que vimos em *O banquete*.

Ou seja, há um campo de exclusão da vida amorosa para o espaço privado. Por que muitas empresas proíbem que seus funcionários namorem ou se casem entre si? Por que vários regimes jurídicos impedem que um cônjuge testemunhe contra outro? É como se o amor fosse estranhamente corruptor do que Lacan chamou de *discurso do mestre*. Como se o amor revelasse que há um fundamento ético de nosso desejo para além da forma do indivíduo. Ele deve ser reservado ao espaço do segredo, da vida entre quatro paredes, pois é uma ameaça a nossa suposição metodológica de que é possível exercer funções sociais separando interesses e sentimentos do ator que está por trás dos personagens que perfazemos. Como se o amor fosse uma fantasia para ser vivida exclusivamente entre duas pessoas. Por que essa obsessão?

Vamos dizer que é como se esse raciocínio político soubesse que nas formas de amar se inscrevem invenções possíveis de uma lei ainda não totalmente escrita. Ou seja, a lei não é simplesmente obediência a um código pré-formatado que delimita as ações. Por isso a psicanálise se coloca de forma crítica em relação a qualquer ideal normativo de amor concluído, principalmente quando se confunde com formas específicas de prazer, satisfação ou gozo.

A psicanálise foi recebida criticamente pela sociedade europeia do começo do século XX não porque simplesmente falava de sexo; diversos autores mostraram que a medicina, a criminologia, a literatura e a antropologia também falavam, e bem antes de Freud. A novidade não era nem mesmo afirmar que todos nós somos, de partida, bissexuais, construindo nossas identificações de gênero e escolhas de objeto a partir de recalques, inibições e repressões. O problema mais crítico é de fato postular que nossas formas de amor não se vinculam de modo necessário com nossas gramáticas de desejosos e com nossas economias de gozo.

Discursos são máquinas para produzir necessidades de sentido. Permitem governar, educar, tratar e até mesmo analisar. Discursos são capazes de aparelhar o gozo, dando a ele uma espécie de circulação forçada. Mas o amor não é um discurso em si, mas efeito de mudança de discurso. Por isso, em *O banquete*,[2] são as vacilações do discurso os lugares em que especificamente o poder, o gênero e a identidade de classe fracassam. Há formas de amor para as quais ainda não há corporeidades disponíveis no mundo real.

Mas isso não acontece, definitivamente, porque o amor é um sentimento universal, intangível, que a todos nos torna irmãos. Afinal, só há irmãos se tivermos em algum lugar o discurso do pai, da mãe, do tio e assim por diante.

Vamos olhar para alguns casos paradigmáticos ainda no circuito grego de formulações sobre o amor. Todos associam a psicanálise ao complexo de Édipo, e este com a ideia de o menino manter uma forma de amor proibida e incestuosa com a mãe e um correlato de hostilidade de afeto em relação ao pai. Muitos pensam que essa é uma matriz nor-

OS DISCURSOS DO AMOR

mativa, ou seja, um modelo da subjetividade como ela deve ser; logo, o menino se identifica com o pai, que também é um homem, e assim substitui o objeto materno por uma mulher que ele poderá amar, inclusive sexualmente, quando crescer. Mas poucos se atentam para o fato de que essa é a descrição *psicanalítica* do problema, não de sua solução. Nós sofremos edipianamente, porém isso não significa que Édipo seja nossa narrativa mestre. Pelo contrário, coube a Lacan argumentar que a ética da psicanálise não é edipiana, mas estaria mais próxima da filha de Édipo, ou seja, Antígona.

Na tragédia grega escrita pelo mesmo Sófocles, Antígona é uma menina de 13 anos que desafia Creonte, rei de Tebas. Quando Édipo morre, seus filhos ainda assim têm direito ao trono. Etéocles e Polinice fazem um acordo para se revezar no poder, o que Etéocles não cumpre. Dessa forma, Polinice se alia aos inimigos de Tebas e os dois irmãos acabam morrendo durante a guerra. Creonte avalia que, por ter traído Tebas, o cadáver de Polinice deve ser mantido insepulto, para ser devorado pelos abutres, ao passo que Etéocles terá direito a ser lembrado com todas as honras fúnebres. Contudo, Antígona, noiva de Hemon, filho de Creonte, desafia o rei e diz que vai enterrar o corpo dos dois irmãos. Creonte afirma que, se ela agir assim, também será enterrada.

Toda a questão ética é saber o que leva Antígona a sustentar seu ato e morrer com seus irmãos, ocasionando o suicídio do filho e da esposa de Creonte. Ou seja, no fundo, a grande questão ética, que perdura por séculos, é saber que amor é esse. Um amor fraterno familiar que não pode deixar o irmão insepulto porque a família é mais importante do que o Estado? Ou se trata de uma desvalorização do amor erótico pelo noivo da nova família que substituiria a família anterior? Ou estamos diante de uma luta entre a lei dos deuses e a lei dos seres humanos para decidir quem pode ser reconhecido como membro da comunidade dos mortos? Ou, ainda, seria o caso de Antígona não estar pensando no caráter familiar dos irmãos, nem no caráter público do edito de Creonte, mas simplesmente baseada na comunidade humana, no interior da qual todos têm o direito a uma existência simbólica, a ser lembrados e a ter

156 A ARTE DE AMAR

sua passagem marcada por um rito fúnebre? Percebe-se, assim, que dizer que Antígona agiu por amor ou por dever não resolve a controvérsia ética. Aliás, fica ainda mais claro que a oposição entre dever e amor não é boa para esse tipo de questão.

A escolha de Antígona pode ser cifrada a partir do que escreve o irlandês C. S. Lewis em seu livro *Os quatro amores*.[3] Criador do reino de Nárnia, Lewis notou que desde os gregos até o início do amor cortês há quatro formas de amor:

- *Filia*, ou seja, o amor da amizade, o amor da diferença entre iguais. Deveria comandar a vida pública, pois se dirige ao amor pela *comunidade* ou pela *comunalidade*. Dele provém a ideia de que o amor é um trabalho, um fazer, e não apenas um sentimento individualizado. Nós amamos em uma obra comum, que é a vida compartilhada, mas que a qualquer momento pode deixar de ser, pois trata-se de um amor condicional, logo, modelo para a liberdade. Ternura, carinho, companheirismo, cuidado mútuo – tudo isso compõe variedades de expressão da *filia*.

- *Ágape,* o amor cultivado no banquete dos deuses, o amor dos deuses, a caridade. Uma de suas figuras mais importantes aqui é a graça, que Pascal discute no século XVII. Esse é um tipo de amor não recíproco, mas incondicional. Não é porque você ama que o outro ama de volta. Sua principal figura é a caridade, como uma forma de dizer, olha, tem uma regra diferente da gente compor o amor. Não basta que seja um de nós, não basta que seja da minha família, não basta que seja do meu interesse mais sexual. Por que não pensar, como queria Pausânias, que o dever de amar e de ser amado é diferente para os ricos e poderosos e para os pobres e desafortunados? Essa é uma invenção teológica, que atravessa todo o processo da democracia.

- *Eros* refere-se ao amor sensual, erótico, que associamos com a vida sexual. Vamos pensar na experiência de alguém como o marquês de Sade e o movimento filosófico ao qual ele pertencia, no século

XVIII, chamado de *libertino*. Os libertinos diziam que é de direito amar na medida do uso dos prazeres, sem que ninguém imponha limites nesse ponto. Sade traz um verdadeiro repertório de formas sexuais, de formas diferentes de amar, algumas muito distantes do que hoje acharíamos razoável. Em *A filosofia na alcova* e em *120 dias de Sodoma,* ele faz um catálogo exaustivo das formas de prazer, a fim de provar que todas eram válidas.

- *Storge*, ou a quarta e mais esquecida forma de amor, tornou-se menos visível em nossa cultura contemporânea porque sua presença é sentida de forma tão obrigatória e natural a ponto de ser modelo primário dos outros atos de amor. *Storge* é o amor entre família, ou seja, o amor incondicional entre desiguais, com o amor divino da *ágape*, mas também o amor terno e companheiro de *filia*, tudo isso fundado em um amor de Eros, que está no tal casal que se junta para formar uma nova família, na qual a sexualidade seria uma condição incontornável. Famílias contemporâneas são um ótimo exemplo de como a *storge* não precisa ser o princípio de junção entre os amores. Há famílias compostas com animais, aliás como muitas vezes se viu ao longo da história. Há famílias nas quais Eros não é patrono, mas o sentido e a comunidade de destino e de interesse permanecem fortes. Há famílias compostas de mais de dois cônjuges. Há famílias compostas de pessoas de mesma sexualidade. Há famílias nas quais os gêneros são fluidos.

Lacan associava o amor cortês, que é uma fusão dessas quatro formas de amor, com a ética da psicanálise.[4] Isso significa, portanto, que a psicanálise é ela mesma uma forma ética de lidar com o amor, no caso, o amor de transferência. Essa não é uma quinta forma de amor, mas uma espécie de uso específico do amor capaz de levar em conta sua força transformativa, manipulando-o como se manipula uma substância química produzida em laboratório. A transferência é um signo de que mudamos de discurso, ou seja, que passamos do educar para o governar.

ou do governar para o desejar e deste para o analisar. Assim como ele se presta a curar, é também causa das resistências geradas ao longo do tratamento, seja por erotização, seja por identificação, pela idealização ou ainda pela força da repetição. Nesse sentido, uma análise é a experiência de separação ou de decomposição metódica de nossas formas patológicas de amar, sem que se possa dizer que ao final se terá obtido alguma ascese ou forma superior de amor.

A partir de uma perspectiva histórica e antropológica, a soberania invisível da *storge* nunca foi um consenso. Isso ocorre porque o amor pode ser visto como a junção hierárquica dessas formas de amor – por exemplo, *storge*, depois *filia*, *eros* e, no fim, o que sobrou de *ágape*, ou o contrário. No entanto, também é conflito e disparidade entre os amores, o que aliás organiza boa parte de nossos conflitos morais. A hierarquia entre os amores pode variar ao longo da vida e ao longo de uma relação. Geralmente, forma um sistema de compensações; quando um lado enfraquece, o outro ganha força. Outras vezes, é a diferença de hierarquia entre os amores que desencadeia guerras entre famílias, ou desfaz alianças dentro da família, ou causa reações defensivas e reativas porque os amores políticos não combinam mais com os amores familiares.

Está em jogo, portanto, a questão de saber se todas as formas de amor têm direito e dignidade à existência. Vocês podem achar que de fato é uma "revolução"; que não é preciso aceitar todas as formas de gozo de todas as pessoas. Tolerância não basta, pois, assim como o amor, ainda que não correspondido, afeta o amado, os prazeres ou desprazeres supostos ao amado ou odiado interferem no gozo do sujeito, como tão bem acusam os sofrimentos dos casais recentemente separados. Contudo, ninguém tem autoridade para nos obrigar a gozar.

O amor, porém, assim como o pecado, envolve atos, palavras e pensamentos, e como todo amor depende de ficção e metáfora, a forma como o praticamos é que levanta problemas. Pensar pode – fantasiar também –, obrigar o outro a participar, não. O problema é que as fantasias têm sede de realidade. Tântalo, Prometeu, Sísifo, as Danaides e os demais acorrentados do reino de Plutão só conseguem beber da

OS DISCURSOS DO AMOR

água da realidade em fontes narcísicas, em cachoeiras repetitivas e em lagos pantanosos.

Isso sugere uma dificuldade estrutural para toda forma de amor, representando uma tarefa ingrata quando se trata do processo de desamar alguém. A irrealização do amor, sua imanente virtualidade, sua contingência, que inclui o que aconteceu e o que poderia ter acontecido, continua a acontecer em nossa fantasia. Em outras palavras amamos também o que "poderíamos ter sido", assim como temos saudade do que "nunca aconteceu". É nesse sentido que o amor compreende sempre uma fantasia delirante de liberdade. Essa liberdade é pensada aqui não a partir de um limite exterior – independentemente de leis que permitem isto ou aquilo, e proíbem aquilo e aquilo outro –, mas de um limite interior, formado na experiência singular daquela pessoa com o outro amoroso, inclusive nessas diferentes qualificações do amor.

Mesmo as práticas mais indefensáveis, como a pedofilia, têm direito à cidadania como fantasia. Como os afetos, todas as fantasias têm direito à plena cidadania. Isso não significa que todos os destinos e atualizações de afetos e fantasias sejam legítimos e autojustificados em todas as cenas. É como se a fantasia estipulasse para cada um como combinar um amor ao outro. Você não precisa ser religioso para acreditar no amor descrito como *ágape*. Basta pensar num amor universal, num amor ao humano, num amor a uma "experiência maior", como tantas pessoas dizem. Seria aquele amor capaz de gerar solidariedade verdadeira, de nos colocar em certa proporção de pequenez em relação ao outro. Como disse Frantz Fanon, "o colonizado está sempre atento porque, decifrando com dificuldade os múltiplos sinais do mundo colonial, jamais sabe se passou ou não do limite."[5]

Contudo, sempre haverá discursos pregando que devemos combater pensamentos porque o que hoje é uma fantasia amanhã poderá se tornar realidade. Isso representa um duplo erro, pois a relação entre fantasia e realidade não é de oposição simples, mas de entranhamento mútuo. Nesses casos, será preciso certo "malabarismo", certa composição, certas narrativas de suporte que estão aí como um desafio.

Outro problema é que, historicamente, há também uma partilha de classe, gênero raça e sexualidade sobre como cada tipo social deve hierarquizar suas formas de amor. Para as mulheres, a *storge*; para os homens, *eros*; para os brancos, a *filia*; para os negros, *ágape*.

Observemos agora que a partição entre amor-de-si e amor-próprio ou entre escolha amorosa narcísica ou objetal, a dialética entre amor, desejo e gozo, tudo isso vai acontecer dentro de cada forma de amar. Cada fantasia define eros para cada um – eros é um. Por isso alguém pode dizer estou aqui objetificando o outro. Bem, quando amamos, nós tornamos o outro um objeto; então, se ele é um objeto, ele não é um sujeito.

Para o senso comum um objeto é um ente passivo, desprovido de autodeterminação, submetido à vontade dos sujeitos. Mas, para a psicanálise, objetos são agentes, que se relacionam formando corpos. Por exemplo, quando Freud dizia que somos todos bissexuais isso significa que podemos objetalizar o outro quer como parte, quer como totalidade, quer como pessoa, quer como coisa. Os afetos são indiscerníveis porque eles são efeitos desta circulação de objetos, com seus momentos de objetalização e de subjetivação.

Por isso também nossas trocas de afetos não são trocas entre indivíduos, em que um sente uma "coisa" e o outro sente "outra" coisa, estabelecendo-se a partir de então negociações, barganhas e acordos. Pelo contrário, a teoria psicanalítica dos afetos reza que esses se formam em relações, e que o sentido e a determinação de nossos afetos depende do outro, da interpretação do outro e da interpretação que fazemos da interpretação do outro e da interpretação de nós mesmos como objetos do outro, e assim por diante, para se concluir em unidades discerníveis como emoções ou coletivas, como sentimentos. Numa família com pai, mãe e filho, a criança tem um lado masculino e outro feminino.

Isso se cria a partir de gramáticas tiradas da cultura que são nomeadas apenas em função do uso, não tendo forma normativa em si – como interpretar na vida cultural, em termos da atividade e passividade das paixões, as relações de poder a partir dos circuitos de afeto; ler o gênero

OS DISCURSOS DO AMOR

como estratégias de construção de semblantes amorosos; postular conflito entre modos de subjetivação dentro da psicanálise, por exemplo, entre narcisismo e Édipo, entre Thánatos e Trauma; postular que a psicanálise também não nasceu e se desenvolveu fora de disputas entre narrativas de sofrimento e discursos de prescrição de gozo, compreendendo diferentes políticas para seus métodos de tratamento, éticas de cura e técnicas psicoterapêuticas. Tudo isso torna muito difícil tomar uma posição de conjunto.

Seria possível objetar que essa teoria do amor presume a noção de objeto. Como pode existir, assim, objeto entre duas pessoas que se amam? O amor não é uma relação entre dois sujeitos? Faz parte dessa matriz ideológica, neoliberal, moderna no sentido do capitalismo, imaginar que só há liberdade dos indivíduos e que eles são sujeito porque podem escolher livremente. A liberdade é dada e presumida. Presumimos ter liberdade de vender nossa força de trabalho, de escolher. Isso é quase inato, isso é quase natural, como exemplificam Adam Smith e Stuart Mill, e como vemos em todo o pensamento liberal, para quem toda essa liberdade é uma potência do sujeito identificado com o indivíduo.

Mas será esse mesmo discurso, que diz que nós somos tão livres, nos faz objeto da maior parte das coisas que escolhemos, inclusive a maneira como temos que mostrar nosso amor, se somos de determinada classe social, raça, faixa etária ou segmento religioso. Isso é totalmente ideológico, mas pensamos que é a suprema liberdade. Pensando assim, podemos olhar nos aplicativos digitais para procurar quem desejamos. Esse tipo de liberdade não interessa no amor; não faz a lei se expandir; não depende da contingência. A liberdade no amor não é escolher gerenciar seu gozo em uma loja de departamentos. Não somos só sujeitos, somos também objetos e, ainda, coisas. Somos objetos que escolhem. Não confundir, portanto, objeto com mercadoria, sujeito com agente, contingência como possibilidade, nem liberdade com não necessidade.

Somos objetos não passivos. Nossa condição de objeto não é só aquilo que é dominado pelo outro. Se você é objeto, você não é só coisa inerte. Em alemão há duas palavras para corpo, *Körper*, para designar o corpo que pode estar vivo ou morto, mas que é, sobretudo, instrumento, objeto dominado e reificado, e *Leib*, para designar o corpo vital, lugar do impulso, da ação como uma outra forma de pensamento. A oposição não se dá entre um corpo biológico e outro social, mas entre um corpo-reflexo de processos de dominação de afetos e corpo como lugar de afetos de emancipação. Poderíamos traduzir essa oposição, em português, com os termos *corpo* e *carne*. Isso permite ver que entre eles não vigora uma oposição polar, mas uma dialética, como a dialética entre amor e desejo.

O que você faz com o seu corpo além de submetê-lo à sua substância pensante? Muitas pessoas em situações em que é preciso tomar uma grande decisão, como numa gravidez ou diante de uma doença, dizem que nada podem fazer, apenas esperar. No senso comum, o corpo é passivo e receptivo, do ponto de vista das sensações, e instrumento do intelecto do ponto de vista da ação. No entanto, a dialética do amor inverte essa equação, sem negá-la completamente, o corpo (*Körper*) age como um objeto, enquanto a carne (*Leib*) objetaliza o sujeito. Por isso Lacan disse, invertendo o *cogito* de Descartes: "*Ma.*" Como dizer desse lugar onde sou, mas não penso? Passivo, objeto, determinado pelo outro, coisa inerte? De forma alguma – ainda que não seja controlado, manipulado e administrado pelo mesmo sujeito, com o mesmo tipo de liberdade, que nós aprendemos nas vitrines de um shopping center.

Quando acreditamos que a liberdade está dada por esse sujeito que faz escolhas conscientes, segundo regras claras e responsabilidade soberana e contratual que determina com o outro, ele terá autonomia para poder amar completamente aquela outra pessoa. Muitos se queixam de que, quando alguém diz "eu te amo", a primeira tradução disso é: "Então você é fiel e não me trai" como se ficasse implícita uma promessa de exclusividade de afeto e de uso. Em segundo nível, isso significa que "a dialética entre amor e desejo passa por você". Em terceiro plano a mensagem é "você é insubstituível em minha economia de gozo".

E o que eu faço com os outros que *eu* amo? Isso não funciona. Muitos reagem a isso quando criticam o alvo errado, vestindo-o de amor romântico. Se contra o amor romântico está esse sujeito ególatra,

OS DISCURSOS DO AMOR

narcísico, soberano judicial, livre porque se vende como quer, acho que ainda fico com o amor romântico – mas antes de ele ser industrializado e embalado para viagem como *fast food* contra a solidão.

Faz parte de nossa ideologia amorosa, por exemplo, oferecer massivas narrativas de amor heterossexual e branco junto com o suprematismo de certo tipo de família e com os modelos óbvios dos que "não amam como nós". Até muito recentemente, homossexuais eram retratados de forma pícara – como um mordomo engraçado ou aquela pessoa malvada que sofrerá algum tipo de castigo –, assim como os amores brancos, entre brancos ou entre negros, mas com pouca "variação interracial". É um problema porque o amor tem a ver com palavras, com a história dos nossos amores, com a maneira que amamos e fomos amados. Narrativas literárias, fílmicas, teatrais e míticas ensinam a amar, transmitem hierarquias e gramáticas específicas que nos formam. Pense nisso quando oferecer a próxima princesa para a sua filha.

As verdadeiras histórias documentais de amor compõem nossa história, porque compõem a história de quem amamos. Elas são ainda mais ficcionalmente verdadeiras quando reencontradas no espaço da realidade pública compartilhada da arte. Tais narrativas nos ensinam a amar, seja pelo cinema ou pela literatura, pela televisão ou pelo videogame, pelas histórias em quadrinhos ou pelos memes da internet. O encontro entre o documentário doméstico do amor e a ficção de suas formas pode nos levar à fixação em um único discurso amoroso. O que escapa dessa "montagem" passa a ser vivido na clausura do lar, sem palavras, em segredo. Quanto mais neurótico, mais fixado a uma única e coercitiva narrativa amorosa, menos aberto a outros discursos e mais aderido a uma única história. O outro deve me amar como eu o amo, na mesma língua, na mesma narrativa, na mesma gramática. O "monoamor" precede e condiciona a monogamia. Se seu filho ou filha é homossexual, cuide para que tenha um repertório da capacidade das formas de amar, dos tipos de amor que dão conta disso. É basicamente essa mudança cultural que muitos interpretam como um perigo de manipulação, como "ideologia de gênero" ou intrusão no campo privado, no qual a família deveria decidir.

Resultado, nós empobrecemos, associamos intimidade e sexualidade com algo ruim, problemático, com algo que não deve acontecer e que faremos de tudo para que aconteça o mais tarde possível. Como se não tivéssemos aprendido nada com a repressão vitoriana e com as vidas mutiladas por amores impróprios, que ouvimos e sabemos, desde que nos dispusermos a escutar a história de nossas próprias famílias. Mulheres impedidas de trabalhar, carreiras forçadas de maternidade, estupros e violências de todo tipo. Trazer isso a público geralmente causará ondas de indignação, sem mediação. Isso entra na conta das indignidades "individuais" mal resolvidas ou da denúncia narcísica das vítimas. Isso é uma violência contra a força libertária e libertadora do amor.

Na mesma linha, é perfeitamente possível amar dois, três, quatro ao mesmo tempo, mas onde estão as narrativas que nos ensinam como fazê--lo? Amores contemporâneos são também amores mais múltiplos, mais fluidos, mas a fartura de produções digitais ainda não nos entregou casos claros e distintos sobre isso. Talvez essa dificuldade remonte ao fato de que por mais múltiplos, líquidos e não monos que sejam, em geral eles acabam sendo distribuídos entre estas quatro figuras: *eros, filia, ágape* e *storge*. Junto com isso ganhamos amores *prêt-à-porter*, feitos em séries, e que dão bem menos trabalho. Inventar novos amores é para os fortes.

Novas formas de amar demandam novos léxicos e, ao que parece, nessa matéria, não conseguimos nos entender nem com categorias básicas, que para muitos nem deveriam existir. Essas formas mostram como o amor pode ser muito mais do que imaginamos. Contudo, também mostram os limites da nossa fantasia. A lei que o tornou possível, *eu gosto de você, você gosta de mim, então vamos lá*. Ah, mas eu não sei se eu quero direito com você ou com o outro, vamos três? Não tão bom, pelo menos na experiência que escuto, que acompanho, é só um relato empírico, isso é extremamente novo. Mas para fazer um direcionamento e tematizar essa experiência que é uma riqueza para as formas de amar, inclusive para as formas de explorar erotismos diferentes, ternuras diferentes.

Por exemplo, a pessoa com quem está saindo diz que tem um grande carinho por você; que você é o máximo; que nunca o esquecerá. Mas

OS DISCURSOS DO AMOR

vocês dois sabem que terminou. A *filia* nesse contexto se tornou um amor de consolação. Amores múltiplos já existiam assim, na forma do "nunca vou te esquecer". Justamente nós estamos empurrando tal situação para uma das faces do amor, a ternura. E um amor assim, múltiplo, em devir, tem que ser um amor "misturado". A familiaridade é justamente uma importante fonte para o extermínio do amor amoroso de nossa época. E há várias versões: pacto devocional pela purificação do mundo; transformação do casal em administradores de uma casa; criadores de filhos ou acumuladores de bens; alianças de mútuo compromisso para progressão de carreira; captores exibicionistas de imagens invejáveis.

Muitas vezes, um casal se une em torno de adversidades que redobram com a chegada de filhos e o consequente ajuste de contas com a experiência familiar. Em geral, nessa hora, *eros* tira férias ou entra no programa de demissão voluntária; *ágape* vira o banquete improvável da alimentação diária; *storge* é o que tem para hoje e, já vimos, quando obrigatório ou necessário, vira ódio a tudo que se parece com vida familiar. Resta *filia*, em geral combalida e desertificada pelo excesso de demandas *indoor* e pela partilha desigual do cuidado e do trabalho doméstico. Mas então acontece o efeito Henry James e, não se sabe muito bem como, vem a luminosa ideia de começar isso de novo, "a volta do parafuso", que estava faltando mesmo.

7
Apoio para sair da solidão

A psicanálise não se interessou tanto assim pelos meandros das formas de amor. Ela poderia fazer muito pouco nessa matéria, em comparação com a literatura, a filosofia ou a poesia. Mas existem dois temas-chave que emergem nas discussões teóricas a partir da sua insistência nas apresentações do sofrimento de nossos pacientes: o *encontro* e a *degradação do amor*. Esses dois temas parecem ter se tornado mais e mais importantes desde que Freud os descreveu em seus pequenos ensaios sobre a psicologia da vida amorosa, em 1911.

Encontrar alguém com quem fazer o amor acontecer parece estar em uma dificuldade inversa à produção de técnicas digitais de encontro, inclusive de suportes erotológicos. Pesquisas mostram que, de geração em geração, há um ponto a mais na experiência subjetiva de solidão.

Entre a chamada geração Z (nascidos entre 1997 e 2010), o índice de solidão foi de 48,3%. Entre os *millennials* (nascidos entre 1981 e 1996), de 45,3%, próximo ao da geração X (nascidos entre 1965 e 1980), com índice de 45,1%. Os *baby boomers* (nascidos entre 1946 e 1964) tiveram índice de 42,4%, enquanto os da grande geração (nascidos antes de 1946) apresentaram índice de 38,6%.[1] Ou seja, mesmo a geração Z, familiarizada com as redes sociais, e que cultiva centenas, milhares de "amizades", é a faixa etária que mais experimenta uma crescente sensação de solidão. E dias piores estão previstos para a geração Alfa: nascidos a partir de 2010.

Bauman, entre outros sociólogos contemporâneos, sugere que a expansão do sentimento de solidão advém da realização dos ideais da modernidade, o que torna esses ideais mais visivelmente contraditórios. Na origem do projeto moderno, de um lado, temos uma espécie de força para a discriminação, separação, para tornar alguém "diferente", na medida em que esse alguém é diverso dos demais. Do outro, existem as contingências ligadas ao fato de que cuidar de si sozinho e fazer frente às demandas da vida, inclusive econômicas, pode ser mais difícil. Nem toda solidão é vivida como solitude, ou seja, um estado de bem-estar consigo, na verdade, a maior parte desse sentimento, que retroage sobre afetos de ódio, tristeza e desprazer. Graças à interpretação de que a perda do amor é o principal instrumento de punição, desrespeito e humilhação, a solidão se tornou privação do sentimento de pertencimento, vivida consequentemente como fracasso e isolamento.

Vimos que o amor ocupa um lugar estratégico ao cruzar os processos históricos de individualização e sentimento do Eu (*Ichgefühl*, *amor-próprio*) com o narcisismo como estrutura de subjetivação e sentimento de si (*Selbstgefühl*, *amor de si*). Contudo, após os anos 1970, com a introdução do modo de produção neoliberal no trabalho, e depois dos anos 2000, com a disseminação da linguagem globalmente digitalizada, pressente-se um relativo declínio da subjetivação amorosa. Desconfiamos cada vez mais de que o amor e o sexo deveriam ser afetos centrais de nossa subjetividade.

Lembremos que, em vez de proteger as pessoas do sofrimento do trabalho, o neoliberalismo tem administrado doses cada vez mais elevadas de sofrimento por meio de políticas específicas envolvendo austeridade fiscal, demonização de custos, medo crônico de desemprego, ódio direcionado de forma agressiva para aumento de desempenho, culpa produtivista, inveja concorrencial, alegria maníaca e surpresas cotidianas com mudanças de regras. A gestão do sofrimento cada vez mais organiza o trabalho precarizado, intermitente, por projeto e sem suporte. Jornadas extensas com departamentos concorrendo entre si dentro de uma mesma empresa; colonização da vida como uma vida hobbesiana de todos contra todos; e um "eu" em estrutura de sociedade

APOIO PARA SAIR DA SOLIDÃO

anônima. Quem pode oferecer emprego, assim como quem dispõe de maior poder de compra, oprime quem tem que trabalhar ou quem tem que consumir. Relações predatórias entre empregados e empregadores cada vez mais propõem que cada um de nós assuma a sua vida como uma empresa. Não é por acaso que os problemas corporativos sejam agora nomeados como *burnout*, depressão, afastamento por problemas de saúde mental, sem falar das táticas de produção de anestesia, indiferença e despersonalização, como se vê nos fenômenos de *quiet firing* (demissão silenciosa) e *shit jobs* (trabalhos irrelevantes).

Recursos e plataformas digitais aumentam e diversificam nossa capacidade de encontro. Pesquisas antigas diziam que a chance de se casar com alguém que mora a alguns quarteirões de distância era muito alta. Isso se altera completamente quando nosso espectro real evolui de dezenas para milhares ou milhões de pretendentes potenciais. O excesso de escolha torna-se um problema, uma tarefa que pressiona o circuito da solidão.

Ou seja, não é mais uma expectativa social tão dominante "ficar pra titia" (ou "pra titio") se não se casar ou ser um fracasso por não ter filhos nem netos como cuidadores no futuro. A relação com a filiação é muito mais frouxa do que já foi. Isso também é efeito das derivas amorosas, de *ágape-storge* para a *eros-filia*. Nós nos livramos desse fardo da expectativa social, mas esquecemos que uma civilização que se liberta da obrigação de amar não vai estar imediatamente curada do supereu como obrigação de reconhecimento. Afinal, se for sem amor não será autêntico, e ninguém estará enganando os outros, mas apenas, cruel e solitariamente, a si mesmo.

Não são os outros que estão dizendo isso, é você mesmo que está se impondo ideais, às vezes de performance, de produtividade, de desempenho, de cifras, num universo completamente estranho a isso, o universo amoroso. Já estamos falando de como o amor subverte relações de poder, introduz liberdades contingentes, faz o sujeito se ajoelhar, produzindo certo recuo na relação de dependência, nem sempre de autonomia. No entanto, o fato é que amar em tempos neoliberais é uma tarefa cada vez mais complexa, também porque nova porque implica, por exemplo, uma atitude narrativa sobre si mesmo que as pessoas não cultivaram nessa geração.

Elas cultivaram, isto sim, apresentações imagéticas de si – Instagram, fotos, grandes momentos. Mas qual é a história que realmente temos para contar? Não para todo o mundo, mas para determinado indivíduo por quem temos interesse e pelo qual podemos nos apaixonar e até amar...? A forma estética do romance antigo opunha amores possíveis e impossíveis. A forma do romance contemporâneo insiste nos amores necessários ou contingentes, particularmente nas sequelas causadas pelos primeiros.

Essa deflação da experiência amorosa tem um terceiro vilão, começamos a comparar, a exigir do lugar residual do amor aquilo tudo que permanece deficitário na nossa experiência com o trabalho, a família e os amigos. Ou seja, todo o restante de felicidade que o destino está nos devendo começa a confluir para a experiência amorosa, porque ela vai sanear a condição mais ou menos crônica de solidão, mesmo que compartilhada, mesmo que solidão com os outros em volta.

A experiência amorosa reduzirá a tarefa de lutar permanentemente pela independência porque produzirá certa dependência compartilhada e consentida. Também irá estabilizar a nossa dificuldade crônica com reconhecimentos. "Posso descansar no sofá amoroso sem temer que serei demitida no próximo trimestre por conta de resultados abaixo da meta." Isso sobrecarrega a dimensão do ser em vez do fazer naquilo que esperamos do espaço amoroso. Uma tentação, digitalmente turbinada, a voltar a ser amado unicamente pelo que se é.

Vejam como esses afetos são contrários à experiência amorosa. De que forma essa pessoa que "descansa no sofá narcísico" vai procurar alguém ou se apresentar narrativamente? O que ela tem a dizer sobre sua vida, para compartilhar com os outros? Em geral, encontra-se uma "pobreza" que torna a problemática do amor tão aguda na nossa época. Vimos aqui que o amor é uma coisa que se produz com palavras. Mas o modelo do que se entende por "produção" não pode ser o da empresa. O amor não é um sentimento que você liga e desliga, mas uma produção que cria suas próprias regras com palavras. Essas palavras adquirem a forma de uma carta de amor. Nunca se viu tantos ditados e peque-

APOIO PARA SAIR DA SOLIDÃO

nas epígrafes amorosas compartilhadas digitalmente. Porém, quando olhamos para a produção literária brasileira contemporânea, se há um consenso é que ela versa sobre o desencontro amoroso, o encontro faltante, o desencontro mutilador. Isso não é uma crítica, mas uma observação de como estamos fazendo o amor que vale a pena se torcer contra o sofrimento inútil.

Há uma corrosão do discurso amoroso por extrapolação de uma de suas características mais claras, que é a sua *fragmentação*. Uma das funções dos romances era transformar as escansões e descontinuidades da fala amorosa em uma série ordenada, distribuída no tempo, com início, meio e fim. Contudo, o discurso amoroso agora inventou algo, que é o suporte do WhatsApp. Não é fala nem carta. Falar não é mandar um recado quando está a fim. Falar é o que está acontecendo aqui, agora, em tempo real. Se partilhamos o silêncio, sabemos que é presente ou ausente. Dizer algo em uma atmosfera de sentimentos e ser lido em uma completamente diferente pode ser a receita para o desastre. Interpretar a não resposta como resposta, da mesma maneira que fazíamos nos velhos tempos do faroeste da fala, não é mais possível.

Podemos dizer algo que não mostrará nosso melhor ângulo, refletindo confusão, divisão, incoerência, ou seja, diferente da nossa imagem nas redes sociais. As palavras, elas nos denunciam; assim como o silêncio, o fato de não encontrarmos palavras. No consultório, escuto bastante isto: "Tem isto, tem aquilo, fez o *checklist*. E agora, do que nós vamos falar? Ah, vamos falar das coisas que a gente gosta, tá?" Falar de amor não é citar autores mais ou menos conhecidos, lacrar com frases poéticas, de Fernando Pessoa, Vinicius de Moraes ou Clarice Lispector. Falar de amor é falar de si. Falar de si em relação a um outro. Falar de si fora de si. Falar de nós mesmos até forçar a língua. Falar de si para aquela pessoa, porque falar de si, tudo bem, fazer o marketing de si; isso já tem um discurso "pré-formado". Mas o que interessa, o que se cobiça na experiência amorosa é falar de si mesmo para um outro e sobre o outro a partir de si; falar de si a partir do outro, e de repente se transformar em outra pessoa. O risco amoroso e a cobiça que existe nessa experiência são as coisas que nos levam a outro estado de ser, outro estado também de compartilhar o mundo. São duas tarefas que acontecem ao mesmo tempo que o amor.

Isso significa que passamos pelo primeiro capítulo da experiência amorosa, o "capítulo espinosiano" do encontro, de afirmação ou negação. Quer dizer, sim ou não? O que você faz com a sua paixão? E esse primeiro capítulo envolve uma lógica de aposta, de incerteza, uma lógica na qual há o encontro com o outro. Depois há a separação do outro e a experiência dos efeitos daquele encontro. O que é preciso para que isso aconteça? Duas experiências: intimidade e comunalidade.

Por exemplo, vamos a um restaurante. Se o que escolhemos é mais importante do que o fato de que estaremos juntos, já saímos atrás. Se o prato que vamos comer é menos importante do que estar juntos, voltamos mais três casas. Se quem vai pagar a conta é mais importante do que estar juntos, vamos começar de novo. Ou seja, à medida que a vivência vai colocando esse "nós" à frente de "eu ou você", cria-se uma experiência de comum. Muito difícil. Porque as pessoas proprietaristas em relação à sua identidade vão para esses encontros numa espécie de mesa de negociação. Tem você, tem eu, vamos ver se fechamos o negócio.

Em um episódio da série *Black Mirror* há uma máquina que escolhe com quem você vai se encontrar e durante quanto tempo esse encontro vai prosperar. É um episódio muito interessante porque há uma mesma regra que institui aquele casal como tal. No entanto, desde o primeiro encontro, cria-se uma transgressão em relação a essa regra; há uma regra explícita e outra implícita.

Essa elaboração vai passar pela angústia, por incertezas, por ligar ou não. Enfim, começa uma tensão que é própria da lógica da decisão. O que costuma faltar nesse momento? Essa experiência do comum vai se formar potencialmente com a experiência de intimidade. Comunalidade e intimidade andam juntas, são a face pública e a face privada da mesma coisa. Mas como se produz intimidade?

Muitas pessoas vão a festas, jantares e viagens à procura de "alguém", mas parece que o prazer está mais em escolher do que em se reunir. Muitas vezes, o prazer se resume a devolver ao outro o "não" que es-

APOIO PARA SAIR DA SOLIDÃO

tamos escutando de nós mesmos, porque compartilhar não é dividir as coisas que sabemos sobre nós mesmos, interesses, vontades, gostos. A verdadeira intimidade começa quando compartilhamos incertezas, indefinições, medos, incoerências, contradições. Há o receio, porém, de que o outro veja esses defeitos, de tal maneira que, ao final, temos um lindo balé evitando o mais importante, que ficou abandonado no meio da sala, como naquele enterro em que você não tinha nada para falar.

A experiência amorosa é uma experiência de escolha, mas, como já vimos, nós nos enganamos se é uma experiência que repete nossos modos habituais de exercer a liberdade, comparando preços, contabilizando vantagens e desvantagens, fazendo análise de risco. Se acharmos que esses mesmos defeitos nos tornam menos amáveis, não conseguiremos dividir o que é mais precioso. Muita gente não leva isso para a mesa, portanto não pode compartilhar – o que não é garantia de um bom encontro. Em muitas línguas a palavra felicidade se corresponde a um encontro de sorte (*Glücklich*), em um acontecimento (*happiness*), uma boa hora (*bonheur*). A intimidade depende de uma experiência que a condiciona e precede, que não é coletiva, a qual chamamos de *solitude* (*Einsamkeit, soledad*).

Esquecemos que a melhor chance de encontrar alguém em uma festa é ir sozinho. Mas para isso é preciso muita solitude. Tem que haver curiosidade para se meter em lugares que não conhecemos, justamente o que é mais difícil para quem considera que a solidão é fracasso, isolamento e desamor. Se você não consegue fazer uma viagem sozinho que valha a pena, o que o autoriza a embarcar uma segunda pessoa nessa jornada? Se para essa possível companhia vai ser a coisa mais interessante que está por vir, que valor você dá à sua própria companhia?

Nós nos protegemos do amor, do risco, do desejo, sem nos dar conta disso, mas a solitude é mais que isso; é a capacidade de estar consigo, numa experiência de esvaziamento de si. Não é estar consigo, mas com aquelas lembranças ou com aquele diálogo interno. Isso é estar com seus ideais, com seu supereu. Isso é a solidão. Isso é a solidão que apavora o Caetano, porque evoca nossos fantasmas.

Solidão apavora.
Tudo demorando em ser tão ruim
Mas alguma coisa acontece.
No quando agora em mim
Cantando eu mando a tristeza embora[2]

Mas isso tudo é uma multidão que nos habita. Multidão de erros, de sonhos sonhados, desejos pendentes, de fracassos. A solitude é outra coisa.

Os poetas que definiram a solitude, em geral românticos ingleses e irlandeses, como Yeats, Shelley e Pope, a associavam com a perspectiva da morte, da finitude. Claro, você pode se agarrar ao seu passado, mas o fato é que estará sozinho na sua vacuidade. Quanto mais você cultiva essa espécie de vazio da solitude, que não é mera angústia, mais olha para o abismo que existe entre Eu e o si mesmo.

A solitude é a prática do andarilho, que sabe que a solidão é só o medo de sua própria sombra. Para alguns, e possível encontrá-la pela leitura. Para os antigos, ela poderia ser cultivada pela contemplação das estrelas. Diante delas, nos tornamos infinitamente pequenos. Diante da cadeia alimentar do universo, o Eu se retrai ao resto de si mesmo. É o que o apaixonado não consegue fazer. Quando começa a se apaixonar ou está na iminência, ele vai para casa e só tem solidão, não tem solitude. É nesse vazio que se cria o espaço para o porvir, suturado por algum acontecimento ocupativo.

Essa experiência pode ser a do desencontro, ou da negação. Talvez seja tão angustiante que precipitamos o pior para só assim não temer o pior. Tememos muito mais a incerteza do que o compromisso. Não só para nós, mas também para o outro. São duas as dificuldades fundamentais dessa nova experiência amorosa. A primeira é dizer "eu te amo". Já a segunda é o desapego, representada por: "Querido, acabou. Agradeço, foi legal, foi bacana, mas não." Em vez disso, o que a gente cria? *Control alt delete*. Tirei do *Face. Unfollow, ghosting.*

Acho que isso explica o sucesso de *Frozen*, ou seja, a história de uma menina que transforma sua contrariedade em congelamento, solidão e isolamento. A trajetória rumo a um "ato de amor verdadeiro" passa pelo

APOIO PARA SAIR DA SOLIDÃO

reconhecimento sucessivo de que sua intenção não se identifica com os efeitos de seus atos, ou seja, ao contrário do príncipe que beija e acorda Branca de Neve ou a Bela Adormecida, porque seu amor é puro e distinto de desejo e gozo, a libertação de Elza ocorre pelo reconhecimento de que a separação e a distância também podem ser signos de amor – o amor na ausência –, assim como a objetalidade. Vocês devem estar notando a poluição de palavras em inglês entrando em nosso léxico amoroso. Por um lado, isso é inevitável e bom, afinal tem coisas que só se diz daquele jeito naquela língua. Mas isso é ruim porque junto a esse léxico vêm partículas de colonização provenientes de outras atmosferas e de outras gramáticas amorosas.

Muitas pessoas têm um enorme patrimônio de experiências de desencontros, infortúnios e péssimas histórias de amor. Mas não fazem nada com essa bagagem e querem apagar o que aconteceu. Contudo, a qualidade de uma experiência não deve ser julgada pelo seu sucesso, mas por sua complexidade, seu interesse e sua criação. Uma boa parte desse desperdício experiencial decorre do fato de que as chamadas *paixões tristes* são invalidadas como experiência. Uma boa história é aquela vivida por inteiro, em toda a sua extensão, em seus próprios termos; é sempre um sistema complexo de descoberta de afetos, nomeação de emoções e descrição de sentimentos. Quando escuto pessoas que só têm histórias empobrecidas sobre suas jornadas amorosas, quase nunca culpo a falta de personagens, mas o desperdício do protagonista.

Outra forma de imobilizar o patrimônio amoroso, já que precisamos escancarar a penetração discursiva do neoliberalismo, é cultivar um luto amoroso pendente. Temos que fazer luto a cada relação amorosa que terminamos. É como perder uma pessoa; é aquela que já se foi. Dá trabalho, você fica triste, chora, se despede, às vezes nem acredita. E vamos instilando a ilusão, hoje epidêmica, de que a questão não é que o outro não gosta mais da gente. Ele só está "experimentando" por aí, mas um dia volta; um dia haverá um acerto de contas com o desejo. Acontece nos filmes, acontece no trabalho, acontece na vida. Por que não aconteceria no amor?

Outra forma "neoliberal" de sofrimento amoroso é o *passivo narcísico*. É quando você acha que todas aquelas pessoas do seu passado amoroso estão lá, à sua disposição, esperando. Como se pairasse no ar a promessa de que o verdadeiro amor que o outro nos dispensa o obriga a estar permanentemente nos esperando de volta. Bom, é fácil reconhecer nessa fantasia uma derivação de nossas expectativas com relação ao lar de onde viemos e que sonhamos ser o lugar para onde sempre poderemos voltar, pois estará nos esperando de braços abertos, confirmando o amor incondicional que nele recebemos no início da vida. Alguns se especializam em retornos fulgurantes, seguidos de longos períodos de abstenção, como se estivessem explorando a hipótese de que amor forte é o que resiste à ausência e à distância. Às vezes, essa é uma ilusão que concorre para que você não consiga dizer não.

Nessa mesma linha, temos a instrumentalização amorosa das amizades na forma do *networking*. A forma mais simples de amar alguém é derivar um amor de outro. Da amizade (*filia*) para o amor (*eros*), da religiosidade (*ágape*) para a família (*storge*), e assim por diante. É o estar com alguém, mas não saber para onde ir com essa pessoa. O verdadeiro amigo não é assim? Ele liga para você e topa ir a qualquer lugar. (Se não topar, suspeite.) Também pode ser aquele caso em que o verdadeiro amigo é outro: a bagunça, o álcool, a carona, os amigos dos amigos. É exatamente assim que o gozo mimetiza o amor. Por isso também a coisa desanda ao se deflacionar *eros* em *filia*; é uma tática de sobrevivência razoável quando você está na selva, mas pode ser um problema se, no fundo, a amizade é só um cobertor quentinho.

"Com você, o que você mandar. Com você, o que você quiser." No fundo, esse é o ponto de segurança básica que construímos na primeira rodada da escolha amorosa. Mas ainda faz parte dessa decisão do desejo de ter o amor. Desejo mesmo ou não? Porque talvez eu não queira assumir esse desejo. É possível amar imensamente alguém, mas não querer que isso aconteça. De repente, o amor virou um antídoto universal, o que parece estar corroendo a educação das nossas crianças com excesso de amor de baixa qualidade. E é um grande preconceito da nossa época. Como o amor ficou de fora das estruturas, achamos que ele pode derrotar essas estruturas.

APOIO PARA SAIR DA SOLIDÃO

Autoestima baixa? Mais amor é a solução. É só parar no posto materno ou no superamigo e encher o tanque – com mais amor. Você volta para a vida, mas continua tudo igual, nada mudou – ou seja, é apenas uma enganação. O amor é muito importante, decisivo, mas não onipotente. Quando começamos a achar que tudo deu errado por falta de amor, provavelmente estamos confundindo ou substituindo o amor pelo desejo, o amor pelo gozo, o amor pelo sucesso no trabalho ou seguidores no YouTube. Tome a Coca-Cola narcísica e ficará com mais sede de reconhecimento real.

Essa escolha tem a ver com fazer valer um desejo sobre um amor. Mas essa é outra história, a do encontro-desencontro. Há amores mais encontrados que amores marcados pelo desencontro. Em comédias românticas, o improvável acontece. A superestrela de cinema encontra o livreiro de subúrbio em *Um lugar chamado Notting Hill*. O empresário encontra a virgem devassa em *Cinquenta tons de cinza*. O milionário encontra a prostituta em *Uma linda mulher*. Mas também poderia ser um viajante que encontra uma dona de casa, como em *As pontes de Madison,* ou aquele outro viajante, responsável por demitir as pessoas, que encontra a pessoa amada em *Amor sem escalas*. Depois desse massacre narrativo, devíamos ter aprendido que o amor acontece de formas improváveis. No entanto, o que mais escuto são pessoas que não se dispõem a mudar o bar aonde vão toda semana. Nenhuma chance para o forró, zero para a gafieira, nunca no baile funk, jamais na missa de domingo.

Espero que os exemplos sirvam espontaneamente para mostrar como o narcisismo atrapalha, mas não é o culpado, afinal. O amor sofre quando temos um espraiamento contemporâneo das relações narcísicas de alta performance, de produção de imagens, de produção de si, em escala tecnológica, em escala de uma nova linguagem, de uma nova forma de desejo, de uma nova forma de trabalho. Mas realmente não creio que seja pior que enfrentar o fato, como diz Lacan, de que "a relação sexual não existe", ou seja, o amor não será jamais signo de gozo e sutura para o desencontro estrutural.

Freud opunha a escolha narcísica ao que ele chamava de *escolha de objeto por apoio (Anlehnung)*. O apoio se referia a funções ligadas à autoconservação, como proteção e alimentação. No primeiro caso, escolhemos nós mesmos, e o lugar que o outro nos dá. Escolhemos a posição de onde é possível nos perceber amados pelo outro como gostaríamos de ser amados. O segundo tipo de escolha não está tão baseado na admiração e no respeito, mas ganha no processo porque coloca com mais clareza o desejo e o gozo como fatores de escolha. Vale lembrar daquela velha piada: os Beatles falavam só de amor e não duraram dez anos; os Rolling Stones focaram no gozo e estão aí até hoje. A escolha por apoio é aquela da qual menos se espera. Quando visitei Índia, Egito e Tunísia, descobri que o casamento arranjado entre famílias é uma prática vigorosa, assim como na Tanzânia, na Namíbia e na África do Sul não branca. Minha pergunta nesses lugares era sempre sobre o dote, que em geral atrasa muito a união dos pretendentes, criando espaço para desembarque, se necessário, e sobre o fato de que, quando não havia violência envolvida, parecia ser uma forma de vida razoável, inclusive para as mulheres, pelo que elas mesmas diziam.

Quase sempre alguém dizia assim algo do tipo "é preciso certa distância para podermos admirar". O respeito, esse sentimento que, para Kant, fundava nossa moralidade no amor à lei, começa a se tornar outras coisas. Em geral, no entanto, não temos pressa, porque aquilo tem tudo para dar errado. A facilidade encontrada para levar adiante um divórcio no mundo islâmico é um pouco desconcertante, e muitas mulheres batem o cartão num primeiro casamento arranjado para pagar o dote com suas famílias de origem e depois inventam outros destinos. Não estou recomendando essa prática para a nossa realidade, mas consideração por sociedades que esperam menos do amor ou de um amor com outras qualidades diferentes da nossa. Um pouco da crise amorosa que vivemos deriva do nosso excessivo etnocentrismo.

Vamos pensar na experiência de um museu. Você chega perto de uma tela e gosta tanto do que vê que daqui a pouco não vê mais nada. Pior, começa a ver as pequenas imperfeições deixadas pelo pincel, os erros de montagem... Precisamos dessa distância para que a coisa amorosa aconteça. Há casais que criam distâncias infinitas entre si apenas para

APOIO PARA SAIR DA SOLIDÃO

procurar o limite de seu pulmão amoroso, depois do qual tudo só pode ser alívio.

Anaclítico pode ser lido também como um amor que se apoia em amores anteriores, geralmente tratados como terceiros indesejáveis. A mãe nutriz e o pai protetor são uma datação cultural que Freud tinha para o lugar da mulher e o lugar do homem na Europa do começo do século XX, mas há aqui uma sabedoria reaproveitável, que é a ideia de que um novo amor, de certa forma, pode nos reconciliar com a nossa história de amores passados, pendentes e até mesmo tóxicos. Ou seja, não só papais e mamães, mas todos aqueles que fizeram parte desse roteiro, dessa história, agora são uma espécie de "patrimônio" do namoro que se abre, do casamento que se abre.

A pergunta aqui é mais ou menos esta: é possível trazer amores anteriores para uma nova relação? (Há quem faça isso numa dimensão erótica e se divirta...) Num primeiro casamento, aprendem-se coisas incríveis, uma nova forma de amar, de se descobrir... mas é possível compartilhar essas experiências com outra pessoa num segundo casamento?

Muita gente diz que não aguenta – isso é ciúme. Desejamos ter sido o primeiro amor, o que "vale", o único e verdadeiro. No caso anaclítico não se dá grande importância a isso.

Muitos casais ficam arrasados quando um parceiro troca o nome do atual pelo nome de amores anteriores. Para alguns, este pode ser o pequeno detalhe que destrói tudo, o signo de que o outro ama alguém do passado mais do que a eles mesmos. Mas esta troca pode ser lida, em muitos casos, como a exata confirmação do contrário. Quando substituo seu nome por outro consagrado em minha série histórica de amores estou declarando, de forma mais inequívoca possível, que você pertence a esta série e que a você dedico amores tão imensos quanto os anteriores. Apesar de verdadeira, essa "homenagem" acaba sendo recebida como desprezo, pois cada casal vive também da ilusão de que fomos os primeiros e, como tal, incomparáveis a todo resto.

Ou seja, se amar é se abrir para a forma de vida que vem com o outro; seu baú de fantasmas virá junto, quer queira, quer não. Não estou falando daqueles para os quais o *ménage* é a via preferencial de gozo,

A ARTE DE AMAR

porque aqui é outra história. A versão básica é mais simples: pessoas que causam o seu desejo também podem ser versões de mim, que agora acolho, recebo e compartilho quando você me conta. O que era *seu* vai se tornando *nosso* nesse processo, e muitas requalificações de afetos, emoções e sentimentos dependem crucialmente desse movimento anaclítico. A porta que abre para um lado pode abrir para o outro. *Dura lex, sed lex*. Como dizia Lacan, cada um vai até o tanto de verdade que aguenta. A porta da mentira é serventia da casa.

8
Por que continuar amando?

Nossa obsessão em criar novas formas de amor acabou deixando de lado outro tema crucial: como fazer quando queremos que o amor acabe? Muitas separações se tornam mais dolorosas e longas do que podiam ser porque os envolvidos mantêm a crença tácita de que o único ou maior motivo para separar é quando ficamos indiferentes, anestesiados e apáticos com relação ao outro.

Se tal pessoa nos faz lembrar ou sentir algo, isso significa que podemos mobilizar a cavalaria para reconquistá-la. Sinal certo e seguro de que não acabou. Como se o fim do amor só pudesse existir em estado de indiferença radical. De fato, as separações mais difíceis são aquelas em que o amor permanece. Se você perguntar por que então se separar, volte ao capítulo sobre desejo e gozo e aproveite para dar uma nova olhada na ideia dos quatro amores. A novidade aqui é que Freud não estudou apenas as condições neuróticas que restringem nossas escolhas, até que elas se tornem improváveis, mas também se interessou em por que o amor tende a se degradar depois de um "eu te amo". *Erniedrigung* é a palavra alemã para isso. O homem volta para os amigos na mesa de bar, a mulher se torna um dragão cuidando das crianças; este é o retrato freudiano do problema.

Um dos episódios mais interessantes de *Black Mirror* é "San Junipero", aliás o mais querido entre os que acompanharam a série. Nele, uma mulher passa a vida num amor *storge*, aparentemente bem-recompensado, com marido e filhos. Prestes a morrer, ela tem a opção de continuar essa experiência feliz ou voltar a um ponto de sua existência em que viveu um tórrido amor com outra mulher. Ao longo de toda a sua vida, esse amor permaneceu latente; o lado B da vida não vivida. O que você quer diante da eternidade? O pequeno amor bem-vivido ou o grande amor que pode ser uma fria? Ela escolhe a segunda opção; a plateia vibra, pensando "fez o que eu teria feito, mas não tive coragem". Voltamos ao medo que discutimos no primeiro capítulo. Essa é uma grande lição, pela surpresa, pela resposta para a pergunta: "por que amar?" Porque no amor está a liberdade contingente; no amor está o que você ainda não sabe sobre si mesmo, sobre o mundo, sobre o outro.

Um amor bem concluído é um amor no qual já sabemos como as coisas se dão, como funcionam; inclusive os limites que ele apresenta. Outra coisa que subjaz a essa ideia de um amor unitário diz respeito às tecnologias amorosas, às narrativas amorosas, que vão nos permitir decompor as formas de amor. Por exemplo, o amor por um animal de estimação é uma forma legítima, plenamente realizável, que torna uma vida às vezes gratificante. O amor da *storge* é um amor da ternura. Posso resolver a *filia* tendo um animal de estimação.

E o que fazer com o *eros*? Para isso existem os aplicativos, sem falar nas formas cada vez mais práticas de tecnologia sexual. Por que não dividir as coisas? Uma coisa aqui, outra coisa lá, e isso ainda vai liberar espaço para cultivar três amizades; mais espaço e mais tempo para a família e sua *storge*. Separar as coisas parece mais prático, e não colocamos todos os ovos na mesma cesta. Se eu quiser, ainda posso ter a *ágape* nas minhas meditações, práticas ritualísticas e nas minhas formas religiosas.

Essa solução não é nem um pouco desabonadora. Nem sempre encontramos essa multiplicidade de alternativas, ou a plasticidade psíquica para tanto não está disponível. Em geral, a pergunta é por que amar e continuar amando. O amor é aquele que continua? E aquele que acaba? Não era de verdade? Existe um paradoxo que alguns educadores citam em relação à condição humana: não conseguimos parar de aprender – mesmo coisas ruins, indesejáveis. Tem que haver muito trabalho para suprimir tal vocação. De fato, há por que continuar amando. Há formas amorosas extremamente problemáticas, porque no fundo não conseguem pensar a sua própria dissolução.

POR QUE CONTINUAR AMANDO?

É preciso ter em mente também que, para muitos, o amor precisa ser infinito – se acaba, não foi verdadeiro. A perspectiva de se colocar diante da infinitude é bastante prepotente e tende à decepção. Encontramos uma das metáforas mais corrosivas para o amor na peça teatral *Huis clos* [Entre quatro paredes], de Jean-Paul Sartre, que conta a história de quatro pessoas presas a um inferno amoroso do qual não conseguem sair nem propriamente entender. Para isso, teríamos de responder sobre algumas formas de degradação amorosa, como o ciúme, uma das coisas menos promissoras para o amor. Muita gente só consegue viver sua experiência amorosa com ciúmes, isto é, se o outro também não sente ciúmes é porque não ama.

O ciúme, nesse contexto, é algo extremamente difícil de alterar. Não é um sintoma fácil. Demora muito para ser tratado, assim como a relação com o dinheiro. A inaptidão para a generosidade, a falta de referências libidinais em torno do prazer de dar e a ausência de recursos para fazer da felicidade alheia parte de sua própria realização criam um dos piores prognósticos amorosos. É muito difícil de ser abordado. Pessoas que dizem "eu te amo", mas têm problemas para resolver questões que envolvem dinheiro, para quem tudo tem que ser exatamente na ponta lápis. Isso é um sintoma de falta de intimidade, de comunalidade, de compartilhamento, ao modo da *storge*. É um amor em contrato, judicializado, péssimo.

Há *ciúmes projetivos*, em que o traidor vê traições por toda parte; *ciúmes como signo calculado de amor* e *ciúmes avarentos*. Neste último caso, o ciumento não suporta dividir aquele amor com outros. Quer tudo para si e acha que se deixar entrar um outro, ele vai perder. Aquele que não consegue ser generoso e dividir o amor que sente por outro cultiva um amor avarento. O ciúme avarento junta o desperdício do baú batendo no porta-malas com a recusa a começar um novo amor. Nessa situação, a única saída, do outro lado, é uma alta e refinada capacidade de deixar de amar. Cada gesto de ciúme possessivo vai minando esse amor. Essa respiração amorosa às vezes é possível, às vezes não; outras tantas, é asfixiante. E aí é preciso terminar. Amores desrespeitosos, humilhantes e que se degradam diante do outro são parte do ritual, não da fantasia.

Assim, você não chega a ser um masoquista profissional. Você está se transformando num masoquista amador para continuar a amar, a ser amado e assim por diante. A resposta à pergunta "Por que continuar amando?" dependeria de como terminamos com o amor, como acabamos com ele. Uma das formas, como já vimos, é por meio da familiarização. É quando o seu parceiro vai se tornando um objeto, no mau sentido, e vocês se tornam "irmãos", amigos, parceiros ou sócios de um empreendimento imobiliário ou na criação dos filhos. Existem algumas "receitas" para deixar de amar. A mais difícil é: ame melhor. Descubra um novo amor. Não é à toa que Rimbaud descreveu o projeto moderno da poesia, depois reforçado por Mallarmé e os surrealistas, como a arte de criar um novo amor.

> *Um toque de seus dedos no tambor detona todos os sons e inicia a nova harmonia. Um passo seu é o levante de novos homens e sua marcha.*
> *Sua cabeça se vira: o novo amor! Sua cabeça se volta, — o novo amor!*
> *"Mude nossa sorte, livre-se das pestes, a começar pelo tempo", cantam essas crianças. "Não importa onde, eleve a substância de nossas fortunas e desejos", lhe imploram. O sempre chegando, indo a todo canto.*[1]

O poema "A une raison" pode ser lido como "uma razão" ou como "uma ressonância". Advém desse poema a ideia de que um novo mundo deve começar por uma nova maneira de amar. Muitas pessoas debilitadas por um amor tóxico dizem que o seu coração de lata está amassado, que lhes falta a coragem para amar e que seus corpos são como palha sem vontade. Em *O mágico de Oz* (1939), de Victor Fleming e King Vidor, a menina Dorothy, um espantalho, um homem de lata e um leão estão em busca do tal mágico. O homem de lata havia perdido o coração de tanto trabalhar, mas encontra um coração, na forma de um relógio. Temos uma máquina de amar, o coração; uma metáfora para esse órgão que seria capaz de nos fazer amar. Contudo, alguns amores vão destruindo a nossa capacidade de amar. Não é que não conseguimos nos separar daquele amor; é que ele foi ficando tão reduzido, tão pobre, tão limitado, que acaba sendo a única coisa que temos. Mas a substituição por um

POR QUE CONTINUAR AMANDO?

relógio despertador é necessária. Ele bate como um coração, mas também avisa que estamos atrasados e pode ser acertado de vez em quando, desde que saibamos do atraso. A longa viagem pelas planícies do Kansas e seus vendavais mostram que a busca pelo mágico de Oz – na verdade um charlatão – tornou a viagem um verdadeiro rito de transformação. Os objetos reparadores são achados pelo caminho, meio a esmo. Não são redentores, nem muito especiais. Trata-se de um filme sobre como são fabricadas as ilusões, indiretamente sobre o próprio cinema, e sobre como entre as mais poderosas ilusões estão aquelas que nos fazem acreditar no objeto que nos falta como equivalente da falta de amor ou reconhecimento que esperamos.

Se elencarmos dez dos nossos filmes favoritos sobre o assunto, vamos perceber que todos eles nos falam de amores separadores. Desde *Love Story* e *Escrito nas estrelas*, até *As pontes de Madison* e *Romeu e Julieta*, nas suas inúmeras versões. *Filadélfia*, um filme lindo sobre uma pessoa que está morrendo de aids e que ao mesmo tempo luta para ter seu amor e sua condição reconhecidos pelo Estado. *A partida* (2008), de Yojiro Takita; *Comer, rezar e amar* (2010), de Ryan Murphy; *A separação* (2011), de Asghar Farhadi; *Amor* (2012), de Michael Haneke; *Para sempre Alice* (2014), de Richard Glatzer e Wash Westmoreland; e *Que horas ela volta* (2015), de Anna Muylaert. Dos 44 filmes mais conhecidos que falam sobre separação, apenas três vieram a público fora do intervalo entre 2008 e 2018.[2] Assim como tivemos uma onda de filmes sobre divórcios e conflitos familiares nos anos 1980, agora parece que estamos reaprendendo que a arte de amar depende, profundamente, da arte de separar. E quando não se domina essa arte, é possível que suas inversões mais comuns – ou seja, em medo e ódio – tornem-se a moldura hegemônica de nossos afetos. Assim como nos anos 1980 falava-se na cultura do narcisismo e no consumo de antidepressivos, hoje questionamos o estado geral de nossa saúde mental, mas poucos pensam que o amor pode ser qualquer tipo de saída. Tenho a impressão de que a tematização extensiva da separação entre os anos 2008 e 2018 reflete não apenas uma transição geracional, mas a dificuldade de elaborar luto sobre uma vida que poderia ter sido e não foi.

O luto não é apenas a operação psíquica que fazemos quando perdemos pessoas que amamos, mas um modo de simbolizar, subjetivar nossos desejos, substituir amores e reformular nossa economia de gozo. Por isso, todo amor que foi de fato gera um luto, assim como a perda de uma abstração ou ideal que representa aquela pessoa, um país ou nação, um sonho ou uma forma de vida.

Entre 1980 e 2008, tivemos o momento de máxima confiança na forma de vida neoliberal. Depois disso, vieram as decepções teóricas, as constatações práticas, as discussões climáticas e a consciência racial, decolonial e sociológica de que uma grande mudança é necessária. O velho já se formou; o novo ainda não tem uma face muito bem-definida. Enquanto isso, vimos emergir uma cultura do ódio, do ressentimento, típico das falsas promessas e do sentimento de traição.

Com vimos no discurso de Fedro em *O banquete*, amar é substituir, ficcionalizar e metaforizar. Amamos nossos pais, nossos primeiros cuidadores, violenta e vigorosamente. Depois amamos nossos professores, amigos, amantes e... O que acontece é que substituímos um amor pelo outro. Substituir um por outro; não trocar um por outro na loja. A substituição como passagem, algo que vem depois e assimila e contém o que veio antes.

Aquele incapaz de viver o luto é forte candidato à depressão e a amassar sua máquina de amar. Por isso, muitas depressões melhoram não pelo acúmulo de boas-novas e uma maré de otimismo, mas pela realidade insubstituível de uma nova perda. Há depressivos que estão engasgados com a pré-realidade ou a irrealidade da última perda. É o que alguns chamam de *função terapêutica do real*.

Substituição simbólica é diferente de reposição imaginária. Aquele que se foi vai permanecer em nós, porém nós vamos nos abrir para outros amores que virão e que não serão incompatíveis com aquele que se foi. Portanto, amar não é só a vida comum que temos com aquela pessoa. Amar nos ensina a tocar esse processo subjetivo de substituição simbólica.

Como diria Pausânias, o amor nos ensina a dar valor às pessoas, à vida, à existência, aos nossos antepassados, às nossas crianças, ao nosso futuro. Muitos tentam argumentar que a vida teria de ter algum valor intrínseco. Há satisfações por vir, projetos por fazer. Mas esse tipo de barganha, em que a vida teria de nos oferecer algo em troca para que continuemos nossa caminhada, é, em geral, um paliativo, que tende a piorar depois que a onda passa. A habilidade de dar valor só se desenvolve em torno da apreciação das perdas, desde que delas emerja um verdadeiro trabalho de luto.

Pesquisas contemporâneas em psicologia apoiam a tese de Erixímaco. As pessoas que têm mais amores na vida são mais resilientes, encaram melhor os traumas, enfrentam com mais desenvoltura uma doença terminal, vivem mais tempo. Existe uma percepção de que homens casados levam vantagem em uma entrevista de emprego. Não deveria ser, mas é um viés porque as pessoas interpretam que se alguém é capaz de amar e ser amado, você tem mais propensão à responsabilidade, mais capacidade de sacrifício e também mais controle social difuso.

O banquete[3] é um diálogo atravessado por controvérsias paralelas. Fedro está de porre e Erixímaco não consegue curar o soluço de Aristófanes, que, por sua vez, foi causado pelo excesso de hiatos no discurso de Pausânias. Mas nesse circuito de desencontros onde o corpo se intromete, não mencionamos que o desejo de Sócrates está sendo questionado por ser um desejo sem lugar, atópico. *Topos* é "lugar"; *a-tópico*, aquilo que não tem lugar.

Essa *atopia* é muitas vezes confundida com uma *utopia*, ou seja, um *lugar outro*. A utopia amorosa só é um grande problema e uma grande ilusão a ser combatida para aqueles que não sabem fracassar, o que também é importante. Agatão fez o elogio do amor dizendo como ele é difícil de ser localizado. Estaria ele no templo sagrado, na casa, na cama ou na praça? Toda vez que a utopia do amor ganha corpo, lugar, programação e metas, o amor fica menor. O ressentimento é o sentimento pelo qual o amor vira ódio, a moldura na qual acontece o *amódio*, a mistura de amor e ódio, na expressão de Lacan.

Contudo, se não for possível odiarmos aquela pessoa que amamos, não conseguimos no separar dela. E se ela também não se separa, não tem como voltar conosco. É muito importante, portanto, manter a posição amor-ódio funcional, assim como manter em exercício a oposição alegria-tristeza e a oposição surpresa-aversão.

188 A ARTE DE AMAR

Muitos dirão que nossa época é de suprema indiferença e que por trás dela há uma falta de empatia e solidariedade. Pelo contrário: muitas vezes parece que temos uma indiferença fora de lugar. Primeiro, usamos a indiferença para dizer que não sentimos falta do outro, portanto o outro pode nos admirar. Segundo, não conseguimos ficar indiferentes ao gozo inofensivo do outro – suas práticas erotológicas, seus fetiches, suas opiniões culinárias, suas preferências estéticas. Tudo isso, que deveria compor o reino da liberdade dos prazeres, torna-se objeto de juízo e avaliação, ao passo que as diferenças que demandam ação permanecem impávidas. Estamos acostumados ao ritual de indignação, culpabilização e esquecimento com a crônica diária de guerra e morte; com a pressão semanal, a descompressão da sexta-feira e a depressão de domingo. Mas nada de indiferença sobre a vida dos outros.

Como diz Frédéric Gros,[4] o verdadeiro afeto revolucionário é a vergonha, pois é o único performativo pelo qual podemos dizer para nós mesmos que deveríamos ou não estar em determinado lugar. Por isso é uma marca de solidariedade, ao passo que a culpa marca a individualidade; por isso conjuga raiva e ódio contra a ignorância do mundo. A vergonha é uma afecção da *falta* de saber, ao passo que a culpa nos faz sofrer com o *excesso* de saber. Uma pode se converter na outra quando nos perguntamos, por exemplo, o que fizemos para impedir determinado malefício ou o que devemos fazer então para que tal situação não se repita. A vergonha dos oprimidos, sentindo-se perdedores da história, pode ser tratada pela inversão em vergonha para quem fez com que nos sentíssemos envergonhados. A condição fundamental é renunciar ao gozo da mesma crueldade exercida pelo outro, caso em que a vingança levará apenas à inversão do sinal da culpa.

Quando somos indiferentes ao outro, isto é, quando não nos afeta, não nos toca, aí o amor acabou. E a indiferença é um afeto ou um "desafeto" endêmico na nossa cultura. Não só a indiferença real, mas a indiferença forçada, aquela cuja diferença conhecemos, mas que negamos conhecer. Podemos, então, gostar que o outro se apaixone, se interesse, apenas para desprezá-lo. Assim, é possível gozar com o fato de que o outro gosta de nós, mas não precisamos disso; ele está em nossas mãos – esse é o discurso do Agatão.

POR QUE CONTINUAR AMANDO?

O jovem e lindo guerreiro Alcibíades entoa o discurso da denúncia e da ambígua autorrecriminação. Em vez de cantar com Tom Jobim, "eu sei que vou te amar, por toda a minha vida eu vou te amar, a cada despedida eu vou te amar", ele diz "Por que que eu fui te amar? Por que você me fez te amar?". É a denúncia de ódio-amor, à qual estamos nos acostumando. É o cuidado da alma com medo, evitação e prevenção. Alcibíades, que viveu com Sócrates uma experiência erótica, já no início do julgamento de seu professor o denuncia: ele incita um amor que não corresponde, ou seja, que lhe faz mal. Alcibíades fala isso para Erixímaco, dizendo que Sócrates é uma doença. Ele está sendo ouvido por Aristófanes, comediante que depois vai trabalhar no julgamento de Atenas contra Sócrates. Contra Fedro, Alcibíades está dizendo que Sócrates não permite a substituição de amado em amante. Ao final, vemos a manobra clínica psicanalítica de Sócrates sobre Alcibíades: a *transferência* do amor.

Lacan toma esse aspecto de *O banquete* para argumentar que falar sobre amor é algo diferente de falar sobre outros temas, pois seu conceito chama sua representação, ou seja, a maneira como falamos do amor é também a maneira como produzimos o amor e como o fazemos acontecer. Isso adquire especial importância para entendermos como o tratamento psicanalítico cria a transferência – uma experiência artificial de amor –, e como ela tem a estrutura de um engano ou de uma ilusão, porque no fim das contas não amamos o psicanalista, assim como Alcibíades não amava Sócrates, mas o saber do qual ela parecia ser o portador. Há, portanto, um sujeito suposto a este saber, que está do lado do próprio analisante, mas que é transferido ao psicanalista, durante o tratamento. Então surge o amor ao saber, algo que está em baixa no momento. Saber ficou fácil, virou meio de gozo, mas esse saber está produzindo, não por seu conteúdo, mas talvez pela forma como é transmitido. Sócrates, diferentemente das plataformas digitais, é apenas um receptáculo vazio, arte e artifício por meio dos quais as suposições necessárias ao saber possam se desenrolar. Porque o amor dirigido ao saber, que nos faz amar melhor, é aquele que passamos adiante de graça, como uma boa piada.

9
Afetos, emoções e sentimentos

O filósofo Jacques Rancière afirma, em *A partilha do sensível*,[1] que toda comunidade tem regras tácitas sobre como o afeto e as demais experiências de sensibilidade serão habitados por determinada voz e determinado corpo. Há tradições de pensamento que postulam que, uma vez no campo dos afetos, estaríamos mais próximos da liberdade, porque estaríamos mais próximos de nós mesmos. Contudo, essa convicção esconde que muitas vezes a forma como alguém pode "sentir" ou expressar seus sentimentos envolve uma espécie de política. Foi estudando como essa política prescreve e impõe modos de sofrimento que percebi a importância de pensar uma teoria dos afetos, emoções e sentimentos.

Ela é tanto uma política de como experimentamos esteticamente o mundo quanto o modo como o mundo e os outros impõem certa modalidade de política para nossos afetos. Isso permite inverter a fórmula psicológica mais comum que postula que nossos afetos seriam algo essencial, real, verdadeiro e autêntico. Por isso eles se perdem quando os colocamos em palavras. Eles se deformam quando aparecem de modo inteligível ou controlado. Eles são mentirosos quando não se manifestam segundo certas gramáticas específicas de reconhecimento e sanção. *Essencial* aqui quer dizer que independe das aparências. *Real* indica não ilusórios, enganadores ou mentirosos. *Verdadeiro* significa que os afetos não mentem, eles são fonte confiável do que se passa conosco e com os outros, por isso os que desejam nos enganar escondem seus afetos. *Autêntico* quer dizer que os afetos não podem ser imitados, nem copiados.

Neste livro, tentei mostrar que nossos afetos, tomando o amor como caso mais radical desta hipótese, não são apenas uma experiência íntima, solitária e interna. Ainda que nós assim os experimentemos – nossa maneira moderna de nos entender como indivíduos –, nossos afetos são profundamente determinados pelos afetos dos outros. Ademais, nossos afetos são determinados pelos nossos afetos anteriores e pela maneira como os traduzimos em uma espécie de experiência comum com os outros por meio de palavras, expressões, ritos e gestos.

Uma teoria popular dos afetos afirma que cada um experimenta uma das seis ou sete emoções fundamentais, definidas pela história de nossa espécie. A forma de vida baseada no indivíduo não é universal. Há culturas nas quais ao valor do coletivo impõe-se a definição do indivi-dual. É como se, antes de perguntarmos "O que eu sinto?", fizéssemos a suposição de que, nessa situação, nesses termos, segundo o que de mim se espera, devo "sentir" as coisas e o mundo desta ou daquela forma. É um tanto dessa experiência que os gregos chamavam de *páthos*, de onde procede a ideia de uma psicopatologia.

Todos conhecem a história do rei que se viu perdido na floresta e, depois de dias de medo e desesperança, encontrou a cabana de uma pobre família onde lhe é servida uma sopa de morangos. De volta ao palácio, ele passa anos à procura daquele sabor indescritível da sopa salvadora, mas tudo o que consegue é se enfurecer com os cozinheiros que lhe apresentam a cada vez uma "falsa" sopa de morangos. Depois de muito procurar, o rei encontra um cozinheiro que conhece a famosa receita da floresta perdida. Contudo, diante do pedido do rei, o homem contesta: "Meu caro, conheço a receita e sei bem o sabor da sopa que procura. Infelizmente, não posso cozinhá-la porque me falta um ingrediente que não está disponível para reis: a fome, o medo e a hospitalidade que Vossa Majestade sentiu naquele dia."

A sensação de fome, a corporeidade que isso implicava, sua associação com o sentimento de estar perdido numa floresta, diante da perspectiva incerta de encontrar abrigo e o contato com a vulnerabilidade da falta de recursos tornou a sopa de morangos um signo de amor, não um instrumento de gozo, que era tudo o que os cozinheiros tiranicamente

AFETOS, EMOÇÕES E SENTIMENTOS

submetidos ao gosto do rei poderiam oferecer. Ou seja, a combinação de afetos envolvendo fome, dor e angústia com uma emoção mais simples – o medo. Tais estados supostamente imediatos da consciência não são vividos de modo simples, mas dependem de uma interpretação do que o Outro está dizendo sobre o que se passou, antes de estar perdido na floresta, e o que ele antecipa como futuro possível para a situação. Teremos animais ferozes na mata? Chove e faz frio ou faz sol e a noite será amena? Existem pessoas procurando pelo monarca ou ele está fugindo de inimigos que o perseguem? A descoberta da cabana salvadora se fez acompanhar de pessoas generosas que o acolheram espontaneamente ou por camponeses interessados na recompensa que um rei é capaz de propiciar? Além disso, temos ainda o fato de a sopa de morangos ter se tornado "mítica", ou seja, narrada e lembrada como um momento maior e inesquecível da vida de um rei. Presume-se também que ele pudesse estar tão acostumado com a alta culinária que a fome seria uma experiência rara a ponto de ser quase esquecida.

O conto tem uma conotação política óbvia; por isso, um de seus personagens deve ser um rei, ou seja, os poderosos tendem a esquecer que outras pessoas passam fome, por isso tendem a desconsiderar a importância da fome na relação com a vida dos outros. O cozinheiro sábio lembra desse detalhe ao mesmo tempo que salienta que o rei, em todo o seu esplendor e glória, ainda assim permanece impotente quando se trata de partilhar afetos vividos individualmente, na forma de sentimentos experimentados coletivamente, ainda que suas emoções sejam tão individuais quanto coletivas.

Tudo se passa então como se os afetos fossem triplamente causados.

Primeiro por aquilo que colocamos no caldeirão da sopa comum, que contém tanto os afetos que expressamos quanto a maneira como nós mesmos os consumimos. É o que os antigos chamavam de *autoafecção*, ou seja, o fato de que somos afetados pela forma como nos percebemos expressando afetos. Sentimos mais raiva quando nos percebemos com raiva; mas também podemos nos sentir menos tristes diante da percepção de que o que sentimos é tristeza pela perda de algo ou saudade de alguém. Afetos são qualificados primariamente como *prazerosos* ou *desprazerosos*.

Segundo porque aquilo que experimentamos como afeto permanece irreconhecível ou indeterminado até que este reaja com o afeto do Outro. E ainda que esteja sozinho, o Outro se mostrará presente, por exemplo, pela ira do vento que sopra lá fora, pela tempestade que se anuncia ou pelo barulho irritante do ônibus que acabou de passar. Em geral, nos sentimos passivos diante do que nos afeta; porém, se olharmos mais de perto, veremos que existe certo grau de liberdade para "decidir" o que sentimos quando escolhemos quais signos vão compor a paisagem de afetos partilhados com os outros como satisfação ou insatisfação. Isso mobiliza expectativas e crenças que certamente antecedem aquela experiência de afetos, mostrando como parecem ter uma memória. Temos então os afetos, com seus circuitos internos de referência, e as emoções, como reações, ações e inibições possíveis para esses afetos. Isso explica por que cada um tem uma forma de sentir e expressar as mesmas emoções básicas descritas por Charles Darwin em seus clássicos pares de emoções: tristeza e alegria, medo e raiva, surpresa e nojo. Agora percebemos que o gosto da sopa de morangos depende absolutamente do fato de ela ter sido experimentada de modo compartilhado.

Em terceiro lugar, nossos afetos, uma vez traduzidos em emoções, são transcritos na forma de sentimentos sociais. Aqui devemos levar em conta como a receita da sopa de morangos se torna um saber impessoal, que alguns cozinheiros conhecem. Ou seja, a ideia de reencontrar, repetir ou comemorar o gozo experimentado pela experiência que se tornou parte de nossa memória depende de uma paisagem discursiva que, ao final, não pode ser perfeitamente recomposta. O cozinheiro real poderia ter acrescentado um terceiro motivo pelo qual a sopa de morangos buscada jamais poderia ser novamente obtida, por exemplo, o rei não estava em estado de fome – o que aliás poderia ser artificialmente recriado – nem estava solitário e desamparado, o que também, com alguma sorte, ou com um tanto de azar ele poderia reviver. O que não pode ser recriado é o fato de que aquela tinha sido sua primeira experiência com a sopa de morangos; por mais que se seguisse a mesma receita, a experiência seria tão somente uma mera repetição, sem o sabor da surpresa e do ineditismo que só a primeira vez oferece. Ademais, esse reencontro seria corrompido e atravessado por todas essas outras tentativas decepcionantes de reencontrar a "sopa primordial" de morangos.

AFETOS, EMOÇÕES E SENTIMENTOS

Portanto, os afetos se traduzem em emoções, e as emoções em sentimentos, que oferecem a linha de base e o enquadramento para a recepção de novos afetos. A primeira operação se assemelha a uma transcrição. Ela nos faz passar de uma diversidade de suportes materiais – de natureza visual, olfativa, acústica, tátil, compreendendo uma diversidade sensível de tipos de signos, com afetos de valência variável e contraditória, combinando prazer e desprazer – para uma unidade actancial. A segunda passagem envolve ler essa unidade actancial como uma gramática de emoções, em relação de simetria, transitividade e causalidade. Determina-se, assim, quem é o agente e quem é o paciente no processo. No terceiro tempo os sentimentos produzidos pela generalização de afetos e emoções definem uma disposição, um humor, uma propensão a antecipar certos afetos. Sentimentos fixam certas expectativas de intencionalidade, por exemplo, agressiva ou lúdica, significação direta ou indireta, ao modo de um código grupal ou coletivo.

Voltando a Rancière, ele também é autor de outro trabalho muito interessante chamado *O inconsciente estético*,[2] no qual ele argumenta que no mesmo momento em que Freud propunha o inconsciente como negação de desejos que não podem ser admitidos, quer pela forma como se apresentam, quer por seu conteúdo sexual, as linguagens artísticas tornavam-se conscientes de que seu destinatário, ou seja, a partilha de afetos, seria um caso particular da partilha do sensível, pois supõe um inconsciente formado por estruturas estéticas historicamente definidas, esquemas dramáticos e gramáticas estáveis de ficção. O inconsciente estético é uma segunda superfície pela qual nossos afetos transcrevem-se em paisagens coercitivas e culturalmente determinadas de sentimentos. Ele é formado por um sistema de obras que ocupam de modo diferencial e politicamente determinado o espaço sensível, estabelecendo assim uma rede de suposições sobre como uma produção deve ser recebida e reconhecida.

Juntos, a partilha dos afetos e a hipótese do inconsciente estético permitem entender como a transposição de afetos em sentimentos sociais depende de classe, gênero, orientação sexual, etnia. Ou seja, são os discursos que determinam como cada indivíduo deve sustentar o semblante esperado para a produção e recepção de afetos, emoções e sentimentos. Se na partilha dos afetos vemos como a estética determina a política, no inconsciente estético a política, especialmente a de sofrimento, determina a estética dos afetos.

Ambos concorrem para a produção de um lugar-comum, isto é, aquilo que é partilhado pertencendo a determinado grupo, determinada unidade simbólica de vinculação. Contudo, aquilo que é partilhado também é dividido em partes, e cada qual terá pela frente o seu quinhão de responsabilidade, culpa e implicação. É assim também que Carlos Drummond de Andrade definiu o "sentimento do mundo":

Tenho apenas duas mãos
e o sentimento do mundo,
mas estou cheio de escravos,
minhas lembranças escorrem
e o corpo transige
na confluência do amor.[3]

Cada um tem o seu quinhão, cada um tem a sua contribuição para criar aquele espaço comum. Isso quer dizer que, antes de tudo, os afetos definem-se pela nossa capacidade de afecção, de ser afetado pelo mundo, mas também de reagir ativamente sobre essa afecção com nossas próprias mãos. Spinoza distingue as afecções (*affectio*) dos afetos (*affectum*). Afecção é o efeito que um corpo produz sobre o outro. Quando os raios do sol esquentam meu corpo, eu afirmo que o sol é quente. Mas essa afirmação toca a relação entre o sol e meu corpo, a ponto de podermos dizer que em relação a uma substância ainda mais quente o sol se apresentará como frio. A afecção remete à qualidade sensorial da experiência imediata sobre o corpo. Se ele é mole, duro, quente, frio do ponto de vista do afetado.

Há ainda um terceiro termo, *affectio societatis*, de natureza jurídica, que em latim define a "afeição social", representada pela vontade e interesse comum, entre duas ou mais pessoas, para constituírem uma sociedade. Reencontramos aqui a nossa noção de afeto (*affectum*), a

AFETOS, EMOÇÕES E SENTIMENTOS

ideia conexa de emoção (*affectio*) e sua partilha como *affectio societatis*, presidindo contratos e trocas sociais.

Até então há pouca liberdade, estamos cheios – tanto no sentido de completos quanto no sentido de exaustos – dessa escravidão causada pelos afetos. Nossas lembranças, nossa história, nossa cadeia de afetos vividos fazem com que a reação do corpo ceda, aguarde, module aquilo que em princípio é mera reação. Pensamento impensado, inconsciente estético. Quando o corpo transige. Quando ele não é mais senhor de nossas emoções, tem início essa mistura e essa confluência, a partir das quais o sentimento de mundo não apenas determina nossos afetos, mas também é determinado pela forma como escolhemos compartilhá-los com os outros. Partilha dos afetos, sopa de morangos.

Uma impressão pode ou não permanecer. Pode ou não ser retida por um envoltório na superfície da alma. Mas como alguém que já trabalhou com a arte da gravura sabe, um traço e uma cor podem ou não permanecer como tais diante da segunda impressão. Sobreposição, rasura e até apagamento vão determinar se temos um traço ou apenas um pedaço de traço, dois traços, meio traço. Afinal, é isso que define uma formação do inconsciente estético, ou seja, a *unidade de uma obra*, o fato de que ela é um evento descontínuo no tempo. Ainda que faça parte de uma série, ou possa ser definida por um conjunto de movimentos ou atos, ela tem começo, meio e fim.

A segunda condição para definir os afetos é que eles são compartilháveis, ou seja, estão estruturados ao modo de um encontro, como uma circulação, um circuito ou um sistema de trocas no interior do qual emerge algo comum. Este comum tem um sentido político na medida em que aparece como uma comunalidade entre afetos, o que popularmente chamamos de *contágio*, mas também os afetos podem emergir com o efeito de intimidade, quando o que é compartilhado permanece desconhecido, indeterminado ou oculto.

Existe algo na maneira como somos afetados que mostra uma espécie de expressividade da recepção, uma inteligência na arte de receber e perceber o que o outro e o que o mundo causa em nós. A arte do amor é a arte de fazer confluir tais traços. O seu contrário é a arte da indiferença, ou seja, a prática de separar, de diferenciar ou divergir tais traços. Por isso o amor é a arte de *fazer um*, e a indiferença, a contra-arte de desfazer esta unidade.

Contudo, não se trata de fazer um com o Outro, porque isso não é possível, pois o outro é sempre outro. Argumentamos aqui que a arte do amor trata-se de *fazer um*, no sentido de construir uma unidade entre afetos, emoções e sentimentos, ao modo do andrógino platônico. Nesse caso, frequentemente o amor faz confundir a unidade, perenidade e insubstituibilidade da relação entre amante e amado, pela unidade da experiência ocorrida entre eles. Como se essa experiência fosse um único amor, dos quais amantes e amados são objetos e estão sujeitos. Isso acontece porque o um social é heterogêneo, sendo formado pela disputa entre diferentes circuitos de afeto.[4] A popular teoria das duas metades da laranja, da relação biunívoca entre a tampa com a panela, do pé descalço com o sapato velho, do mútuo merecimento dos casais, pode não ser uma metáfora sobre pessoas, mas sobre nosso próprio sentimento de mundo.

Os afetos têm sua origem em certa falta de discernimento, dada confusão ou até mesmo lacuna de palavras para o que se dá no plano de nossas sensações corporais. Ser afetado não significa nomear aquilo que nos afetou – nomeações precoces causam esse terrível inconveniente que é confundir ainda mais a situação de nossa paisagem interna de afetos. Ser afetado está longe e de certa maneira é quase o contrário de representar aquilo que nos afetou. Porém, somos escravos que repetem novos afetos com antigos nomes. Em geral, estamos cansados disso, por isso nossa capacidade sensível não é um espelho do corpo, mas da linguagem que reduz nossos afetos em emoções e sentimentos já antes vividos. A linguagem também não é um espelho do mundo, mas uma ceifadora de mundos possíveis. Alguns em expansão, outros em retração.

Os afetos se transformam quando estamos em estados mais ou menos crônicos de dor ou sono, cansados ou excitados. Mesmo a dor, tida como a mais objetiva das formas de sensação, pode não ser perfeitamente percebida pelo próprio sujeito se ela afetar áreas do corpo ausentes ou

AFETOS, EMOÇÕES E SENTIMENTOS

rarefeitas em termos de terminações nervosas. Quando ficamos doentes, em geral nos tornamos impacientes, exigentes, manhosos ou irritadiços como crianças contrariadas. Ou seja, a forma com interpretamos nosso estado de corpo interfere no nosso sentimento de si e altera todos os outros sentimentos. Freud falava em uma expansão ou retração do sentimento de si (*Selbst gefüllt*) como efeito de uma aproximação ou distanciamento entre o Eu Ideal (*Idealich*) e o Ideal de eu (*Ich Ideal*). Sendo o Ideal do Eu uma formação social e o Eu Ideal uma formação narcísica, reencontramos na noção de supereu (*Überlch*) a noção de coerção das emoções. Há síndromes – por exemplo, o pânico e os transtornos somatoformes, como a hipocondria – que parecem estar associadas com um curto-circuito da maneira como percebemos certas sensações em nosso próprio corpo: reverberamos o suor, a taquicardia, aceleramos o pulso pelo simples fato de que "pensamos" estar vivendo algo grave.

Mas há fenômenos muito mais simples e prosaicos, como a cócega ou a comichão, onde determinada área do corpo começa a ficar hipersensível. Quanto mais prestamos atenção, mais aquela pequena variação assume um volume, uma extensão psíquica, que logo passa a ser inquietante. A taquicardia piora quando observada. A pressão arterial aumenta quando nos preocupamos com o seu resultado. A comichão parece se agravar depois que começamos a nos coçar. O bocejo dos outros tem um irresistível efeito contagioso. Como se o simples fato de retermos a atenção sobre algo, em nós, no outro ou no mundo, pudesse disparar uma sensação de anomalia, que demanda algo do sujeito. Um pequeno estranhamento na manifestação facial, no tom de voz, na maneira de brincar, pode facilmente interromper o balé frágil de certos afetos.

Um bom exemplo é como podemos fazer um afeto se intensificar centrifugamente, por meio da atenção; ou distribuí-lo centripetamente, em direção aos outros; ou, ainda, estranhá-los, perturbando nossas relações de tempo, espaço, familiaridade ou adequação em relação ao mundo. O estranhamento (*Unheimlich*) é um tipo específico de angústia que remete a um sinal de perigo para o Eu, mas também o sinal de existência de outras realidades, além das que este pode conceber e reconhecer. É como se existissem encontros, pessoas e estados de

A ARTE DE AMAR

alma que nos fazem sentir para "dentro" e outros que nos impulsio-
nam a sentir "para fora". Sentimentos egoístas, altruístas e anômicos
ou desordenados têm mais a ver com essa dimensão do que com sua
qualidade interesseira, de bem querer para o outro ou para si.

Esta é uma segunda característica dos afetos: eles se transformam
segundo a forma como são reconhecidos. Nada mais exasperante do que
alguém gritando de modo superegoico: "Fique calmo!" Ordenando: "Seja
espontâneo!" Ou afirmando compassivamente: "Não fique nervoso!"
Dizer o que o próximo está sentindo é um risco, pois pode ser percebido
como uma "indução" que, no fundo, pretende criar o estado que está a
descrever, apoiando-se no fenômeno da partilha dos afetos.

Uma das patologias mais curiosas no campo dos afetos é a *alexitimia*,
ou seja, incapacidade de nomear os afetos sentidos. Em vez de dizer
que está com inveja ou com raiva, a pessoa pode "sensorializar" o que
está sentindo dizendo que está com calor, desconfortável ou com uma
inquietude difusa. O fenômeno é comparável a outro quadro chamado
amusia, ou seja, ausência de percepção de musicalidade em termos de
harmonia, melodia ou ritmo. O problema não afeta apenas a satisfação
que sentimos com a música, mas interfere diretamente na sustentação do
diálogo e da conversação com outras pessoas. Aparentemente, a amusia
traz consigo a dificuldade de espelhar aspectos durante a fala, fazendo
com que os outros percebam aquele que tem amusia como alguém chato,
irritante ou desinteressante.

Se os afetos são o início de um percurso, definidos pelo modo como
determinado pedido ou pergunta é colocado, a resposta pode ser chamada, portanto, de *emoção* – do latim *moto*, movimento, ação em direção
a determinado sentido ou orientação. As emoções parecem ter uma
dimensão mais fixa do ponto de vista da história da nossa espécie. Seis
ou sete emoções podem ser encontradas transculturalmente ao longo
do tempo. São automaticamente percebidas pelas criança ou aparecem
muito cedo entre as crianças e aqueles que cuidam delas. Tais emoções
foram descritas por Darwin no seu célebre trabalho *A expressão das
emoções no homem e nos animais*. Uma expressão é o que podemos
compartilhar não apenas como produto final, mas como trabalho

AFETOS, EMOÇÕES E SENTIMENTOS

de composição, de construção conjunta. Emoções funcionam segundo certos esquemas regulares que poderíamos aproximar da função da gramática. Quando falamos uma língua, obedecemos a regras que não são conscientes. Muitas vezes, elas são até mesmo contraintuitivas e as aprendemos com muito esforço nesse odioso exercício escolar chamado análise sintática. Os afetos são como o léxico de uma língua. Ele é composto de palavras, algumas mais conhecidas e de uso corrente; outras são empregadas em contextos muito específicos; outras, ainda, apesar de dicionarizadas, são raras e incompreensíveis para quem nunca as ouviu. Há ainda as palavras novas, que surgem com o desenvolvimento da língua, como os neologismos.

A gramática do ataque ou fuga parece depender da oposição entre medo e raiva. Aqui há certas reações tipicamente envolvidas: contração de pupilas, vasocompressão, aumento da visão em foco. Tudo se passa como se estivéssemos diante de uma decisão, avaliando, por meio do trabalho da inteligência, que juízo desencadeará determinado ato. Enquanto esse juízo não se conclui, o estado de alerta permanece e, com ele, a angústia se acumula em torno dos signos de perigo, sejam internos ou externos.

Enquanto o medo e a raiva são afetos que nos direcionam para a ação – seja a ação de recuo defensivo, seja a ação de ir em frente –, alegria e tristeza nos fazem focar no presente. Elas nos ligam ao ambiente, reverberando certo contentamento ou satisfação do ponto de vista retrospectivo. Sua gramática é da perda e do ganho. Poderíamos falar de estados de expectativa ou angústia de espera. O que quer dizer satisfação? Vem do latim *satis*, ou seja, é algo que basta, suficiente. O que os antigos chamavam de *aventurança* ou *temperança* (*sofrosine*), e que traduzimos equivocadamente com *felicidade*, é na verdade uma emoção ligada à aceitação do mundo e do destino.

Do ponto de vista das emoções temos uma gramática baseada em três pares de emoção: medo e raiva, alegria e tristeza, surpresa e nojo. As emoções estão sujeitas a um cálculo de ação, do tipo avançar ou recuar, agir ou inibir a ação, atração ou aversão. Mobilizamos tais sistemas de expectativa interpretando como estamos no tempo futuro ou passado e como podemos nos posicionar em termos de previsão ou controle. Aqui a tensão se acumula ao modo de uma ansiedade expectante. A surpresa nem sempre vem acompanhada de alegria, e a aversão ou o nojo nem sempre permanece como ponto de fuga ou recuo. Nesse caso, estamos diante da gramática que compara e contabiliza repetição e diferença; surpreender-se é ter o seu sistema de expectativas violado. Isso pode estar ligado, por exemplo, à curiosidade, em maior ou menor grau. Os curiosos são aqueles que adoram ser surpreendidos. Aqueles que têm certo temor da experiência vão preferir um recuo, sentir o cheiro da situação, escolher tatear antes de se entregar a uma determinada rede de expectativas, decidir qual o arco ligará juízo e ação ou que modo de presença ou de ausência será mobilizado.

Para entendermos melhor a diferença entre afetos e emoções, podemos lembrar da tese de Pascal, que sinteticamente dizia: "Ajoelhe e reze, e a fé virá por si mesma."[5] Ou seja, enquanto seu contemporâneo Descartes dizia que é possível dirigir nossos afetos por meio de nossos pensamentos, Pascal entendia que nossas emoções não são sensações vividas de modo interiorizado, mas são sobretudo práticas. Isto é, quando comparamos positivamente um afeto com uma emoção correspondente temos dois processos acontecendo ao mesmo tempo, o afeto "x" e a propriocepção ou autoafecção deste afeto sobre o Eu. Os afetos envolvem reações, as emoções convocam ações. Quando elas são congruentes tendemos a intensificar o que estávamos sentindo, pois agora aspiramos a comparar nosso afeto e emoção com os signos de afeto que recebo do outro. É como se a emoção fosse uma espécie de acréscimo, de sinal secundário, emitido para a consciência, depois que ativamos uma ação específica ou uma reação inespecífica. Por exemplo, se nos percebemos sorrindo tendemos a experimentar mais alegria, se nos pegamos chorando, então a emoção de tristeza tende a se intensificar. Mas, além disso, cada experiência de afeto deixa um traço de memória, que é recuperado quanto reinvestimos este traço, de tal maneira que toda emoção é uma repetição da história vivida naquela emoção. Dessa forma, a todo afeto corresponderia também uma autoafetação. Como se formássemos, imaginariamente, uma percepção duplicada,

AFETOS, EMOÇÕES E SENTIMENTOS

antecipada ou postergada de uma ação cujo resultado são dois processos concorrentes e simultâneos: sermos afetados e a interpretação de como estamos sendo afetados. Impressão e expressão.

Além dos infinitos modos de sermos afetados e além dessas seis emoções básicas, poderíamos ainda falar em sentimentos como uma espécie de moldura ou de janela que enquadra nossas trocas sociais. Freud falava em sentimentos sociais, como culpa, vergonha e solidariedade, porque parecem emergir ao longo de nossa constituição como sujeito. É também o caso de um estado particular de angústia, a chamada *angústia de estranhamento* ou *Unheimlich*.[6] Os sentimentos refletem a interiorização da gramática das emoções reconstruída e fixada no léxico específico dos afetos daquele sujeito, mas agora generalizados pela cultura, construídos como estilos de expressão, atravessados por contingências de classe, raça, gênero, orientação sexual e religiosidade. Assim como falamos em gramática das emoções e em léxico de afetos, podemos falar agora em uma *pragmática dos sentimentos*.

A pragmática é o campo da linguagem que estuda o funcionamento dos discursos, ou seja, como usamos a linguagem para nos transformar, não apenas para descrever o mundo. A pragmática envolve um conjunto de circulações, trocas e negociações em torno de conflitos mais ou menos permanentes que definem o enquadramento de sentimentos de uma situação. Sentimentos atuam como intensificadores ou inibidores de afetos e reguladores ou moduladores das emoções. Pensemos no papel das fábulas como instrumento pedagógico para ensinar valores afetivos para as crianças. Lembremos de como cada narrativa moral mobiliza afetos e emoções de maneira codificada, como que nos ensinando o que e como devemos experimentar nós mesmos, os outros e o mundo. Vale para a prática dos sermões religiosos, para o discurso dos professores, mas também para o cinema, o teatro, a literatura e todas as práticas que nos ensinam a transformar afetos em emoções e sentimentos em afetos. Chegamos, assim, à ideia de que o amor é um percurso de estranhamento e novidade, ao mesmo tempo uma repetição de nossos encontros amorosos e um sentimento social de que nosso afeto é ao mesmo tempo uma autoafecção (narcisismo) e uma experiência real de reconhecimento (amor de objeto).

Lacan[7] dizia que os sentimentos mentem. Muitos fizeram disso uma redução dos afetos e dos sentimentos a um problema secundário no tratamento psicanalítico, uma vez que estariam subordinados aos significantes e organizados pela dimensão imaginária da experiência. Poucos observaram que, para Lacan, a mentira é uma condição necessária para a verdade. Ou seja, aprender que é possível mentir, que os outros mentem e que eles escondem e ocultam certos assuntos é um passo crucial de nossa subjetivação. A descoberta da mentira cria o espaço de intimidade e de comunalidade; cria divisões entre o que pode ser dito e o que deve permanecer entredito, *goes without saying* (o que vai sem dizer), aquilo que pode ser compartilhado em público e o que deve ser compartilhado de forma privada.

Freud[8] definia o chiste, ou seja, a brincadeira verbal, como um processo social, por ser uma espécie de transgressão consentida no interior de determinado grupo, chamado por ele ironicamente de "paróquia", onde podemos suspender as mentiras sociais necessárias para que a comédia humana siga seu curso. Ainda que seja por um breve intervalo de tempo e não consigamos repetir essa satisfação para nós mesmos, durante esse pequeno exercício compartilhamos uma estrutura de ficção, somos expostos a uma surpresa criativa e formamos um juízo associado com uma experiência de prazer, externalizada pelo riso. Nenhum amor sobrevive à falta de humor, pois isso significa que o supereu venceu.

Temos aqui um modelo para entender o contágio social da piada ou do meme como uma forma de repetir uma satisfação extraindo, de forma invertida, um pequeno fragmento, como uma espécie de tributo pela transmissão da "verdade" produzida pelo chiste, seja na forma cômica, seja na trágica. Só há chiste se antes temos essa noção do que deve ficar reprimido em nossos afetos. Que fique claro: aqui não estamos falando, pelo menos não diretamente, dos nossos desejos recalcados, nem da forma como nos dividimos para negá-los, mas de certa disposição a inibir o desenvolvimento de determinados afetos, de conectá-los com modos expressivos de determinadas emoções, de modo a pactuar ou transgredir a lei simbólica. Por isso o risco de toda piada é levantar a culpa pela maneira como um desejo foi renunciado, pelas deformações

AFETOS, EMOÇÕES E SENTIMENTOS

exigidas para que este se manifeste, digamos, "em público". A forma como colocamos, em presença ou em ausência, certos modos de alegria ou tristeza podem também nos causar vergonha.

Lembremos que, a princípio, a criança não estranha ninguém. Ela sorri de volta e reage segundo certas regras reflexas, bem descritas pelos etólogos como uma espécie de espelho ou de sincronia de gestos entre ela e quem quer que se apresente dotado de certos traços ou sinais. Entretanto, a partir dos oito meses de idade dois novos fenômenos emergem: ela passa a estranhar alguém desconhecido e consegue articular o primeiro gesto semântico, ou seja, dizer ou mostrar que *não*. A partir de então, a criança vai incorporar regras de ação diferenciais para quando está entre "nós" em casa e quando está com o outro. Ainda que não disponha de recursos para reconhecer plenamente o que caracteriza esse outro, ela o infere a partir de uma espécie de "não nós". Única forma de a comunidade de "nós dois" não se degradar em indiferença.

A piada, o luto e a angústia compõem os três modelos mais simples de como funcionam os afetos para a psicanálise, cada qual envolvendo uma forma específica de qualificar nossos afetos na economia de prazer e desprazer. Em termos de emoções, o chiste parece responder ao funcionamento da surpresa e da aversão; o luto enfatiza o arco que vai da alegria à tristeza; assim como a angústia, seja ela como sinal de perigo, expectativa de controle ou estranhamento, responde ao circuito do medo e do ódio. Podemos transformar o medo em raiva apenas com palavras e modificar o próprio processo anterior de transformação com mais palavras. Por exemplo, ao final de uma longa e comovente história, é possível acrescentar algo como "foi apenas um sonho", "essa é a versão dos vencedores", ou, ainda, "o herói era o vilão, e o vilão, herói". Isso mostra como nossos afetos não são irrupções segmentadas, mas acontecem e são coordenados por blocos narrativos. Afetos, emoções e sentimentos se estruturam como uma narrativa. E um conjunto vetorizado e convergente de narrativas define um discurso.

Freud chamava de *mímica dos afetos* o efeito transversal que ocorre entre chiste, humor e comicidade. Para tanto, distinguia o riso a dois, a três e a três mais um. Quando vejo alguém escorregar numa casca de banana posso ser tomado pelo riso. Mas de onde advém o prazer que expresso pelo riso? Posso pensar que a pessoa "embananada" foi depositária de minha própria falta de coordenação motora, como quem diz: "Dentro da minha 'atrapalhação' infantil não via os obstáculos do mundo. Agora que cresci, posso rir de mim mesmo, colocando outro em meu lugar." Aqui o riso é de baixo valor social, porque ele, no fundo, trabalha apenas a dois. Se, ao contrário, em vez de aproveitarmos da fragilidade do outro, para esquecermos da nossa, emerge o sentimento social de pena ou compaixão, provavelmente a piada não terá o mesmo efeito. É possível que uma parte de nós chame pelo riso copioso enquanto a outra o inibe, reconhecendo, empaticamente, que nós é quem podíamos ter escorregado na casaca de banana. É o que resta quando o amor se degrada em solidão a dois.

Contudo, o chiste propriamente dito se diferenciaria do mero cômico em geral, porque nele existem três pessoas na situação, e não apenas duas, sendo essa terceira pessoa uma presença simbólica. Agora *você* é aquele personagem de quem está rindo. O outro é uma *versão* de você. Ele é seu parceiro imaginário, a criança que você foi, ou gostaria de ter sido. Mas existe um terceiro que é o *todo mundo*, com quem gostaríamos de compartilhar esse momento de satisfação. Contamos aqui com o sentimento de paróquia ao mesmo tempo que o negamos. Imagine se todos estivessem aqui olhando para nossas imperfeições e para nossa satisfação com a insatisfação alheia?

E se tivéssemos o famoso anel de Giges, mencionado por Platão, que quando acionado nos tornaria invisíveis? Percebe-se assim como o chiste e os afetos mobilizam a pergunta ética por excelência. Você mataria o rei para se casar com a princesa? Tornar-se-ia rico por meios inescrupulosos? Ao final, trapacearia para obter um reconhecimento que você mesmo sabe que foi obtido por falsos meios ou agiria moralmente, de maneira a encontrar para si o reconhecimento ainda mais justo, porque sabidamente poderia ter sido objeto de trapaça? Na transmissão ou contágio de afetos, para o bem e para o mal, existe um terceiro, que é potencialmente "qualquer um" que ainda não sabe ou não conhece a piada.

AFETOS, EMOÇÕES E SENTIMENTOS

Nesse gesto de transmissão simultaneamente corrigimos ou reconstruímos a comunidade da qual partimos, acrescentando mais pessoas. Esse é um bom critério para pensarmos quando o humor cria e diverte e quando é politicamente perigoso e segregativo. Basta perguntar se estamos rindo do fato de que mais pessoas poderiam rir conosco indefinidamente (a + 1) ou se estamos rindo e gozando do fato de que alguns não poderiam ser incluídos em nossa paróquia (a − 1). Ou seja, o critério é saber se podemos passar a piada adiante, para qualquer um, ou se devemos guardá-la para a própria experiência privada e acrescentá-la ao repertório de narcisismo das pequenas diferenças. Nessa linha, a psicanalista Melanie Klein introduziu dois novos pares de sentimentos sociais: para a inveja e gratidão, e para a culpa e reparação. Gratidão, reparação e saudade, três nomes do amor quando ele se alia ao desejo.

Podemos resumir o que apresentamos até aqui refazendo a relação entre afetos, emoções e sentimentos, lembrando que se trata de séries transformativas, no interior das quais o afeto inicialmente indistinto é qualificado pela consciência três vezes, segundo o modelo do luto, do chiste ou da angústia. Essas qualificações referem-se à interpretação retroativa ou autoafecção dos afetos sobre si, sobre o outro e sobre o mundo. Resultam nas paixões caracterizadas pelo movimento de retorno dos sentimentos sobre as emoções e sobre os afetos, processo no qual inibições ou intensificações podem ser compreendidas.

Afetos	Q1	Emoções	Q2	Sentimentos	Q3	Paixões
Estranhamento	Prazer	Surpresa Nojo	Curiosidade	Vergonha	Luto	Amor
Angústia	Desprazer	Medo Raiva	Agressividade	Culpa	Reparação	Ódio
Desamparo	Indiferença	Alegria Tristeza	Ludicidade	Inveja	Gratidão	Ignorância

Na medida em que a pessoa ri de novo, reproduzindo a piada inicialmente recebida de modo passivo, retoma um fragmento de satisfação proveniente da satisfação do outro. Para tanto, ela passou da passividade inicial, onde é surpreendia pela piada, para a atividade de contá-la uma segunda vez, escolhendo a situação e o momento adequado. Essa inversão de afetos emana de um fenômeno mais comum chamado *transitivismo de afetos*, ou seja, a indeterminação vivida pela criança entre quem é o agente e quem é o paciente de uma ação prazerosa. Por exemplo, um adulto faz cócegas numa criança e ri do riso e da graça experimentada pelo outro. Quem é o agente e quem é o paciente da ação? Quem procura o outro para o sexo? Quem liga primeiro para o outro? Quem precisa mais de quem? Perguntas de quem trocou o transitivismo pela dívida de amor.

Quando passamos a piada adiante, entramos na lógica da generosidade, por meio da qual não se trata apenas do prazer de dar e receber, nem só da satisfação ou aversão em pertencer a uma comunidade ou paróquia, mas da circulação entre o prazer individual e a satisfação transindividual. O gosto por "fazer graça" depende de como nos posicionamos quanto ao retorno da satisfação como forma de gozo. Nesse retorno, a satisfação do Outro é suposta, imaginada ou fantasiada. Assim também supomos que o Outro pode extrair de nós um excesso ou um a mais de gozo (*plus-de-jouir*), que nós não autorizamos. Rir de si, rir junto com o outro ou rir do Outro; rir, mas não abusar do riso, eis aqui a tripartição entre afetos, emoções e sentimentos. Em cada uma delas temos um tipo de sujeito, baseado na experiência imediata, na intersubjetividade ou na antecipação ou precipitação lógica em relação ao Outro.

Recentemente, vimos surgir uma cultura dos memes, própria da linguagem digital. Muitas pessoas passam boa parte do tempo trabalhando de graça para causar "graça" aos outros. Assim também muitos se especializaram em causar "desgraças" crônicas aos outros, sob forma do ódio e do cancelamento. O impulso a passar adiante traz consigo várias alterações na maneira como vivemos afetos, emoções e sentimentos. Contudo, nada garante que essa transmissão ocorra de uma forma ou de outra, nem que sua prática se torne coercitiva para os envolvidos, como

AFETOS, EMOÇÕES E SENTIMENTOS

fonte de prazer, satisfação ou gozo. Tendemos a pensar, por um lado, que esse funcionamento é livre e espontâneo quando, por outro lado, sabemos que ele está sobredeterminado por algoritmos e regras de repetição do tipo "quanto mais mais", "quanto menos menos".

Se as emoções são como a gramática da língua dos afetos e os sentimentos como sua pragmática, a teoria das paixões é o estudo da linguagem universal dos afetos. As paixões impõem certas regras de composição dos afetos. Para Lacan, existiriam três paixões do ser: amor, ódio e ignorância. Espinosa dizia que os afetos são determinados pelos encontros entre corpos. Bons encontros aumentam sua potência de afeto; maus encontros a diminuem. Assim como para tantos outros, o autor de *Ética: demonstrada à maneira dos geômetras* admitia ainda um quarto circuito para além dos afetos, emoções e sentimentos: as paixões.

Isso, portanto, nos habilita a falar em dominâncias, naquilo que os gregos chamavam de *páthos*, num certo sentido de *páthos*, que não é sofrimento, nem paixão, mas o modo específico como uma situação nos afeta e como devemos reagir a ela. Por exemplo, o *páthos* trágico dos gregos do século VII a.C., que inspirava Sófocles e Eurípedes, demandava a purificação das emoções (*kátharsis*) e a representação do conflito (*mimesis*), de tal forma que o excesso dos atos humanos (*hybris*) e os afetos de medo e piedade pudessem ser elaborados coletivamente. Algo análogo se encontrará para a emergência do *páthos* do sacrifício entre os cristãos, o *páthos* da guerra entre os romanos. Tais humores, disposições ou paixões têm alta valência política e são objeto frequente da retórica e da manipulação. Há também programas estéticos nos quais obras e experiências específicas criam uma atmosfera, como o *páthos* do tédio entre os românticos alemães do século XVII.

A ideia de atmosfera envolve essa dupla circulação à qual estamos nos referindo, pois é da atmosfera que extraímos o ar para viver, assim como é para a atmosfera que devolvemos o resíduo do processo respiratório. A combinação entre nossa ação e as inúmeras reações e misturas entre discursos e eventos regula o estado da atmosfera. Também é na atmosfera que os vapores exalados por todos nós se misturam. Além disso, atmosfera é composta também de muitos gases indiferentes a nossa espécie, mas cruciais para outros seres vivos, que indiretamente nos afetam. Por isso, podemos dizer que a atmosfera é uma figura do que os antigos chamavam de mundo, e que etólogos, como Von Uexküll, chamavam de mundo próprio de cada espécie (*Umwelt*), o mundo das outras espécies (*Auswelt*) e o mundo comum composto pela sobreposição de mundos (*Innenwelt*).

Recentemente se discute como o afeto de ódio estabeleceu um *páthos*, no interior do qual se tornou "óbvio" aceitar que a vida se resume a uma luta de todos contra todos e que se "nós" não atacarmos primeiro seremos derrotados por "eles". Obviamente, o ódio não é um ser animado que ganha vida própria e sai por aí contaminando laços sociais. São os próprios laços sociais que traduzem certos afetos em emoções específicas, por exemplo, culpa, ressentimento insegurança ou indignação em ódio. Isso sempre se relaciona de alguma maneira com nossas relações materiais concretas. Se olharmos para nossa atmosfera, veremos como o ódio pode ser facilmente monetizado pela linguagem digital, utilizado para extrair um pouco a mais de engajamento do trabalhador exausto, e ainda pode ser usado para aumentar a produtividade de uma empresa ao fazer seus funcionários competirem uns com os outros, para sobreviver empregados.

Podemos olhar ainda mais para cima e perceber como aqueles que poderiam ser destinatários preferenciais de nosso ódio, pelo seu papel estrutural na sua causação, protegem-se evocando sentimentos neutralizadores do ódio, como austeridade, autocontrole e indiferença. Percebe-se, assim, como o mesmo laço social pode sofrer diferentes enquadramentos de sentimento – por exemplo, a amizade (*filia*) pode ser uma variante do amor, junto ao amor erótico (*eros*), como o amor entre deuses e humanos (*ágape* ou *cáritas*) e o amor familiar (*storge*).

Entretanto, no contexto do *páthos* do ódio entenderemos a amizade como uma aliança selada pelo ódio ao mesmo tipo de inimigo. Ou seja, do sentimento social de ódio, volto para o afeto individual de ódio e vetorizo a emoção de raiva. Por isso nossos afetos nunca são expressões de uma natureza autêntica e pré-cultural, não histórica, mas sobredeterminados pela partilha dos afetos e pelo inconsciente estético. Que podem

AFETOS, EMOÇÕES E SENTIMENTOS

ser aquelas com quem eles estão vivendo e estão, vamos dizer assim, "partilhando" o seu cotidiano. Ou podem ser as pessoas com quem você convive na sua escola, na sua empresa, na sua igreja, enfim, onde você estiver. Percebe-se, então, que a temática dos afetos está profundamente atravessada por atos de reconhecimento, que são atos políticos. Ou seja, qual é o sentimento que juntos queremos produzir?

Uma política de afetos, mesmo que seja dominante ou hegemônica, nunca opera sozinha. Podemos advogar alegria, coragem e solidariedade como circuitos de afetos concorrentes, mas um afeto só consegue alterar nossa paisagem de afetos, emoções e sentimentos se for capaz de se infiltrar em nossas teorias de transformação, dando margem a discursos mais ou menos organizados. Isso dependerá de como o afeto é modulado em termos de intensidade e extensão. Por exemplo, se entendemos que a transformação de mundo que precisamos é urgente, afetos como a temperança e a calma serão percebidos como contraprodutivos e típicos de quem quer manter as coisas mais ou menos como estão. Situações de anomia, desordem ou dificuldade de interpretar quais são as regras que governam este estado de mundo podem dar margem a políticas que excluem certos afetos, associam-nos com expressões de gênero e classe, e minimizam ou colocam a administração racional de problemas, entendida como indiferente à política de afetos, como o único caminho possível.

O outro pode gerar em nós um conjunto de afetos. Fazemos nossas escolhas, mas uma dessas escolhas não é exatamente inconsciente, mas "pré-consciente". Escolhemos a volumetria. Escolhemos, por exemplo, inflar determinado afeto em relação a uma determinada emoção em detrimento de outra emoção em relação a determinado afeto. Como fazemos isso?

Suponhamos que alguém disse *aquela* coisa *naquele* momento que me contrariou ou decepcionou muito. Em vez de reagir, seguindo o primeiro impulso, suspendo a resposta, inibo a reação e junto com ela a ação específica que poderia ter sido dada. Às vezes, isso acontece porque eu mesmo imagino que a resposta sairia de modo excessivo, inadequado ou impróprio, refletindo impropriamente o que eu gostaria de dizer. Isso faz com que a situação se prolongue em mim, depois de ter se interrompido na realidade. Vou para casa repetindo cada palavra e refazendo cada gesto, mas agora criando retrospectivamente a palavra que não emergiu na situação enquanto ela acontecia. Assim, como no caso do chiste, que gostaria de experimentar novamente pela primeira vez, repito em silêncio um diálogo que segue indefinidamente.

No dia seguinte, a desfeita continua na minha cabeça. Retomo as palavras, treino a resposta que não veio. Prolongo a atmosfera do encontro do dia anterior. Talvez tenha sonhado com isso, e agora me esqueci. É *nesse* momento que minha esposa faz aquele comentário desagradável durante o café da manhã. A resposta retida no dia anterior agora aparece fora de proporção, deslocada e retinta de convicção indevidamente justificada naquela nova situação. Quando o circuito se fecha, parece que sinto de novo aquilo que o outro me fez sentir. Ao "re-sentir", aquele afeto fica mais forte, mais intenso, mas também fico mais prisioneiro daquele instante do passado que não passa. O resultado agora é que meu interlocutor se generalizou. Ele não é mais a figura fortuita do encontro do dia anterior. Ele passou a "encarnar" minha própria esposa, cuja reação ao gesto desproporcional pode ser, aliás, semelhante a minha. Quando isso acontece, temos a transmissão de uma "antipiada", ou seja, o desprazer, a insatisfação e o gozo recuperados nessa repetição começam a formar uma série ou uma rede no interior da qual, depois de algum tempo, teremos um discurso e uma atmosfera de afetos formada.

Lacan tem uma definição muito simples e ao mesmo tempo profundamente rica sobre como funciona nossa conversação: um significante representa um sujeito para outro significante. Ou seja, a rigor, a palavra que escutei no dia anterior, com o significante mobilizado por meu indelicado interlocutor, convocou minha posição de sujeito para outro significante. Aquilo que eu não disse. Fiquei retido, entre um significante e minha própria divisão subjetiva. Na verdade, quero negar que houve, sim, uma resposta: o silêncio. Posso me criticar porque aquela não era a resposta, nem era o significante que o meu ego gostaria de me ver representando. Note que passei aqui do termo *sujeito* para a noção de *ego*. De fato, apenas e tão somente o ego é capaz de ser afetado pelos afetos.

AFETOS, EMOÇÕES E SENTIMENTOS

Só o ego tem um corpo, só ele pode ter consciência da qualidade dos afetos. O sujeito é um efeito do significante. Quando o sujeito se recusa a ser representado pelo significante, mobiliza-se a resposta imaginária do eu (ego). Esta é comandada pela fantasia, na qual o tempo pode ser congelado, onde os diálogos podem ser refeitos. Na fantasia, a vida pode ser vivida como um jogo já terminado, onde todos os comentários são válidos, ainda que impotentes.

Até certo ponto, essa reconstrução dos diálogos, em torno do ponto no qual nos sentimos suspensos é importante. Ela é uma pesquisa sobre qual afeto realmente queremos mobilizar para representar aquele encontro. Como vimos, os afetos se nomeiam sistematicamente mal. Agora podemos dizer que eles são tão mais incompreensíveis, informuláveis e indiscerníveis, quanto mais próximo estamos de nossas fantasias e desejos inconscientes.

Nietzsche foi um dos primeiros a formular o diagnóstico de que nossa época – para ele a modernidade – é uma época de ressentidos. Pessoas que preferem a moral do rebanho à do indivíduo como herói de seu próprio destino. Seres que ignoram que o passado irá se repetir indefinidamente até que inventemos um novo futuro. Maria Rita Kehl dirá que o ressentimento cria uma espécie de hiperpotência do Outro. Vladimir Safatle argumentará que a cura para o ressentimento é a assunção radical de nosso desamparo, ou seja, a impossibilidade de que o Outro possa suturar nossa carência e nossa demanda de alienação ao desejo do Outro. Ressentimento é o nome que damos ao sentimento que se repete, sem novidade ou surpresa, o que é sentido mais uma vez como potência do Outro, o que não se desdobra em troca com o outro. O ressentimento é uma tentativa de transformar a impotência, por não ter agido na hora, em superpotência do Outro associada com o cultivo da vingança imaginária. A satisfação não vivida torna-se assim satisfação impotente vivida na outra cena, na cena da fantasia. Nela, um dia o não acontecido acontecerá; um dia que o indivíduo imagina escolher para si, quando e como bem quiser, ainda que ele nunca o faça.

Até então, o tempo não passa mais. Novos encontros não mudam aquilo que aconteceu. Novas palavras não desculpam aquilo que feriu.

Novos eventos simplesmente confirmam ou são tragados para dentro daquilo que o sujeito quer preservar como sua posição no mundo: vítima da potência do Outro. Presume-se que o outro é quem define os afetos, os sentimentos e as emoções, e nós apenas sofremos passivamente o que o outro nos propõe.

Está fechado um circuito de repetição que é, ao mesmo tempo, psicológico e social, psicanalítico e político. A indeterminação dos afetos; a impossibilidade de traduzi-los em emoções ou transcrever emoções em sentimentos; o curto-circuito dos sentimentos; a manipulação causal, que intensifica ou inibe a expressão dos sentimentos, por meio da distância ou da proximidade com relação ao ideal e com relação à extensão da "paróquia" – chegamos assim a uma combinação entre a teoria psicanalítica dos afetos, de Freud, Lacan e Klein, com a teoria social de Rancière sobre a partilha sensível e o inconsciente estético. No inconsciente estético estão sedimentadas as histórias dos amores vividos, suas gramáticas passadas, suas retóricas esquecidas, suas formas sociais degradadas.

Quando sentimos angústia é como se estivéssemos no grau zero dos afetos, em estado de "pré-qualificação" ou de indeterminação. Enquanto isso, eles não são prazerosos nem desprazerosos. A angústia pode ser partilhada, mas, quando isso acontece, temos suas variantes combinadas, de temor expectante ou de estranhamento. A verdadeira angústia não pode ser partilhada, pois é a experiência mesma dessa solidão intransponível em relação ao Outro e dessa presença insuportável de um objeto inominável. Por isso, tantas pessoas nomeiam essa angústia como loucura, morte, devastação, inominável e o impensável.

Quando sentimos luto, estamos no processo de tornar nossos afetos presentes, construindo gestos, palavras, narrativas e objetos que definem o estatuto de existência do que causa nossos afetos. A inversão do luto é a desafetação ou indiferença. Aqui está o critério gramatical da linguagem que define como um afeto pode se intensificar ou se diluir, se espiralar ou formar uma arco de tensão e distensão. Partilhar afetos, nesse sentido, é partilhar modos de presença e de pertencimento. Luto

AFETOS, EMOÇÕES E SENTIMENTOS

e angústia são formas residuais do amor. Rastros de por onde um dia ele passou.

Quando sentimos graça ou desgraça diante de uma piada, uma narrativa ou um discurso, estamos no plano intersubjetivo e transitivo dos afetos. Nele decidimos do que e como nos autorizamos a sentir prazer, satisfação e gozo. Aqui vale o critério pragmático da linguagem, segundo o qual um afeto só termina seu percurso quando sancionado pelo Outro. O amor é uma experiência que envolve certa unidade entre afetos, emoções e sentimentos; e, como afeto, aparece na insuficiência tantas vezes declarada pelos poetas e filósofos de ser posto inteiramente em palavras.

O amor se destaca entre todos os outros sentimentos por criar uma unidade. Ele é cobiçado porque protege o Eu da fragmentação, da divisão e da dissociação. Nesse sentido, o amor é um olhar que integra, uma voz que convoca, um gesto que sustenta. Mesmo que essa unidade seja ilusão, engodo e projeção, ainda assim ele envolve ideias e experiências constitutivas como a insubstituibilidade, a comunalidade e a intimidade. Por isso o amor condiciona todas as outras relações de reconhecimento do sujeito. Como paradigma de nossas gramáticas de reconhecimento, da admiração à identificação, da paixão ao respeito, da obediência à autoridade à origem do amor, torna-se ao mesmo tempo um ponto incontornável de nossa condição É por isso que as patologias do amor são também patologias do reconhecimento: desprezo, desrespeito, humilhação e violência.

Todo amor é narcísico, dirá a psicanálise. Isso se confirma de forma notável e monótona como queremos ser amados como um dia fomos e como um dia aprendemos a amar. Desfazemos do amor alheio porque ele não corresponde ao modo como nós mesmos nos amamos. Mas isso vale para tudo que envolve relações de reciprocidade, de justiça e de equidade. Como emoção e narrativa, o amor depende de palavras, é produzido com palavras e não é indiferente às palavras. O amor compõe um arco que vai da sua misteriosa aparição para o sujeito até sua paulatina degradação. Como sentimento, expressa uma contingência radical de que poderia acontecer em relação a qualquer um, mas, quando ocorre em relação a alguém específico, torna-se uma necessidade. Lembremos que, para a psicanálise, a necessidade se define pela arte de construir um discurso. No interior do discurso amoroso, muitas são as suas narrativas, e mais variadas ainda são as suas formas políticas e teológicas.

Finalmente, se o objeto de amor é um objeto negativo, nem por isso significa que não existe. É tão existente quanto o objeto da angústia, do riso ou do luto. Perdido, ausente e impossível, é assim que ele move e locomove os seres desejantes. Isso acontece porque, quando localizamos isso que é o vazio do outro, ao mesmo tempo nos localizamos com o objeto para esse vazio.

Notas

Introdução

1. Eric Fromm. *A arte de amar*. São Paulo: Paidós, 2024.
2. bell hooks. *Tudo sobre o amor: novas perspectivas*. São Paulo: Elefante, 2012.

1. Empatia e escuta dos afetos

1. Christian Dunker; Cláudio Thebas. *O palhaço e o psicanalista*. São Paulo: Planeta, 2020.
2. Cristiane Izumi Nakagawa. *Trauma e sentido, culpa e perdão, vergonha e honra nos hibakushas:* um estudo de testemunhos e seus paradoxos. Tese (Doutorado em Psicologia Social) - Instituto de Psicologia, Universidade de São Paulo, São Paulo, 2020.
3. Denis de Rougemont. *O amor e o Ocidente*. Rio de Janeiro: Guanabara Koogan, 1988.
4. Jacques Lacan. *O Seminário, livro VII: a ética da psicanálise*. Rio de Janeiro: Jorge Zahar, 1988.
5. Sigmund Freud. Pulsão e suas vicissitudes. *In: Obras Incompletas de Sigmund Freud*. Belo Horizonte: Autêntica, 2013.
6. Sigmund Freud. *Observações sobre o amor de transferência*. São Paulo: Companhia das Letras, 2010. (Obras Completas, v. 10).
7. Sigmund Freud. *O ego e o id*. São Paulo: Companhia das Letras, 2011. (Obras Completas, v. 16).
8. Aby Warburg. "Mnemosyne." *Revista Arte & Ensaios*, n. 19, 2009, p. 125-131.
9. "É possível acompanhar de perto como os artistas e seus orientadores reconheciam o 'antigo' como um modelo que demandava uma intensificação do movimento externo, e como se voltaram para fontes antigas sempre que formas acessórias – as de cabelo e roupas – tivessem que ser representadas em movimento. Pode ser acrescentado que essa evidência tem seu valor para

a estética psicológica ao tornar possível observarmos, através desse meio artístico, um senso crescente do ato estético da 'empatia' como determinante do estilo." (Warburg, 1999, p. 89).

10. Sigmund Freud. "Psicologia da vida amorosa." São Paulo: Companhia das Letras, 2011. (Obras Completas).

11. Charles Darwin. *A expressão das emoções em homens e animais*. São Paulo: Companhia das Letras, 2009.

12. Sigmund Freud. Introdução ao narcisismo. In: *Metapsicologia*. Belo Horizonte: Autêntica, 2010.

13. Jacques Lacan. "O estádio do espelho como formador da função do Je tal como nos descreve a psicanálise." In: *Escritos*. Rio de Janeiro: Jorge Zahar, 1998.

14. Geni Núñes. *Descolonizando afetos*. São Paulo: Paidós, 2023.

15. Sigmund Freud. "O inconsciente." In: *Metapsicologia*. Belo Horizonte: Autêntica, 2010.

16. bell hooks. *Tudo sobre o amor*, São Paulo: Elefante, 2021.

2. Amor, desejo e gozo

1. Sigmund Freud. Mal-estar na civilização. In: *Obras Incompletas de Sigmund Freud*. Belo Horizonte: Autêntica, 2010.

2. Jacques Lacan. *O Seminário, livro XX: mais, ainda (1972-1973)*. Rio de Janeiro. Jorge Zahar, 1985.

3. Richard Shusterman. *Ars Erotica: sex and somaesthetics in the classical arts of love*. Nova York: Cambridge University Press, 2021, p. 420.

4. Clarice Lispector. *Uma aprendizagem ou o livro dos prazeres*. Rio de Janeiro: Rocco, 1983, p. 155.

5. Jacques Lacan. *O Seminário, livro XI: os quatro conceitos fundamentais da Psicanálise (1964-1988)*. Rio de Janeiro: Jorge Zahar, 1988, p. 249.

6. Jacques Lacan. *O seminário, livro V: formações do Inconsciente (1957-1958)*. Rio de Janeiro, Jorge Zahar, 1988, p. 397.

7. Ana Suy. *A gente mira no amor e acerta na solidão*. São Paulo: Paidós, 2022.

8. Anthony Giddens. *Transformações da intimidade*. São Paulo: Unesp, 2010.

9. Christopher Lasch. *A cultura do narcisismo*. São Paulo: Brasiliense, 1974.

10. Jacques Lacan. *O Seminário, livro VII: a ética da psicanálise*. Rio de Janeiro: Jorge Zahar, 1988, p. 186.

11. Jacques Lacan. *O seminário, livro I: os escritos técnicos de Freud (1953-1954)*. Rio de Janeiro: Jorge Zahar, 1985, p. 248.

12. Alexandre Coimbra Amaral. *Toda ansiedade merece um abraço*. São Paulo: Paidós, 2023.

13. Cristopher Lasch. *A cultura do narcisismo*. São Paulo: Brasiliense, 1983.

NOTAS

14. Zygmunt Bauman. *Amor líquido.* São Paulo: Zahar, 2021.
15. Vladimir Safatle; Christian Silva Jr. Nelson & Dunker (orgs). *O neoliberalismo como gestão do sofrimento.* Belo Horizonte: Autêntica, 2021.

3. Mitologia da vida amorosa

1. Erich Auerbach. *Mimesis.* São Paulo: Perspectiva, 1957.
2. Richard Firth-Godbehere. *Uma história das emoções humanas.* Rio de Janeiro: Best Seller, 2022.
3. Jacques Lacan. *O seminário, livro XI: os quatro conceitos fundamentais da Psicanálise (1955-1956).* Rio de Janeiro: Jorge Zahar, 1985.
4. *Bíblia de Jerusalém* (2002) São Paulo: Paulus.
5. Bíblia Sagrada, Matheus, 22.
6. Bíblia Sagrada, Mateus 10:34.
7. Bíblia Sagrada, João 4:16.
8. Bíblia Sagrada, João 3:16.
9. Bíblia Sagrada, João 13:34.
10. Bíblia Sagrada, Gálatas 3:28.
11. Ovídio. *Metamorfose.* Campinas: Editora 34, 2017.
12. Todas as referências do mito de Narciso são extraída de Ovídio. *Metamorfoses.* Campinas: Editora 34, 2017.
13. Arthur Rimbaud. *Iluminuras.* São Paulo: Iluminuras, 2014.
14. John Bowlby. Formação e rompimento de laços afetivos. São Paulo: Martins Fontes, 2019.
15. Jean-Jacques Rousseau. *Ensaio sobre a origem das línguas.* São Paulo: Nova Cultural, 2005.
16. Christian Dunker. *Estrutura e constituição da clínica psicanalítica.* São Paulo: Zagodoni, 2013.
17. Christian Dunker. *Lutos finitos e lutos infinitos.* São Paulo: Paidós, 2023.
18. Christian Ingo Lenz Dunker. *Lutos finitos e infinitos.* Paidós: São Paulo, 2023.
19. Charles De Brosses. *Du culte des Dieux Fétiches ou Parallèle de l'ancienne Religion de l'Égypte avec la Religion actuelle de Nigritie.* Paris: Galimard, 1760.

4. O romance

1. Alain & Truong Badiou. *Elogio ao amor.* São Paulo: Martins Fontes, 2013.
2. Roland Barthes. *Fragmentos de um Discurso Amoroso.* Rio de Janeiro: Francisco Alves, 1981.
3. Christian Ingo Lenz Dunker. *A paixão da ignorância.* São Paulo: Contracorrente, 2019.
4. Denis Rougemont. *História do amor no Ocidente.* Rio de Janeiro: Ediouro, 2002, 1972.

5. Silvia Federici. *Mulheres e caça às bruxas*. São Paulo: Boitempo, 2019.
6. Jacques Lacan. *O Seminário, livro X: A angústia (1962-1963)*. Rio de Janeiro: Zahar, 2005. p. 197.
7. Darian Leader. *Por que as mulheres escrevem mais cartas do que enviam?* Rio de Janeiro: Rocco, 1998.
8. Sigmund Freud. *Psicologia das massas e análise do Eu*. São Paulo: Companhia das Letras, 2011. (Obras Completas, v. 15).
9. Christian Ingo Lenz Dunker. *Mal-estar, sofrimento e sintoma*. São Paulo: Boitempo, 2015.

6. Os discursos do amor

1. Platão. *O banquete*. São Paulo: Abril Cultural, 1973 (Coleção Os Pensadores).
2. Platão. *O banquete*. São Paulo: Abril Cultural, 1973 (Coleção Os Pensadores).
3. C. S. Lewis. *Os quatro amores*. São Paulo: Thomas Nelson, 2017.
4. Jacques Lacan. *O Seminário, livro VII: a ética da psicanálise*. Rio de Janeiro: Zahar, 1988.
5. Frantz Fanon. *Os condenados da terra*. São Paulo: Ubu, 2020.

7. Apoio para sair da solidão

1. Disponível em: https://www.hypeness.com.br/2018/05/solidao-atinge-niveis-de-epidemia-entre-millennials-aponta-estudo/.
2. Caetano Veloso; Gilberto Gil. *Desde que o Samba é Samba*. Álbum Tropicália 2, 1993.

8. Por que continuar amando?

1. Arthur Rimbaud. *Iluminuras*. São Paulo: Iluminuras, 2014.
2. Os melhores filmes sobre separação. *Cinema10*. Disponível em: https://cinema10.com.br/tipos/filmes-sobre-separacao.
3. Platão. *O banquete*. São Paulo: Abril Cultural, 1973 (Coleção Os Pensadores).
4. Frédéric Gros. *A vergonha é um sentimento revolucionário*. São Paulo: Ubu, 2021.

9. Afetos, emoções e sentimentos

1. Jacques Rancière. *A partilha do sensível*. São Paulo: Editora 34, 2005.
2. Jacques Rancière. *O Inconsciente Estético*. Campinas: Editora 34, 2009.
3. Carlos Drummond de Andrade. *Sentimento do mundo*. Record: Rio de Janeiro, 2022, p. 9.
4. Vladimir Safatle. *Circuito dos afetos*. São Paulo: Cosac Naify, 2015.
5. "Quando Althusser repete, seguindo Pascal, 'Aja como se acreditasse, reze, ajoelhe-se, e você acreditará, a fé chegará por si', ele delineia um complexo me-

NOTAS

canismo reflexo de fundação "autopoiética" retroativa que excede em muito a afirmação reducionista da dependência da crença interna em relação ao comportamento externo. Ou seja, a lógica implícita dessa argumentação e: ajoelhe--se e você acreditará que se ajoelha o por causa de sua fé – isto é, o fato de você seguir o ritual e uma expressão/efeito de sua crença íntima; ao ser executado, o ritual "externo" gera sua própria base ideológica." In: Zizek, S. (1999) Espectro da Ideologia. In: Zizek. Slavoj (org). *Um Mapa da Ideologia*. Rio de Janeiro: Zahar, p. 19.

6. Sigmund Freud. *O Infamiliar*. Belo Horizonte: Autêntica, 2019.

7. Jacques Lacan. *O seminário, livro X: a angústia (1961-1962)*. Rio de Janeiro: Zahar, 2005.

8. Sigmund Freud. *O chiste e sua relação com o inconsciente*. São Paulo: Companhia das Letras, 2017. (Obras Completas, v. 7).

Bibliografia sugerida

BADIOU, Alain, TRUONG, Nicolas. *Elogio ao Amor.* São Paulo: Martins Fontes, 2013.

BARTHES, Roland. *Fragmentos de um discurso amoroso.* Rio de janeiro: Francisco Alves, 1981.

FREUD, Sigmund. *A Gradiva de Jensen.* São Paulo: Companhia das Letras, 2015. (Obras Completas, v. 8).

LACAN, Jacques. *O seminário, livro VIII: a transferência.* Rio de Janeiro: Zahar, 1992.

LEWIS, C. S. *Os quatro amores.* São Paulo: Thomas Nelson, 2014.

ROUGEMONT, Denis. *História do amor no Ocidente.* Rio de Janeiro: Ediouro, 2002.

PLATÃO. *O banquete.* São Paulo: Abril Cultural, 1973. (Coleção Os Pensadores).

OVÍDIO. *A arte de amar.* Porto Alegre: LPM, 2001.

Este livro foi composto na tipografia Minion Pro,
em corpo 11/15, e impresso em
papel off-white no Sistema Cameron da
Divisão Gráfica da Distribuidora Record.